Andreas Rauh · Benni

Andreas Rauh wurde 1976 in München geboren. Der studierte Bankbetriebswirt begann bereits während seiner Schulzeit, jüngeren Schülern Nachhilfeunterricht zu erteilen. Dieses Hobby hat er sich bis heute bewahrt. Sein erster Roman »BENNI - (S)Eine wahre Geschichte« ist inspiriert von wahren Erlebnissen seiner Schüler sowie den Lieblingsautoren seiner Kindheit.

Andreas Rauh

BENNI

(S)Eine wahre Geschichte

Mai 2022
© 2022 Andreas Rauh
Layout und Satz:
Die BUCHPROFIS, München
Umschlaggestaltung:
Steffi Hafeneder
Herstellung und Verlag:
BoD – Books on Demand, Norderstedt
Printed in Germany

ISBN 978-3-7562-1271-2

E-Mail: andreas.rauh.autor@gmx.de

Für meine Familie, meine Freunde und alle meine Jungs

VORWORT

Liebe Leserin,
lieber Leser,

ich schlage erst einmal vor, dass wir gleich »du« zueinander sagen. Das macht es mir einfacher, dir diese Geschichte zu erzählen. Es wird auch so schon schwierig genug.

Warum das so ist? Nun, ich nehme an, hauptsächlich weil sie wahr ist. Auch wenn du mir das vermutlich nicht glauben wirst, aber dazu später mehr.

Wenn du denkst, das hier ist einfach ein weiterer Jugend-Fantasy-Roman, in dem ein tragischer junger Held gegen das Böse kämpft und am Ende natürlich siegt, nun ... Tut mir leid, dann bist du hier falsch! Denn dies ist eine wahre Geschichte und im echten Leben gewinnt das Gute am Ende nun mal nicht immer. Das liegt unter anderem daran, dass wir dabei zwei Dinge verbindlich festlegen müssten: »das Ende« und wer oder was die »gute« Seite verkörpert. Und wer bestimmt das?

Und dann ist da noch das Thema Wahrheit. Gibt es das? DIE Wahrheit? Das muss wohl jeder selbst entscheiden und ich will euch meine Meinung dazu nicht aufdrängen. Worauf wir uns für diese Geschichte aber einigen sollten, ist die Tatsache, dass jeder Mensch seine eigene Wahrheit erlebt. Und darum bin ich mir auch so sicher, dass diese Geschichte hier wirklich wahr ist. Oder besser gesagt, dass Benni sie so erlebt hat. Er hat sie mir nämlich genau so erzählt. Also die Teile, die ich nicht ohnehin selbst miterlebt habe.

Andere Beteiligte hätten mir ihre Wahrheit bestimmt anders geschildert, wenn ich sie danach gefragt hätte. Aber das habe ich nicht. Weil ich euch Bennis Geschichte erzählen will, also soll es auch seine Wahrheit sein.

Warum ich mir so sicher bin, dass er nicht gelogen hat? Ich weiß es einfach. Ich war ja dabei. Außerdem würde Benni mich nicht anlügen. Es wäre sinnlos. Und so erzähle ich euch nun seine Geschichte, seine Wahrheit.

Wenn manche Personen hier – Benni selbst mit eingeschlossen – also zu gut oder zu schlecht wegkommen, dann liegt das nicht an mir, lieber Leser. Es liegt daran, wie sie mit Benni umgegangen sind. Wie er sie und sich selbst erlebt hat. Ich für meinen Teil würde manche Beteiligte nicht so deutlich mit Schimpfwörtern belegen, aber Benni hat darauf bestanden, dass ich nichts, aber auch gar nichts beschönigen oder abmildern dürfe. Das war seine Bedingung und ohne zu wissen, worauf ich mich einlasse, habe ich ihm dieses Versprechen gegeben – und gehalten.

Wenn du sehr ängstlich bist und lieber besonders schöne Geschichten lesen magst, dann solltest du dieses Buch jetzt lieber weglegen. Sag später nicht, ich hätte dich nicht gewarnt!

Wenn du mutig genug bist, es zumindest zu versuchen, werde ich dich jetzt nicht länger auf die Folter spannen. Bevor du die Geschichte nicht kennst, wirst du sowieso noch nicht ganz verstehen können, was ich bis hierhin geschrieben habe. Also fangen wir besser an ...

TEIL I

GEGENWART

Benni spürte den heftigen Stoß in den Rücken im selben Moment, in dem er das knirschende Geräusch der Schuhe auf dem Kies hörte – und damit zu spät.

»Du scheiß Opfer!« Reflexartig riss er die Hände nach vorne, um den Sturz abzufangen. Trotzdem landete er der Länge nach auf dem dreckigen Weg und spürte, wie er sich die Handflächen an den spitzen Steinchen aufriss.

»Was glaubst du eigentlich, wer du bist, du Pisser?« Er erkannte die Stimme, ohne das Gesicht des Jungen hinter sich in der Dunkelheit zu sehen. Auch, wenn er dessen Namen nicht kannte, wusste er, dass er geliefert war. Und er verfluchte sich selbst dafür. Im selben Moment setzte die Angst ein. Ein lähmendes Gefühl, das seinem Körper jegliche Kraft zu entziehen schien und ihm gleichzeitig die schrecklichsten Visionen durch den Kopf jagte. Was würde er jetzt mit ihm machen? Ihn verdreschen? Einen Zahn ausschlagen? Den Arm brechen? Wollte er sein Geld? Oder …

»Steh auf, Opferkind!« Natürlich blieb er liegen. Abgesehen davon, dass er nicht vorhatte, dem zwei Jahre älteren Schläger gegenüberzutreten, hätte er auch gar nicht die Kraft dazu gehabt. Die Angst schien ihn buchstäblich gelähmt zu haben und an den staubigen Boden zu fesseln.

»Was ist los, Opferkind? Bist du taub?« Ein stechender Schmerz breitete sich von seinem linken Rippenbogen in seine Lunge hinein aus und raubte ihm die Luft, als ihn der Tritt des Älteren in die Seite traf. Tränen schossen ihm in die Augen und Panik stieg in ihm auf. Er bekam keine Luft! Er würde hier auf dem Boden dieser dreckigen kleinen Gasse, in der ihn nun beinahe völlige Dunkelheit umgab, einfach ersticken. Und keiner würde es mitbekommen.

Dann ließ der stechende Schmerz etwas nach und er konnte gierig und immer noch voller Panik ein wenig Luft einsaugen.

»Jetzt bist du nicht mehr so schnell unterwegs, hä? Opferkind! Du denkst wohl, ich lass mich von so einem kleinen Hosenscheißer verarschen? Wie alt bist du? Zehn?«

Zusätzlich zur Angst und den Schmerzen in seinen Händen und seiner Seite kochte jetzt beißende Scham in ihm hoch. Er war dreizehn, aber klein für sein Alter und die Sommersprossen auf seiner, wie er selbst fand, viel zu kleinen Nase und sein insgesamt noch recht kindliches Äußeres machten es nicht besser.

»Lass ihn, Amin! Der hat genug!« Eine andere Stimme, etwas heller und irgendwo von vorne kommend. »Das ist mir scheißegal! Ich höre erst auf, wenn er bezahlt hat!«

Also wollten sie doch seine Kohle. Das war egal, er hatte sowieso nur noch ein bisschen Kleingeld in seiner Hosentasche. Der Fünfer, den er von seiner Mutter am Vortag erbettelt hatte, war schon lang in die Kasse des Supermarkts an der Ecke gewandert. Hoffentlich entdeckten sie nicht, dass er sein Handy im Seitenfach seiner Sporttasche in die Fußballschuhe gesteckt hatte! Wenn sie ihm sein Handy wegnahmen … Eine neue Welle der Angst explodierte in seinem Magen und stieg ihm bis in die Kehle hinauf.

»Der wird schon noch sehen, was passiert, wenn er versucht, mich vor Ela zu blamieren!« Kurz darauf wurde er im Genick gepackt und wie ein Hundewelpe ein Stück vom Boden angehoben. Der Griff seines Peinigers war sehr kräftig, seine Finger fühlten sich wie Schraubzwingen an seinem Hals an. Dann roch er faulig-ekligen Atem und die dunkle Stimme sagte leise, aber vor Wut bebend neben seinem Ohr:

»Nur weil der Coach dich heute bei uns hat mittrainieren lassen, heißt das noch lange nicht, dass du dich mit mir anlegen kannst! Hast du verstanden?«

Er wollte sofort zustimmen, um seinen Angreifer nur nicht weiter zu reizen, aber dessen Griff und seine Angst lieferten sich einen harten Zweikampf darum, ihm die Kehle abzuschnüren, sodass er keinen Ton herausbrachte. Allerdings schien Amin das nicht weiter zu stören. Offensichtlich gefiel ihm die Macht, die er über ihn hatte und so kostete er die Situation weiter aus. Angestachelt von der Wut, die der kleine Vorfall im Training vorhin in ihm ausgelöst hatte, sprach er nun etwas ruhiger, aber dafür mit einer gefährlichen Schärfe in der Stimme, weiter.

»Du glaubst vielleicht, du bekommst hier eine kleine Abreibung und das war's dann, oder? Falsch gedacht, du Opfer! Du hast mich vor meiner Freundin getunnelt und alle haben gelacht!«

Das war so nicht ganz falsch, aber doch deutlich übertrieben. Im abschließenden Trainingsspiel war es ihm zwar tatsächlich gelungen, Amin den Ball durch die Beine zu spielen, aufgrund des wesentlich besseren Stellungsspiels und der körperlichen Überlegenheit der älteren Jungs – besonders Amin sah für ihn eher aus wie ein 19- denn wie ein 15-jähriger – konnte er den Ball danach aber nicht mehr erreichen und verlor so den Zweikampf letztendlich. Sein Trainer hatte ihn angefeuert, sofort hinterherzugehen, aber er bekam gerade noch mit, dass die drei rauchenden Mädchen am Spielfeldrand über etwas kicherten. Dies hatte jedoch offensichtlich nichts mit dem Geschehen auf dem Spielfeld zu tun, denn keine der drei würdigte den Platz auch nur eines Blickes.

Jedoch war Amin so sehr von sich überzeugt, dass er keine andere Möglichkeit als sich selbst für die Reaktion der Mädchen in Betracht zog. Das passte zu ihm. Benni kannte Amin zwar nur vom Sehen aus der Schule und wusste eigentlich so gut wie nichts über ihn, aber solche Typen gab es überall. Er war zwei Jahrgänge über ihm und spielte in seinem Verein in der U16-Mannschaft. In der Schule war er meistens in Begleitung seiner zwei Freunde anzutreffen und Benni hatte noch nie gesehen, dass sich jemand mit ihm angelegt hätte. Aber das war's dann auch schon.

»Du wirst den Coach noch dafür verfluchen, dass er dich Zwerg und den anderen Wicht heute zu uns ins Training geholt hat, Opferkind!« – »Komm schon, Amin. Es wird langweilig!« Eine dritte Stimme, irgendwo seitlich und mit dem typisch orgelnden Ton eines Jungen im Stimmbruch. Das musste der zweite aus Amins Gefolge sein. Also waren sie auch noch zu dritt! Das spielte zwar an sich keine Rolle, Amin alleine war schon zu viel für ihn, aber es machte die ganze Situation noch peinlicher und demütigender. Er schluchzte und zu allem Überfluss stiegen ihm jetzt auch noch Tränen in die Augen. »Der Kleine heult doch eh schon, Alter!«

»Halt's Maul!« Wieder Amins Stimme, diesmal laut und befehlend, dafür nicht mehr direkt neben seinem Ohr. »Jetzt chill doch mal, Alter!« Wieder die hellere Stimme von vorne, aber deutlich weniger bestimmend, eher beinahe entschuldigend.

»Das kapierst du nicht, du Kartoffel! Ihr habt keine Ahnung von Ehre!« Na bestens, seine beiden blöden Kumpane hatten es doch tatsächlich geschafft, Amin noch wütender zu machen. Er konnte nicht anders und wieder schluchzte er, von Angst und Scham gebeutelt, auf. Das war der schlimmste Albtraum seines Lebens. Und dann brach der Vulkan aus Amins Wut endgültig aus. Nicht sprühend und tosend, sondern noch schlimmer, leise und schneidend, genau neben seinem Ohr. Als würde er es genießen, die Lava seines Zorns langsam aus sich heraus und auf seine Beute fließen zu lassen.

»Ich mach dich fertig, du Opfer! Hörst du? Ich fick dich richtig! Ich werd dich vor der ganzen Schule so blamieren, dass du danach umziehen musst! Verstehst du das, Opferkind?«

In Bennis Gedanken entstanden die schrecklichsten Bilder, von Schlägen und weiteren Demütigungen über übelste Gerüchte bis hin zu erzwungenen und peinlichsten Fotos, die über Handys in Minuten in der ganzen Schule verbreitet wurden. Sein Magen krampfte sich erneut zusammen und er spürte den plötzlichen Drang, auf die Toilette zu müssen. »Nein, bitte! Bitte nicht auch noch das!«, schoss es ihm durch den Kopf. Wenn er sich jetzt auch noch in die Hose machte, hätte Amin seine Rachefotos gleich hier und jetzt. Hilflos drückte er die Beine zusammen.

»Und dann …« Weiter kam Amin nicht. Denn direkt hinter ihnen ertönte nun eine weitere Stimme. Etwas dunkler, sanft, aber doch stark und unüberhörbar gewohnt, Befehle zu erteilen, die nicht infrage gestellt wurden. Die Stimme eines erwachsenen Mannes.

»Das reicht! Lass ihn los!« Die Stimme klang unaufgeregt, völlig sachlich und …

Benni spürte, dass Amin tatsächlich etwas lockerer ließ und sich zu dem Mann umdrehte – allerdings ohne ihn gänzlich loszulassen. »Verpiss dich, Alter! Das hier geht dich nichts an! Also verschwinde, sonst machen wir dich auch fertig, Fettsack!«

Der unverschämte Vorstoß wurde durch ein helles Lachen und ein orgelndes »Ja, Mann!« unterstrichen. Die drei halbstarken Jugendlichen waren es gewohnt, sich von Erwachsenen nichts befehlen zu lassen, nicht von Lehrern, nicht von ihrem Trainer und schon gar nicht von einem mittelgroßen und übergewichtigen Poser, der hier meinte, den Helden spielen zu müssen.

»Haut lieber gleich ab, ist besser für euch, glaubt mir!« Der Erwachsene – war es tatsächlich möglich, dass ausgerechnet …? – klang völlig gelassen, fast ein wenig amüsiert, als hätte er Spaß an dem, was unausweichlich folgen würde.

Amin ließ nun völlig von Benni ab und stand auf. Benni konnte im blassen Mondlicht der Gasse und durch seinen Tränenschleier nur Umrisse erkennen, aber er bemerkte, dass Amin den Mann um einen ganzen Kopf überragte und nun drohend auf diesen zuging. »Was willst du machen, hä? Wir sind zu dritt, Alter!«. Der kleinere und breitere Schemen rührte sich nicht. Es schien sogar, als hätte der Mann nicht einmal die Hände aus seinen Jackentaschen genommen, um sich gegen den drohenden Angriff Amins schützen zu können. Wer war so dumm und …

»Amin …! DIGGA!« Die hellere Stimme, jetzt hinter Benni, hatte erst ängstlich leise, dann panisch laut geklungen. »Hey, Alter, was …?«, orgelte es gleich darauf neben ihm. Von Amin selbst war nur ein Keuchen zu hören, dann drehten sich alle drei plötzlich um und rannten die Gasse hinunter in die Dunkelheit.

Benni duckte sich instinktiv und hob wieder die Hände vor sein Gesicht, aber was immer er erwartet hatte, passierte nicht. Als er wieder zu dem Mann aufsah, erblickte er nur die leere Gasse. Auf der einen Seite die alte brüchige Steinmauer, die seit Jahrzehnten die Rückwand des örtlichen Friedhofs bildete, auf der anderen Seite die fensterlose Rückwand irgendeines Gebäudes. Am Ende der Gasse, vielleicht zwei- oder dreihundert Meter entfernt in die Richtung, aus der er gekommen war, schien das matte Licht einer Straßenlaterne. Wie …?

Ruckartig blickte er in die andere Richtung, aber außer dreier Schatten, die in einiger Entfernung gerade um die Ecke schlitterten, war die Gasse ebenfalls leer. Und absolut still. Kein Geräusch war zu hören, nicht einmal ein Auto in der Ferne oder der Wind in den Friedhofsbäumen, die über die Mauer ragten.

Noch am ganzen Körper zitternd und mit Knien, die aus Pudding zu bestehen schienen, stand Benni auf und hängte sich seine Sporttasche wieder über die Schulter. Er hätte eigentlich erleichtert über seine unerwartete Rettung sein sollen, doch stattdessen stieg ein neues Gefühl in ihm auf. Ein tief sitzender, lange verdrängter Schmerz, der sich langsam von seinem Magen einen Weg nach oben bahnte. Er begann zu rennen, die Gasse hinunter, in dieselbe Richtung, in die auch seine Peiniger verschwunden waren, doch am Ende bog er anders herum ab, spurtete ohne auf den Verkehr zu achten, über die Straße und gegenüber in eine Seitenstraße hinein, vorbei an dem hell erleuchteten Logo des Supermarkts und hinein in die Neubausiedlung, in der er wohnte.

Schon kurz darauf erreichte er das moderne Mehrfamilienhaus, hastete durch die kleine Lücke in der hüfthohen Hecke und auf die Terrasse. Dort drückte er gegen die Glastür, die mit einem satten Klacken nachgab und ihm den Zutritt zu ihrer Wohnung gewährte. Drinnen war es dunkel und still, was bedeutete, dass seine Mutter wohl schon ausgegangen war und sich sein kleiner Bruder wieder einmal irgendwo in der Siedlung herumtrieb. Doch das war ihm nur recht. Er wollte jetzt keinen von beiden sehen.

Ohne das Licht einzuschalten, durchquerte er das kleine Wohnzimmer, ging die paar Schritte den Flur hinunter zu seinem Zimmer und schloss die Tür hinter sich. Es roch ein wenig muffig und die Luft war abgestanden. Von draußen fiel der Schein der Straßenlaterne herein und tauchte alles in ein tristes Grau. Benni ging zu der großen Terrassentür seines Zimmers, das der Architekt wohl als Elternschlafzimmer vorgesehen und deshalb überflüssigerweise ebenfalls mit einer kleinen Terrasse versehen hatte, und öffnete einen der Türflügel einen Spalt breit. Dann angelte er sein Handy aus dem Inneren seines linken Fußballschuhs, ließ seine Tasche einfach auf den Boden fallen und warf sich, so wie er war, verdreckt und mit noch immer leicht blutenden Handflächen, auf sein Bett.

Das Gesicht in sein Kissen vergraben brach nun alles, was ihm in den letzten Minuten auf seinem Heimweg vom Fußballplatz passiert war, aus ihm heraus und er weinte leise, mit vor Scham brennenden Gesicht und gegen den neuen, tiefen Schmerz in seinem Inneren ankämpfend.

War das wirklich ER gewesen? Nach all der Zeit? Und ausgerechnet in diesem Moment, an diesem Ort? Wie konnte er …?

Dann spürte er eine Hand auf seinem Rücken.

UNGEFÄHR EIN
JAHR ZUVOR

»Benni!« Bumm. »Ben!« Bumm, bumm. »BENJAMIN!« Rumms. Folgte auf die ersten beiden Versionen seines Namens noch jeweils ein Schlag mit der flachen Hand gegen seine verschlossene Zimmertür, wurde der letzte, deutlich lautere Ruf offenbar mit einem Fußtritt untermalt.

»Bernhard, ich denke, er will einfach noch …« Der Satz seiner Mutter brach abrupt ab, direkt gefolgt von einem Krachen und Scheppern, irgendetwas fiel klirrend zu Boden und seine Mutter keuchte vor Schmerz auf.

»Halt die Klappe, Maria, halt doch endlich einfach mal deine blöde Klappe!« Die Stimme seines Vaters war voller Wut, mit diesem gemeinen Unterton, den er nur zu gut kannte. Eine unausgesprochene Warnung, die zugleich beinahe so etwas wie eine Aufforderung war. »Mach weiter und ich schlage dich«, war die einfache, aber dafür umso klarere Botschaft dieses Untertons. »Komm schon, mach weiter, gib mir einen Grund …!« Benni hatte ihn schon oft so gehört, damals, nachdem alles angefangen hatte und bevor er dann endlich weg war.

»Es ist doch wohl nicht zu viel verlangt, wenn ich mit meinem Sohn sprechen will! Aber wahrscheinlich hast du ihn jetzt endgültig gegen mich aufgehetzt, wie?!« Benni konnte sich vorstellen, wie sein Vater im Flur vor seiner Zimmertüre drohend vor seiner Mutter aufragte. »Da nehme ich mir extra Zeit und komme her und dann verkriecht sich der kleine Waschlappen in seinem Zimmer!«

Klatsch. Die Worte seines Vaters waren wie eine Ohrfeige für ihn. Er war kein Waschlappen! Er wollte ihn einfach nur nicht sehen, schon gar nicht, wenn er wieder …

»Warum bist du überhaupt so blöd und gibst den Jungs Schlüssel für ihre Zimmer? So bescheuert kann man doch gar nicht sein!« –

»Bernhard, bitte beruhig dich doch, er ist erst zwölf, du machst ihm Angst!«, hörte er das Flehen seiner Mutter. Klatsch. Diesmal war es das Geräusch einer echten Ohrfeige und seine Mutter verstummte augenblicklich.

»Ich hab dich gewarnt, du Miststück! Erst meine Kinder gegen mich aufhetzen und dann auch noch schlau daherreden!«

Benni saß auf seinem Bett, den Rücken gegen die Zimmerecke gedrückt und die Arme um die angezogenen Knie geschlungen. In ihm tobten die unterschiedlichsten Gefühle, wobei ständig ein anderes die Oberhand zu gewinnen schien. Er hatte Angst. Er wollte, dass sein Vater endlich abhaute, gleichzeitig sehnte sich ein anderer Teil von ihm nach dem Vater, der er früher einmal gewesen war. Er wollte ihn anschreien, auf ihn einschlagen, seine Mutter verteidigen und im selben Moment hoffte er, dass sein Vater wieder der Alte war – lustig und berechenbar, mit dem er im Garten Fußball gespielt hatte, der ihn im Schwimmbad durch die Luft geworfen hatte und …

Dann wieder schämte er sich, dass er nicht einfach in den Flur hinausging, mit seinem Vater sprach, ihm trotz des zu erwartenden Anschreiens einfach gegenübertrat, damit er nicht weiter auf seine Mutter losging.

All diese Gefühle und Gedanken rasten wie Blitze durch sein Gehirn, durcheinander und verstörend, ohne dass einer davon wirklich die Oberhand gewann. Er schloss die Augen, wünschte sich weg, einfach nur weit weg, fort von dem ganzen Gebrüll, den Drohungen und den Schlägen. Aber er konnte dem, was noch folgte, nicht entkommen.

»Von wegen erst zwölf! Da kann man doch zumindest erwarten, dass er ganz normal mit mir sprechen kann, ohne sich zu verstecken! Er benimmt sich ja wie ein Dreijähriger!« Klatsch. So sehr er auch versuchte, sich einzureden, die Worte seines Vaters würden ihn eigentlich gar nicht interessieren, so traf ihn doch jede einzelne Herabsetzung wieder aufs Neue. Und all diese Worte fühlten sich an wie echte Ohrfeigen, nur dass sie ihn nicht im Gesicht, sondern an einer viel verletzlicheren Stelle ganz tief im innersten seiner Seele trafen.

»Aber er war ja schon immer ein Feigling!« Klatsch. »Und dazu genau so dumm wie seine Mutter!« Klatsch. Benni konnte spüren, wie sein Gesicht zu brennen begann, schlimmer noch, als es körperliche Schläge jemals vermocht hätten.

»BENJAMIN! KOMM JETZT RAUS, ICH SAG'S ZUM LETZTEN MAL!« Die Stimme seines Vaters überschlug sich fast, es folgten mehrere Tritte gegen die Tür. Hoffentlich hielt das verdammte Ding, das Türblatt hatte bei den Streitereien mit seinem Bruder schon einiges abbekommen.

Die Tür hielt für den Moment, dafür ging es im Flur weiter. »Daran bist nur DU schuld!« Das war offensichtlich wieder an seine Mutter gerichtet. »Erzählst ihnen wahrscheinlich dauernd irgendwelche Lügen über mich! Wo ist denn der Kleine? PHILIPP?«

Benni hörte, wie die Zimmertür neben der seinen geöffnet wurde, dann die verängstigte Stimme seines kleinen Bruders. »Ja, Papa?«

Diese kleine Ratte! Kam natürlich sofort angekrochen, wenn er ihn rief! Ihrer Mutter gegenüber tönte er immer, dass er gar keinen Bock auf ihren Vater hätte und wenn Benni etwas in diese Richtung sagte, versuchte der Jüngere immer, noch einen drauf zu setzen und ihn zu überbieten, um seiner Mutter besonders zu gefallen. Dieser Schleimer! Ja genau, das war er. Eine Ratte und ein Schleimer!

»Na wenigstens einer, der noch weiß, wer hier das Sagen hat!« Und dann, deutlich sanfter: »Wie geht's dir, Philipp?« – »Gut.« Benni konnte sich genau vorstellen, wie sein Vater jetzt plötzlich den Guten spielte, um den kleinen Schleimer auf seine Seite zu ziehen. Wahrscheinlich wuschelte er ihm sogar durch die Haare, wie er es früher immer bei ihm gemacht hatte! Ein dicker Kloß Eifersucht gesellte sich zu den anderen Gefühlen.

»Magst du am Wochenende zu uns kommen?« Zu *uns*! *Uns*, das waren er und seine beschissene neue Freundin. Benni wusste eigentlich nichts von ihr, aber beschissen war sie auf jeden Fall, wenn sie einer Familie den Vater klaute, selbst wenn dieser …

»Ich kaufe dir auch ein neues Fahrrad!« Klatsch. Seit sein Vater weg war, hatte er von ihm gar nichts mehr bekommen, nicht mal zu seinem Geburtstag vor ein paar Wochen.

»Ui, ja. Darf ich, Mama?« Na klar, der kleine Schleimer war natürlich voll drauf eingestiegen. »Sicher, Spätzchen! Wenn du das möchtest!« – »Wieso soll er das denn nicht wollen, ich kauf ihm immerhin ein Fahrrad! Mein Gott, bist du dämlich!« Und schon war die Wut seines Vaters wieder da.

»Gut, dann gehe ich jetzt mal wieder!« Endlich! »Ben hält es ja nicht für nötig, mit mir zu sprechen.« – »Vielleicht ja nächstes Mal!«, hörte er den leisen, gut gemeinten Satz seiner Mutter.

»Aber vielleicht will ICH dann nicht mehr! Dann kann er sehen, wo er bleibt!« Klatsch. »Dann hat er halt KEINEN Vater mehr!« Klatsch. »Aber ich hab ja noch dich, Philipp, hm? Du bist nicht so dumm wie dein Bruder!« Klatschklatsch.

»Bernhard, bitte …« Benni konnte hören, wie seine Mutter zu weinen begann. Auch ihm liefen die Tränen herunter.

»Bern-hard, bit-te«, äffte dieser seine Ex-Frau nach. »Halt jetzt endgültig dein Maul!«, brüllte er sie an. Und dann, wieder ruhiger, aber mit schneidender Stimme: »Was soll ich auch mit dem Nichtsnutz?« Klatsch. »Der hockt doch sowieso den ganzen Tag nur mit seinem Handy in der Hand rum! Kein Wunder, dass er so ein kleiner Schwächling ist!« Klatsch. »Ich habe ja lange genug versucht, einen Mann aus ihm zu machen, aber er wird immer eine Memme bleiben!« Klatsch. »Ich hab schon immer gewusst, dass der Junge nichts taugt! Aber immerhin – jetzt muss ich wenigstens nicht mehr so tun, als ob ich ihn mögen würde!« Wumms.

Mit dem letzten Satz hatte sein Vater scheinbar die Wohnungstüre von außen zugeworfen. Ebenso gut hätte er ihm aber auch das Knie in den Unterleib rammen können, so sehr taten ihm die letzten Worte in seinen Eingeweiden weh.

»Geh in dein Zimmer!«, wurde sein Bruder auf dem Flur nun angeherrscht und eine Tür krachte. Dann wieder die Stimme seiner Mutter, diesmal ganz nah an seiner Tür. »Und DU kannst auch gleich da drin bleiben, ich will dich heute nicht mehr sehen!«

Dann fiel er. Stürzte in einen innerlichen Strudel aus Angst, Zorn, Verzweiflung und Scham. Er hatte gewusst, dass seine Mutter ihn nicht trösten würde, hatte geahnt, dass sie ihm die Schuld an der ganzen Szene geben würde. Und er fühlte sich auch schuldig, weil er nicht herausgekommen war, weil er seiner Mutter nicht geholfen hatte, und überhaupt, weil … Etwas explodierte in ihm, er sprang vom Bett hoch, trat mit voller Wucht gegen seinen Schrank, drosch wie wild mit seinen Fäusten gegen das Regal und schrie dabei, so laut er konnte.

Erst, als er seine Stirn mit Wucht gegen die kalte weiße Zimmerwand stieß und sich ein stechender Blitz zu den Schmerzen in seinen geprellten Zehen und den aufgeschlagenen Fingerknöcheln gesellte, hörte er taumelnd auf, warf sich bäuchlings aufs Bett und weinte hemmungslos.

Nach einiger Zeit ließ der Druck in seiner Brust nach und die Tränen versiegten, ohne dass es ihm ansonsten wirklich besser gegangen wäre. Er angelte sich sein Handy vom Nachttisch, startete sein Lieblingsspiel und tauchte als hünenhafter Barbarenkrieger »_BxNNx_« in die Welt von »Dragon Clash« ein, um seinen Avatar im Kampf gegen allerlei feindselige Wesen aufzuleveln.

*

WhatsApp-Chat, am nächsten Tag:

Benni – 14:06 Uhr:
Kommst Du raus?

Alex – 14:08 Uhr:
Ja

20

Benni – 14:08 Uhr:
Schaukel?

Alex – 14:13 Uhr:
Ja

Benni – 14:13 Uhr:
Bg

*

»Was machst du am Wochenende?« Benni blickte nach rechts zu Alex, der gelangweilt neben ihm auf der anderen Schaukel saß. »Bin nicht da.« – »Und wo bist du?« – »Weg.« Das war typisch für Alex. Statt ihm einfach zu sagen, wo er sein würde, wich er ihm aus. »Bist du wieder bei diesem Andi?« – »Ja, Mann, nerv nicht!« – »Kann ich mal mitkommen?« – »Nein!« – »Warum nicht?« Er hatte ihm diese Frage schon lange stellen wollen, sich aber nicht getraut, weil er schon vermutet hatte, wie die Antwort lauten würde. Auf seine Nachfrage bekam er erst gar keine Antwort mehr.

»Mann, warum denn nicht?«, versuchte er es nach einiger Zeit noch mal. »Weil!« Typisch. Alex erzählte ihm zwar immer wieder von den Wochenenden bei seinem Nachhilfelehrer, wollte ihn aber offensichtlich nicht dabei haben. »Komm schon, frag ihn halt wenigstens mal!« – »Jetzt nerv nicht!« Er hasste diesen Satz. Immer, wenn Alex über ein Thema nicht weiter sprechen wollte, beendete er es einfach mit dieser ruppigen Abfuhr. Aber Benni hatte sich vorgenommen, diesmal nicht locker zu lassen.

»Was macht ihr denn?« – »Keine Ahnung, wahrscheinlich zocken und Filme schauen oder so was.« – »Dann lass mich doch mitkommen, macht zu zweit doch viel mehr Spaß!« – »Nein, Mann! Und außerdem kommt eh wahrscheinlich Leo mit.« Leo war Alex' bester Freund, die beiden kannten sich schon seit dem Kindergarten. Er selbst hatte Alex erst letztes Jahr kennengelernt, als dieser zusammen mit seiner Mutter und seinem älteren Bruder in der Neubausiedlung eingezogen war.

21

Benni beneidete Alex. Er war ein halbes Jahr älter, einen Kopf größer als er selbst – verdammt, ALLE waren größer als er selbst, sogar sein kleiner Bruder war schon beinahe so groß wie er – und überhaupt war Alex ziemlich cool. Er hatte nie vor etwas Angst, hatte immer irgendwelche guten Ideen, hatte einen richtigen besten Freund, einen großen Bruder – und eben diesen Nachhilfelehrer, der ihm nicht nur für die Schule half, sondern auch ständig etwas mit ihm unternahm oder den er an manchen Wochenenden auch besuchen durfte. In den Ferien war er sogar mit Alex und Leo eine Woche nach Italien gefahren und Alex hatte ihm danach vom Strand, dem Meer, Spielhallen, Elektro-Scootern, Pizza-Lokalen und vielen anderen tollen Dingen erzählt, die sie dort erlebt hatten.

Benni hatte zwar nicht verstanden, warum ein Nachhilfelehrer so etwas machen würde, hatte aber dann nicht weiter darüber nachgedacht. Er wäre einfach nur gerne dabei gewesen.

»Komm, wer weiter springt!« Mit diesem Satz stieß Alex sich nach hinten ab und holte auf der Schaukel Schwung. Benni machte es ihm nach und schon bald wackelte die ganze Schaukel von ihren heftigen Vor- und Rückwärtsbewegungen. »Mit Strafe!«, rief Alex. »Und was?« Benni wurde es ein bisschen mulmig, er hatte Alex noch nie beim Springen geschlagen, aber er wollte auch kein Feigling sein. »Der Verlierer muss was trinken, was der andere zusammen mixt!« Wieso fiel Alex immer sofort irgendetwas ein? Das wollte er auch können! »Okay, aber kein Alkohol oder Pisse oder so!« – »Nein, nur was aus eurer Küche!« – »Okay!«

Alex holte noch einmal kräftig Schwung, steckte seine Arme zwischen den beiden Seilen rechts und links nach vorne durch und sprang am höchsten Punkt ab. Er segelte kurz in einem hohen Bogen durch die Luft und landete mit einem lauten Klatschen noch nach der Wiese auf dem gepflasterten Fußweg. Scheiße! So weit hatte es bisher noch keiner von ihnen geschafft. Grinsend drehte sich Alex zu ihm um. »Komm jetzt!«

Benni holte Schwung, machte die Bewegungen seines Freundes nach und stieß sich mit aller Kraft ganz oben nach vorne ab. Sein Magen machte einen Sprung, er spürte, wie er höher und weiter flog als jemals zuvor, beugte sich im Flug nach vorne, um noch weiter zu kommen, schloss die Augen – und knallte dann unsanft auf dem Boden auf.

Noch bevor er die Augen wieder öffnete, erkannte er am Lachen seines Freundes und dem Sand an seinen Händen, dass er kläglich verloren hatte. Er hatte es nicht einmal ansatzweise bis zum Weg geschafft, sondern war stattdessen gerade mal zwei Meter von der Schaukel entfernt auf dem Übergang vom Sand zur Wiese aufgekommen. Offensichtlich war er zwar sehr hoch, dafür aber umso kürzer gesprungen.

»Ahaha!«, hörte er Alex' Lachen. »Komm, wir gehen jetzt zu dir, was trinken!«

*

Bennis Mutter lag auf der Terrasse und sonnte sich, von seinem nervigen kleinen Bruder war zum Glück nichts zu sehen. Die beiden drückten sich an der Mutter vorbei durch die Terrassentür und gingen direkt in die Küche, wo Alex sofort das Innere des Kühlschranks inspizierte. »Gib mir mal ein Glas!«, forderte er Benni auf. Dieser gab ihm ein Glas aus dem Regal über dem Herd. »Aber mach nicht zu eklig!«

Alex griff in den Kühlschrank und füllte das Glas halb mit Milch. Okay, das ging. Dann nahm er die Cola-Flasche und goss das Glas fast bis zum Rand damit voll. »Wäh, das sieht ja widerlich aus!«, entfuhr es Benni, der trotz der Mutprobe, die ihm bevorstand, ein Grinsen im Gesicht hatte. »Ich bin ja noch nicht fertig!« Alex feixte. Dann nahm er eine Tube Senf aus der Kühlschranktür und drückte eine ordentliche Portion in das Glas. »Löffel!« Er hielt die Hand auf.

Nachdem Alex den bräunlichen Cocktail ausgiebig verrührt hatte, gab er Benni das Glas. »Aber alles austrinken!« – »Ja, Mann, mach ich schon.« Es war zwar ein bisschen eklig, aber auch nicht wirklich schlimm und immerhin eine Gelegenheit, Alex ein wenig zu beeindrucken. Mit großen Schlucken leerte er das Glas und musste nur am Schluss, als er an dessen Boden einen Rest Senf sah, kurz würgen. Aber er hatte es geschafft. Sie lachten beide und waren gerade auf dem Weg zurück ins Wohnzimmer, als ihnen plötzlich seine Mutter im Weg stand, hinter ihr sein kleiner Bruder Philipp.

»Was macht ihr denn schon wieder? Und warum nehmt ihr ihn nicht mit? Kann ich denn nicht EINMAL meine Ruhe haben? Und überhaupt, wie sieht's denn hier schon wieder aus? Alles voller Sand! Hol sofort den Staubsauger und mach das weg!« Die Fragen und Kommandos kamen so dicht aufeinanderfolgend, dass Benni gar nicht wusste, worauf er zuerst antworten sollte. Alex grinste neben ihm.

»Ich habe gesagt, du sollst den Staubsauger holen, hörst du schlecht?« – »Ja. Nein. Mache ich später!« Benni war genervt und die Situation war ihm peinlich. »Und nehmt jetzt gefälligst Philipp mit, ich will meine Ruhe!« Auch das noch! Mit der kleinen Nervensäge konnte man NICHTS machen und außerdem hasste es Alex, wenn Philipp mitkam.

»Nein, ich nehme den nicht mit, kann ich doch nichts dafür, wenn der keine Freunde hat!« Es kam nicht oft vor, dass Benni schon beim Sprechen seinen Fehler bemerkte, aber dies hier war so ein Moment. Und die Reaktion seiner Mutter ließ auch nicht lange auf sich warten. »Sag mal, was denkst du dir eigentlich? Du machst gefälligst, was ich sage. Und sei nicht immer so gemein zu deinem Bruder! Denk gefälligst mal an mich, ich will hier auch mal meine Ruhe haben!« – »Nein!«, schrie er zurück. »Dann geh jetzt in dein Zimmer!«, blaffte sie ihn an. »Und du gehst jetzt besser nach Hause!«, wandte sie sich an Alex, der zwar immer noch grinste, dem die Situation aber nun selbst langsam peinlich wurde. »Wollte eh gerade gehen. Ciao!« Und weg war er.

Benni stampfte wütend in sein Zimmer, aber bevor er die Tür hinter sich zuknallte, schrie er noch laut »Ich hasse dich!« in Richtung seiner

Mutter, die bereits wieder auf dem Weg zur Terrasse war – den Arm um Philipps Schulter gelegt.

*

WhatsApp-Chat, zwei Tage später:

Alex – 18:37 Uhr:
Willst Du am WE immer noch mit?

Alex – 18:38 Uhr:
Hallo?

Alex – 18:39 Uhr:
Haaalllllloooooo??????

Alex – 18:41 Uhr:
Ok, dann halt nicht

Benni – 19:12 Uhr:
Doch! Will mit! War beim Fußball. Leo?

Alex – 19:20 Uhr:
Ist bei seinem Vater

Benni – 19:21 Uhr:
Ok ich frag meine Mutter

Benni – 19:23 Uhr:
Ich darf!!! Wann wo?

Alex – 20:05 Uhr:
Sag ich Dir noch

Benni – 20:06 Uhr:
Ok

Benni – 21:32 Uhr:
Was muss ich mitnehmen?

Benni – 22:27 Uhr:
Müssen wir da hinfahren oder holt der uns?

Benni – 23:14 Uhr:
Erlaubt Andi das überhaupt?

Alex – 23:17 Uhr:
Nerv nicht!

*

Der Freitagmorgen zog sich unendlich langsam dahin. Seit Benni von Alex zu einem Wochenende bei diesem Andi eingeladen worden war, war er hin- und hergerissen zwischen Vorfreude und Nervosität. Wenn das alles stimmte, was Alex erzählte, dann würden das zwei wunderbare Tage werden. Ohne seine Mutter, der er eh nichts recht machen konnte und die seit der Trennung von seinem Vater entweder damit beschäftigt war, sich selbst zu bemitleiden oder ihn mit irgendetwas zu nerven. Ohne seinen kleinen Bruder, der nichts als Ärger machte und noch viel mehr nervte. Und vor allem zusammen mit Alex.

Andererseits machte ihn das aber auch ziemlich nervös. Was war, wenn es dort doch nicht so toll war und er sich langweilte? Oder wenn Alex wieder mal schlechte Laune hatte und ihn einfach nicht beachtete? Und dann kannte er ja diesen Andi auch noch gar nicht. Vielleicht mochte er ihn nicht und dann lachte Alex ihn am Ende auch noch deswegen aus?

»Benjamin!« Die scharfe Stimme seiner Mathelehrerin riss ihn aus seinen Gedanken und beförderte ihn jäh in die dritte Schulstunde zurück. »Die Lösung zur zweiten Aufgabe! Oder hast du deine Hausaufgaben vielleicht schon wieder nicht gemacht?«

Das war wieder mal so typisch für die alte Knebel. Die dürre Mathelehrerin stand kerzengerade vorne an der Tafel und starrte ihn durch ihre dicken Brillengläser hindurch an. Wie ein Kleiderständer mit einem altmodischen braun-geblümten langen Kleid, mit einer Art Spitzendecke um den engen Hals herum, nur mit einem schmalen Gesicht und einer dicken Brille.

Benni hasste Frau Knebel – und Frau Knebel hasste ihn, da war er

26

sich sicher. Sie hasste nämlich alle Jungs und ließ keine Gelegenheit aus, ihnen das auch zu zeigen. Den Mädchen ließ sie so ziemlich alles durchgehen, während sie bei den Jungen jede Möglichkeit ausnutzte, sie zu demütigen oder zu bestrafen.

Und natürlich unterstellte sie ihm auch sofort wieder, dass er die Hausaufgaben nicht gemacht hätte. Wie gesagt, das war wieder mal so typisch für die alte Knebel! Ja, okay, er hatte die blöden Hausaufgaben wirklich nicht gemacht, aber trotzdem war es unfair!

»Benjamin, ich warte! Oder träumt deine Stimme gerade noch ein bisschen weiter?« Sie lächelte ihn nun süffisant an und ihr Blick glich dem eines Raubvogels, der seine Beute erspäht hatte und auf den besten Moment wartete, sich auf sie zu stürzen. Einige der Mädchen fingen an zu kichern und Benni spürte, wie er rot wurde. Bis auf das Kichern war es nun ganz still in der Klasse. Keiner wollte in dieser Situation die Aufmerksamkeit auf sich lenken – dem Raubvogel genügte in der Regel eine Beute.

»Ich träume nicht!« Er hatte befürchtet, dass seine Stimme ängstlich klingen würde – denn er hatte Angst vor dieser Frau! – und so legte er allen Mut und alle Kraft, die er aufbringen konnte, in sie hinein. Leider war das Ergebnis ein trotzig-aggressiver Aufschrei, viel lauter und schärfer, als er beabsichtigt hatte. Und natürlich folgte prompt die entsprechende Reaktion.

»Komm doch mal nach vorne an die Tafel. Vielleicht kannst du uns die Aufgabe ja dann hier freundlicherweise vorrechnen.« Höchststrafe! Jetzt würde sie ihn vor der ganzen Klasse auseinandernehmen, da war er sich sicher. Bennis Herz raste. Als ob ihn die anderen nachher nicht schon genug verarschen würden, wegen des Satzes mit der Stimme und dem Träumen … Aber es kam noch schlimmer.

Er schlich mit weichen Knien nach vorne und blieb seitlich an der Tafel, mit einem möglichst großen Abstand zu Frau Knebel, stehen. Seine schwitzenden Hände schienen nirgendwo richtig hinzugehören, sodass er begann, nervös an seinem T-Shirt zu zupfen.

»Also, wie du ja sicher schon zu Hause gemerkt hast, ist die Aufgabe 2 eine ganz einfache Wiederholungsaufgabe für Anfänger. Eine Jeans, die normalerweise 119,00 € kostet, ist im Angebot und deswegen um 25 % reduziert – wie viel kostet sie nun?«

Benni überlegte, aber er war wie blockiert. Wie ging das noch mal? 119 minus 25 … Das war … Nee … Anders … Und überhaupt, seine Mutter würde ihm niemals eine Jeans für 119 € kaufen, auch wenn sie um 1000 % reduziert war! Vielleicht Philipp, der kleinen Ratte, aber ihm bestimmt nicht. Lieber zum Billigladen, teure Klamotten lohnten sich ja für ihn überhaupt nicht, schließlich sei er ja noch im Wachstum, bla bla bla … Wachstum, genau! Schön wär's …

»Jetzt nimmt sich der Benjamin erst mal eine Kreide und dann rechnet er uns die Aufgabe mal vor! Schafft der Benjamin das?« Da er immer noch wie angewurzelt da stand, sprach Frau Knebel jetzt wie zu einem kleinen Kind mit ihm, um ihn weiter zu demütigen. Die anderen versuchten, sich nun mühsam das Lachen zu verkneifen. Zitternd und beschämt griff Benni nach der Kreide.

»So ist es fein, Benjamin! Und jetzt fängst du einfach oben an und schreibst den Rechenweg für uns alle an die Tafel!« Sie wandte sich zur Klasse. »Macht er das nicht fein, unser Benjamin?« Sie genoss das Ganze nun sichtlich und die Klasse spürte, dass der Raubvogel begonnen hatte, mit seiner Beute zu spielen und sie als Publikum eingeladen waren.

Benni schob die Tafel nach unten und streckte sich, um an den oberen Rand zu kommen. Er schaffte es aber nicht ganz und schrieb etwas unterhalb die 119 € auf die grüne Fläche.

»Ach herrje, die Tafel ist wohl noch etwas zu groß für dich! Das habe ich in einer 6. Klasse ja auch noch nicht erlebt. Ich werde den Hausmeister bitten, dir für das nächste Mal einen kleinen Hocker in den Klassenraum zu stellen.« Das darauf folgende Gelächter war nun wieder eine Stufe lauter.

Bennis Wangen brannten und Tränen stiegen ihm in die Augen. Zum Glück stand er mit dem Rücken zu den anderen und er hoffte, der

Raubvogel würde es von der Seite nicht bemerken. Sein Magen verkrampfte sich und er wollte nur noch hier weg. Aber Frau Knebel war noch nicht mit ihm fertig. Sie wandte sich zur Klasse. »Unser Benjamin hat wohl offensichtlich Schwierigkeiten mit dieser einfachen Aufgabe, weil er lieber träumt, als in meinem Unterricht aufzupassen oder seine Hausaufgaben zu machen.« Ihr boshafter Blick wanderte über die Klasse und einige der Mädchen nickten beifällig.

»Aber vielleicht liegt es ja nur ein wenig an seiner Motivation«, fuhr sie fort. »Wollen wir ihn ein bisschen motivieren?« Nun nickten fast alle Mädchen und sogar einige der Jungs. Nur ein paar wenige starrten peinlich betreten auf den Tisch vor sich.

Benni wurden die Knie weich. Er wusste genau, dass sie ihn nur immer weiter erniedrigen wollte und er hasste sie dafür. Am liebsten wäre er einfach weggerannt, aber dann würde alles nur noch schlimmer werden. Außerdem konnte er sich nicht bewegen und auch seine Tränen würde er nicht mehr lange zurückhalten können.

»Also, mein lieber Benjamin«, fuhr der Raubvogel nun süffisant fort. »Wenn du diese Aufgabe nicht in drei Minuten gelöst hast, muss ich davon ausgehen, dass das nötige Grundwissen zum Prozentrechnen hier noch nicht ausreichend vorhanden ist. Und wer weiß, welche Lücken vielleicht auch bei deinen Klassenkameraden noch vorhanden sind. Zur Sicherheit wird die ganze Klasse übers Wochenende also noch mal eindringlich üben, und alle Aufgaben des ersten Kapitels im Buch als Hausaufgabe wiederholen! Auf die Übung gibt es eine mündliche Note.«

Protestierendes Gemurmel wurde laut und Julia, die Klassenstreberin meldete sich. »Ja, Julia«, rief Frau Knebel sie sofort auf. »Aber Frau Knebel, das ist nicht fair, nur weil der Benni das nicht kann!«. Zustimmendes Nicken um sie herum, was ihr offensichtlich gefiel, kam es doch nicht allzu oft vor, dass ihr so viele aus der Klasse zustimmten. Frau Knebel tat so, als würde sie kurz überlegen, dann strahlte sie.

»Weißt du, meine Liebe, da hast du ganz recht! Wir müssen es etwas gerechter machen! Bitte sei doch so lieb, komm nach vorne und schreib die Aufgabe auf die Rückseite der aufgeklappten Tafel. Du trittst für die Mädchen an und unser Benjamin für die Jungen. Wenn du es richtig löst, müssen die Mädchen den Stoff nicht wiederholen.«

Erleichtertes Aufatmen bei den Mädchen, Stöhnen und Proteste bei den Jungen. Einer von ihnen rief einfach, ohne sich zu melden: »Aber Frau Knebel …«, verstummte aber sofort unter ihrem strengen Blick. Julia stand bereits hinter der Tafel und schrieb eifrig und mit klappernder Kreide. Der Raubvogel wandte sich wieder seinem Opfer zu. »Nun, Benjamin? Du musst nicht alles im Kopf rechnen, schreib es ruhig hin!«

Benni versuchte, sich so gut er konnte zusammenzureißen, aber zu den Demütigungen von Frau Knebel kam nun auch noch die Angst vor seinen Mitschülern. Er war weder besonders beliebt noch besonders unbeliebt in der Klasse, richtige Freunde hatte er aber nicht. Er hatte keine Ahnung, was nach der Stunde in der großen Pause passieren würde, aber etwas würde passieren, das stand fest – denn er wusste auch so schon nicht, was er rechnen musste und mit dem zusätzlichen Druck war die Lösung dieser Aufgabe völlig ausgeschlossen.

»Fertig!« Ertönte es da von hinter der Tafel und Julia steckte stolz ihren Kopf heraus. »Na, dann wollen wir unseren Benjamin mal erlösen und uns deine Rechnung anschauen, Julia. Bitte erklär doch allen noch mal den Lösungsweg!« Und ehe sich Benni versehen konnte, stand Frau Knebel auf einmal hinter ihm und legte ihre dürren Hände auf seine Schultern. »Und der Benjamin passt jetzt noch mal brav auf, ja?«, sprach sie ihn wieder wie ein Kleinkind an und drehte ihn von der Tafel weg – allerdings nicht mit dem Gesicht zu Julias Lösung, sondern direkt zur Klasse gewandt. Wie ein Verurteilter stand er so vor allen und die Berührung ihrer knochigen Finger fühlte sich so unendlich eklig und falsch an, dass er sie am liebsten weggestoßen hätte. Doch das traute er sich nicht. Es war ein Albtraum, in dem jede Sekunde sich wie Jahre anfühlte.

Als Julia fertig war, schaute sie erwartungsvoll zu ihrer Lehrerin auf. »Sehr gut, Julia. Genau so! Danke, du kannst dich wieder setzen – deine Klassenkameradinnen werden sich bestimmt über das freie Wochenende freuen, das du ihnen beschert hast!« Julia ging unter anerkennendem Nicken der Mädchen stolz zu ihrem Platz zurück.

»Hast du es jetzt verstanden, Benjamin?« Ihre Finger bohrten sich nun noch schmerzhafter in die empfindlichen Kuhlen unter seinen Schlüsselbeinen und Benni hatte alle Mühe, nicht vor Schmerz aufzuschreien. Das wäre ihm noch peinlicher gewesen. Darüber hinaus war er nicht sicher, was sie meinte. Die Aufgabe? Oder die Tatsache, dass sie ihre Macht in der Klasse beliebig ausnutzen konnte? Dass sie jede Frechheit – zumindest jede Frechheit eines Jungen – aufs Empfindlichste bestrafen würde?

»Tja, liebe Klasse!«, wandte sie sich daraufhin an alle. »Das Ergebnis ist, denke ich, eindeutig. Unser Benjamin hat die Lücken in der Klasse deutlich gemacht. Zum Glück noch rechtzeitig vor dem nächsten Test. Die Jungen werden also alle Aufgaben des ersten Kapitels im Buch noch mal sauber und mit allen Nebenrechnungen nachrechnen und am Montag bei mir abgeben. Wer es nicht ordentlich macht oder gar nicht erst abgibt, bekommt eine mündliche Sechs.«

Benni konnte die Tränen jetzt nicht mehr zurückhalten und die erste lief ihm nun über die rechte Wange. Rotz sammelte sich in seiner Nase und er musste schniefen, wollte er nicht auch noch, dass ihm etwas aus dem Gesicht lief. Die ganze Situation hätte kaum peinlicher sein können.

»Aber, aber, mein lieber Benjamin! Das ist doch kein Grund, wie ein Baby zu weinen! Ich bin mir sicher, deine Mitschüler werden sich bei dir für diese Möglichkeit noch erkenntlich zeigen. Immerhin hast du heute für sie eine mündliche Sechs auf dich genommen. Ich hoffe, du machst die Aufgaben richtig und ordentlich, damit am Montag keine zweite dazu kommt. Und jetzt setz dich und putz dir die Nase!«

Der Gang zu seinem Platz war ein Spießrutenlauf zurück in die letzte Reihe. Frau Knebel hatte sich natürlich ganz zufällig zur Tafel umgedreht, um die Buchseiten für die Strafarbeit anzuschreiben und so konnte jeder Junge in der Klasse entlang seines Weges ihm wahlweise ein Bein stellen, einen Tritt oder Schlag verpassen, ihn beschimpfen oder sogar bespucken. Die meisten entschieden sich für – alles. Weitere endlose 30 Minuten später, in denen Benni sowohl gegen seine Tränen als auch die stetig wachsende Panik ankämpfte, ertönte der Gong zur großen Pause – und damit zum zweiten Akt dieses schlimmsten Schultags aller Zeiten.

*

Benni stürmte, so schnell er konnte, aus dem Klassenzimmer und rannte in Richtung der Toiletten, um sich dort vor seinen Klassenkameraden in Sicherheit zu bringen. Er hastete in eine der Kabinen und sperrte diese sofort hinter sich ab. Hier konnten sie ihn wenigstens nicht erwischen und sich für die Strafarbeit bei ihm – wie hatte die alte Knebel so nett gesagt? – »erkenntlich zeigen«!

Dass er damit einen weiteren großen Fehler gemacht hatte, wurde ihm aber nur allzu schnell bewusst, als die Tür zu den Toiletten kurz darauf aufgestoßen wurde und mehrere Jungen aus seiner Klasse in den schmutzigen, kleinen Raum drängten. »Wo ist er?« – »Der hat sich bestimmt eingesperrt, der kleine Feigling!« – »Da, die linke Kabine ist zugesperrt!«

Seine Mitschüler johlten und hämmerten gegen die Tür. »Komm raus, du Opfer! Das wirst du büßen!« Natürlich dachte Benni gar nicht daran, seine sichere Deckung zu verlassen und sich der Wut dieser Meute auszusetzen. Hoffentlich brachen sie nicht die Tür auf.

»Hey, Leute, ich kann doch nichts dafür, dass die Knebel so fies ist!«, rief er ihnen durch die Tür zu. Allerdings ließen sich die anderen nicht so leicht besänftigen. »Und wir können nichts dafür, dass du so dumm bist!«, hörte er Konrad mit aggressiver Stimme antworten.

Ausgerechnet der! Konrad war im vergangenen Jahr sitzen geblieben und somit in diesem Schuljahr neu zu ihnen in die Klasse gekommen. Als einer der ältesten und stärksten war er zumindest im Moment wohl so etwas wie der Anführer des Rachetrupps. Er war eigentlich kein Schläger oder besonders gemein zu Benni, aber auch ziemlich faul und von einem Wochenende voller Matheaufgaben sicher nicht begeistert. Jetzt versuchte er wohl, seine Stellung als Klassenoberhaupt zu demonstrieren. Von den anderen kamen Gelächter und zustimmende Rufe.

»Ihr hättet es doch auch nicht alle gewusst!«, versuchte Benni nachzusetzen, um wenigstens einen Teil der anderen auf seine Seite zu ziehen. »Die Knebel versucht doch dauernd, uns einen reinzuwürgen!« Die Wut auf den wahren, gemeinsamen Feind zu lenken, schien zu funktionieren, denn es wurde leiser und einige schienen tatsächlich anzufangen, zu überlegen. Doch die Verschnaufpause war nur kurz.

»Umso dümmer von dir, dass du dich mit ihr angelegt hast!« Es war Konrad, der die Stimmung wieder kippen ließ. »Und jetzt komm raus, sonst wirst du's bereuen!«

Benni spürte Wut in sich aufsteigen. Er war kurz davor gewesen, das Ganze zu entschärfen, doch die Jungen johlten nach Konrads Worten nur noch lauter und stießen nun, gegenseitig angestachelt und in der Sicherheit der »Alle gegen einen«-Situation, ebenfalls weitere Beschimpfungen und Drohungen aus.

»Also gut, selber schuld!«, rief ihm Konrad zu. Dann, mit abgewandter und leiserer Stimme »Gib her!« Es folgte ein kurzer, halbherziger Protest. »Hey, das ist meine!« Aber niemand reagierte, stattdessen wurde es kurz still. Dann hörte Benni ein Geräusch in der Kabine neben sich und kurz darauf erschien Konrads Kopf über der Trennwand. Mit einem höhnischen Grinsen blickte der größere Junge auf ihn herunter. »Wenn du nicht raus kommst, dann bring ich dir halt was rein!«

Benni sah, wie Konrad einen Gegenstand über den Kopf hielt und begann, ihn zu schütteln. Eine Cola-Flasche! Er würde doch nicht etwa …

»Soll ich dem Idioten mal 'ne kleine Dusche verpassen?«, rief Konrad den anderen zu, die bereits johlten und ihn anfeuerten.

In der Kabine eingeschlossen und ohne Möglichkeit, dem klebrigen Regen auszuweichen, bekam es Benni jetzt doch mit der Angst zu tun. Hier konnte er sich nicht schützen und draußen wartete die halbe Klasse darauf, dass er einen Fluchtversuch unternahm. Er saß buchstäblich in der Falle.

Dann zischte es laut, als Konrad die Flasche öffnete und ein schäumender brauner Strahl schoss zunächst an die Decke, von wo er aber sofort abprallte und sich eklig feucht über Benni ergoss. Obwohl das Ganze nur wenige Sekunden gedauert haben konnte, kam es Benni wie eine Ewigkeit vor, als die klebrige Limonade auf ihn niederging und sich von seinen Haaren und seinem Hinterkopf – wenigstens sein Gesicht konnte er mit den Händen schützen – einen Weg durch seine ganze Kleidung bis in seine Unterhose und seine Schuhe bahnte.

Dann war es vorbei und als er sich umsah, fand er sich selbst in einer braunen Pfütze mitten in der von oben bis unten vollgespritzten Kabine stehend. Er musste daran denken, wie er so durchnässt den restlichen Schultag überstehen sollte. Ganz zu schweigen davon, was seine Mutter sagen oder wie ihn sein kleiner Bruder damit aufziehen würde. Auf jeden Fall würde es Ärger geben und wahrscheinlich konnte er jetzt auch das Wochenende bei Andi vergessen.

In seiner Wut blickte er nach oben, wo Konrad lachend auf ihn herabsah, und schrie ihn mit schriller, sich vor Zorn überschlagender Stimme an. »Du blödes Arschloch, spinnst du?«

Doch Konrad lachte nur weiter. »Die Klamotten zahlst du, du Wichser!« Benni schrie sich nun richtig in Rage. Doch das schien Konrad und die anderen nur noch mehr zu amüsieren.

»Hey Leute, hat jemand ein bisschen Kleingeld, damit unser Kleiner sich mal was Richtiges zum Anziehen kaufen kann?« Alle lachten und irgendein Witzbold warf eine 20 Cent Münze unter der Kabinentür durch. Benni ärgerte und schämte sich jetzt nur noch mehr, wusste aber nicht, was er jetzt noch tun sollte. Er hasste sie. Er hasste sie alle! Und er würde sich rächen! Er würde …

»Kommt Leute, wir gehen! Soll der Kleine hier ruhig noch ein bisschen plärren und flennen!« Wieder Gejohle und »Ja, Mann!«-Rufe. Benni hörte, wie sich die Menge zufrieden in Bewegung setzte und auch Konrad war von der Schüssel neben ihm wieder auf den Boden gesprungen. Aber es war noch nicht vorbei. Denn vor seiner Tür ertönte noch ein weiteres Mal Konrads befehlende Stimme.

»Und bis Sonntagmittag haben wir die Lösungen für die Aufgaben von dir in der WhatsApp-Gruppe! Sonst machen wir dich am Montag richtig fertig! Hast du kapiert, du Idiot?«

»Aber das schaffe ich nie! Und in der Gruppe sind doch auch die ganzen Mädchen drin, die petzen dann bestimmt!« – »Mir egal, wie du das machst! Und du legst natürlich 'ne neue Gruppe nur für die Jungs an!« – »Aber …« – »Halt's Maul und mach's einfach! Sonst geht's hier am Montag richtig ab!«

Und damit verließ er als letzter die Toilette, während Benni durchnässt und vor Wut, Angst und Kälte zitternd, in der Kabine blieb.

Erst als der erste Gong die Schüler aufforderte, zu ihren Klassen zurückzukehren, huschte Benni zum Waschbecken und sah sich den Schaden im Spiegel an. Seine Haare klebten an seinem Kopf, sein weißes T-Shirt klebte an der Vorderseite fast durchsichtig an seinem Körper und seine Hose war voller nasser Flecken. Ein Blick auf seine Sneaker verriet ihm, dass auch seine Schuhe einiges abbekommen hatten.

Er riss Blatt für Blatt aus dem Handtuchspender und versuchte, seine Haare und Sachen wenigstens ein bisschen trockener zu bekommen. Der Erfolg war mäßig, aber immerhin tropfte er nicht mehr. Schnell rannte er zur Klasse zurück. Er wollte nicht auch noch dadurch auffallen, dass er zu spät zum nächsten Unterricht kam.

Herrn Weiland, ihrem Deutschlehrer, schien sein Äußeres nicht weiter aufzufallen – oder zumindest machte er keine entsprechenden Bemerkungen. Wahrscheinlich war er einfach schon zu lange Lehrer, als dass ihm ein nasser Sechstklässler nach der großen Pause noch in irgendeiner Form bemerkenswert erschien.

Die Jungen in seiner Klasse ignorierten ihn nun, nur die Mädchen tuschelten miteinander und blickten immer wieder grinsend oder angewidert in seine Richtung. Er schämte sich und ihm war kalt, aber das war im Moment nicht das Schlimmste. Er musste es unbedingt schaffen, dass sein Bruder und seine Mutter nichts davon mitbekamen! Philipp würde ihn sofort verpetzen und außerdem dauernd damit aufziehen. Und seine Mutter? Die würde wahrscheinlich komplett ausrasten und dann wäre vielleicht seine einzige Chance, jemals ein Wochenende mit Alex bei Andi verbringen zu können, für immer vertan. Das durfte auf keinen Fall passieren …

*

So viel Pech Benni an diesem Vormittag gehabt hatte, so viel Glück hatte er nun zunächst, als er zu Hause ankam. Wenn auch nur kurz.

Sein Bruder war wie immer schon vor ihm da und saß mit einer Pizza vor dem Fernseher, während seine Mutter mit ihrer Freundin telefonierte und sich gerade über irgendetwas aus ihrer Arbeit beklagte, zu der sie nach der Mittagspause wieder zurückkehren musste. So konnte er unbemerkt in sein Zimmer schlüpfen und sich frische Sachen anziehen. Danach huschte er ins Badezimmer, wusch sich unter dem Wasserhahn am Waschbecken schnell die Haare mit lauwarmem Wasser aus und trocknete sich ab. Danach ging er ins Wohnzimmer.

Seine Mutter hatte ihr Gespräch beendet. »Warum sind deine Haare denn nass?« Sie sah ihn prüfend an. »Wir haben in der Pause Fußball gespielt und ich war ein bisschen verschwitzt«, log er. »Und warum gehst du dann nicht gleich unter die Dusche? Himmel, du schwitzt doch nicht nur am Kopf!«, herrschte sie ihn an. »Marsch zurück ins Bad und geh gefälligst duschen! Ich will nicht, dass dieser Nachhilfelehrer einen schlechten Eindruck von dir hat! Und benimm dich gefälligst, wenn du schon dort hingehen darfst!«

»Ich hab aber Hunger! Machst du mir auch eine Pizza?« Sie sah ihn zornig an. »Dein Bruder hat gerade die letzte gegessen. Und außerdem ist es sowieso nicht gut, wenn ihr immer dieses Zeug in euch hineinstopft. Mach dir ein Brot – ich muss jetzt wieder zur Arbeit! Schließlich muss ja einer das Geld für euch verdienen. Euer feiner Herr Vater zahlt ja kaum Unterhalt für euch!«

Das war mal wieder typisch. Sein Bruder bekam eine Pizza und er sollte sich ein Brot machen. Er wurde wütend und wollte schon etwas Entsprechendes erwidern, überlegte es sich aber gerade rechtzeitig noch anders. Er wollte sein Glück nicht überstrapazieren und das soeben noch mal gerettete Wochenende mit Alex nicht gefährden. Also drehte er sich nur wütend um und stapfte zurück ins Bad.

Er hatte gerade sein T-Shirt und seine Hose ausgezogen, als seine Mutter die Tür aufriss und hereinplatzte. »Wann kommt dieser Nachhilfelehrer denn eigentlich? Und mach vorher gefälligst deine Hausaufgaben fertig! Und räum dein Zimmer auf! Hast du alles eingepackt? Frische Sachen, deine Zahnbürste, einen Schlafanzug …« – »MAMA!«, protestierte er, während er schnell nach einem Handtuch griff und es vor sich hielt. Zum Glück hatte er noch seine Unterhose an.

»Jetzt hab dich bloß nicht so! Mein Gott, dieses Kind! Ich bin deine Mutter! Und du bist zwölf Jahre alt, also stell dich nicht so an, als gäbe es da irgendwas zu sehen! Also?«

Benni ärgerte und schämte sich. Warum konnte seine Mutter nicht akzeptieren, dass er kein kleines Kind mehr war? Und was sollte diese dumme Bemerkung? Darum ging es ja schließlich gerade! Dass es eben niemanden etwas anging, was da zu sehen war! Und schon gar nicht seine Mutter! Und warum hatte ihr Badezimmer eigentlich keinen Schlüssel, wie bei allen anderen Leuten auch?

Er hatte seine Mutter erst kürzlich danach gefragt, was aber nur zur Folge hatte, dass sie ihm einen langweiligen Vortrag über Badezimmerunfälle hielt und ihm sehr klar zu verstehen gab, dass es sehr dumm war, sich im Badezimmer vor seiner eigenen Familie einzusperren. Schon nach dem ersten Satz hatte er gemerkt, dass es zu nichts führen würde, weiter mit ihr darüber zu streiten, und so hatte er ihr einfach gar nicht mehr weiter zugehört.

»Ja, ich pack gleich alles ein. Und er heißt Andi und kommt nach der Arbeit, hat Alex gesagt, so gegen halb sieben ungefähr.« Seine Mutter verdrehte die Augen. »Na prima, dann kann ich mich nach der Arbeit wieder abhetzen mit dem Einkaufen, damit ich rechtzeitig zu Hause bin.« – »Aber du musst doch gar nicht da sein, wenn …« Weiter kam er nicht.

»Sag mal, was glaubst du eigentlich? Ich kenn diesen Mann doch gar nicht! Ich möchte schon noch ein paar Worte mit ihm sprechen, bevor ich ihm mein Kind anvertraue! Es ist ja schon ein bisschen merkwürdig, dass der nicht Besseres zu tun hat, als das ganze Wochenende mit euch zu verbringen!«

Benni war alleine die Vorstellung, wie seine Mutter Andi befragen und inspizieren würde, schon peinlich genug und so versuchte er es erneut. »Aber Mama, der ist voll nett, sagt Alex. Und der kennt ihn doch auch schon länger und seine Mutter auch und …« Doch wieder schnitt sie ihm das Wort ab. »Das musst du schon mir überlassen! Sonst kannst du gleich zu Hause bleiben! Also sei jetzt bloß still! Dein Bruder ist bei eurem Vater und ich hätte endlich mal wieder ein Wochenende für mich, ohne dass ihr euch hier dauernd streitet! Ich habe ja schließlich auch noch ein Leben!« Damit zog sie die Badezimmertür wieder von außen zu.

So war das also. Deswegen hatte sie es gestern so schnell erlaubt! Der Gedanke, dass seine eigene Mutter ihn nur loshaben wollte, versetzte ihm einen kurzen Stich. Seit sein Vater abgehauen war, war hier nichts mehr so wie früher.

Mit knurrendem Magen zog er sich fertig aus und stieg unter die Dusche. Unter dem warmen Wasserstrahl rieb er sich flüchtig ab, stand in Rekordzeit wieder tropfend auf dem Fliesenboden, trocknete sich mit seinem Handtuch ab und zog sich hastig an. Danach ging er in die Küche. Seine Mutter war bereits wieder gegangen.

Auf der Anrichte lag eine Packung Brot, in der sich noch ein paar trockene Scheiben befanden. Er nahm sich eine davon heraus und legte sie auf einen Teller. Dann griff er nach dem Glas mit dem Nugataufstrich, musste aber enttäuscht feststellen, dass es bereits leer war und nur noch ein paar Reste an der Innenwand klebten. Also schraubte er das Glas wieder zu und stellte es zurück. Im Kühlschrank fand er dann wenigstens noch einen Rest Streichkäse. Nicht mal Fleischsalat war noch da. So bestrich er sich sein Brot und öffnete den Mülleimer, um die leere Käsepackung wegzuwerfen. Beim Öffnen erstarrte er – dann kochte er vor Wut.

Im Inneren des Eimers lagen drei große Stücke Pizza. Darüber verteilt der Inhalt eines Aschenbechers, bestehend aus grauen und schwarzen Ascheflocken und ekligen Zigarettenstummeln, die aussahen, als würden sie sich gerade zusammenkrümmen, so als müssten sie sich übergeben.

»PHILIPP!« Er schrie den Namen seines Bruders und stürmte ins Wohnzimmer, wo sein kleiner Bruder erschrocken aufblickte. »WARUM HAST DU DIE PIZZA WEGGEWORFEN?!«, schrie er ihn an und ging auf ihn los.

Der Jüngere, gewohnt, solchen Attacken auszuweichen, sprang mit einem Satz über die Rückenlehne der Couch und brachte sich außer Reichweite. »Das war ich nicht!«, schrie er zurück. »Du lügst, du kleiner Pisser!« Benni setzte ihm nach.

Doch Philipp war schon hinter dem Esstisch. »Gar nicht! Das war Mama! Meine steht doch noch da!« Er deutete mit dem ausgestreckten Arm auf den Couchtisch. Und tatsächlich stand dort ein großer Teller, in der Mitte noch ein angebissenes Stück Pizza.

»Du bist sooo dumm!«, lachte ihn sein Bruder jetzt von hinten aus. Wütend fuhr Benni herum und hastete dem Jüngeren hinterher, der in sein Zimmer flüchtete und die zukrachende Tür schnell von innen verschloss. »Mach sofort auf, du kleiner Pisser!«

»Nö!«, kam es von innen höhnisch zurück. »Und du darfst das nicht zu mir sagen, das erzähle ich Mama! Ich rufe sie jetzt gleich an!« Benni erschrak. Das musste er verhindern, seine Mutter hielt immer zu ihrem kleinen Liebling, wenn er zu ihr gerannt kam. Nur umgekehrt wollte sie nie etwas davon wissen, wenn dieser ihn ärgerte. Es war so unfair!

»Ja, mach nur, ruf sie gleich wieder an und petze ihr alles! Wenn ich das Alex und Max erzähle, dann lachen sie dich bestimmt wieder aus, du Baby!« Er hoffte, dass diese Drohung reichen würde, um den Neunjährigen zu überlisten. Tatsächlich würde es seine Freunde nicht im Geringsten interessieren, was sein Bruder machte, aber er setzte alles darauf, dass der Kleinere sich vor Bennis Freunden nicht blamieren wollte. Schließlich wollte er dauernd mitkommen, wenn sie zusammen loszogen.

»Das machst du nicht! Sonst sag ich das auch Mama und dann darfst du am Wochenende nicht zu dem da hingehen!« Er hörte die Unsicherheit in Philipps Stimme. »Probier's aus, du Pisser!« – »Du darfst das nicht sagen!«, heulte Philipp nun hinter der Tür und Benni war zufrieden mit sich. Er hatte es ihm gezeigt. Und es gefiel ihm, die Wut dieses Tages an Philipp auszulassen.

Aber schon als er zurück in der Küche ankam, um sein Käsebrot zu holen, war sein Triumphgefühl wieder verflogen und eine Mischung aus Wut und Traurigkeit machte sich in ihm breit. Seine Mutter hätte ihm wenigstens die Reste der Pizza aufheben können, anstatt sie einfach wegzuwerfen.

Nachdem er gegessen und seine Sachen eingepackt hatte, zog er sein Mathezeug aus dem Rucksack und versuchte, die Aufgaben zu lösen. Doch schon nach der ersten gab er auf. Er verstand Mathe einfach nicht. Wozu brauchte man das denn überhaupt? Prozentrechnen – so was Überflüssiges! Wenn ein Laden eine Jeans reduzieren wollte, dann sollten sie halt hinschreiben, was sie vorher und nachher gekostet hat und fertig! Warum musste das immer so kompliziert gemacht werden?

Er warf sich aufs Bett und nahm sein Handy in die Hand, öffnete YouTube und klickte sich durch verschiedene Videos über »Dragon Clash«. So verstrich einige Zeit. Auf einmal stand Philipp neben ihm. »Was machst du?« – »RAUS!«, herrschte er ihn an. »Verschwinde aus meinem Zimmer!« Doch so schnell gab sein Bruder nicht auf. »Gehen wir raus?« – »Nein, und jetzt hau ab!«

»Wir könnten Alex und Max abholen.« – »Such dir gefälligst eigene Freunde!« Philipp verzog das Gesicht. »Ich habe eigene Freunde!« – »So? Wen denn?« Benni grinste hämisch. Die meisten von Philipps Klassenkameraden waren nach der Schule im Hort, aber seine Mutter wollte für die Nachmittagsbetreuung nicht extra bezahlen, sodass sich die Jungen meistens selbst überlassen waren. Und das machte es Philipp schwer, Spielkameraden in seinem Alter zu finden. »Du bist so gemein!«, sagte er daher mit leiser Stimme, setzte sich auf den Boden und zog sein eigenes Handy aus der Hosentasche. »Du sollst abhauen!«

Sein Bruder sah zu ihm auf. »Mir ist aber langweilig!«, maulte er zurück. »Dann langweil dich gefälligst in deinem eigenen Zimmer!« – »Nö!«

Benni erhob sich auf seinem Bett. »Ich haue dich gleich!« – »Schaffst du eh nicht!«, erwiderte Philipp grinsend, machte sich aber bereit, sofort aufzuspringen, wenn es nötig werden sollte. »Du bist so eine Nervensäge!« Benni schwang genervt die Beine vom Bett und Philipp schnellte auf und zur Tür. »Fang mich!«, rief er vergnügt und rannte auf den Flur. Benni ließ sich wieder aufs Bett fallen. Wie konnte man nur so nervig sein?

Schon erschien Philipps Kopf wieder in der Tür. »Lulululu!«, tönte er. Benni hasst dieses Geräusch. Es passte perfekt zu seinem kleinen Bruder. »Lulululu!« Und weg war er wieder.

»Wenn du das noch einmal machst, du kleiner Pisser, dann …!« –
»Lulululu!« Das war zu viel. Benni sprang vom Bett hoch und jagte
Philipp hinterher, der lachend und feixend durch den Flur ins Wohnzimmer rannte. Er verfolgte ihn ein paar Runden um, über und unter
den Möbeln her, dann entwischte der Gejagte in den Flur in Richtung
seines Zimmers. Doch bevor er die Tür von innen versperren konnte,
war Benni heran und warf sich dagegen.

Die Tür wurde Philipp aus der Hand gerissen und knallte krachend
an seine Stirn. Im ersten Moment blieb er geschockt und mit weit aufgerissenen Augen stehen, bevor er sich plötzlich die Hände vors Gesicht riss und zu Boden fiel. Benni erschrak und stand wie angewurzelt
da. Einen Moment war es still. Unheimlich still. Doch gleich darauf
setzte mit einem lauten Schrei der Heulton seines Bruders ein, der sich
nun laut schreiend und weinend auf seinem Zimmerboden wand.

»Phi … Das … Das wollte ich nicht!«, stammelte Benni angsterfüllt.
Er beugte sich zu seinem Bruder hinab und versuchte, ihm die Hand
vom Gesicht zu ziehen. Auf der Stirn sah man einen senkrechten roten Strich, aber kein Blut. Dafür war Philipps ganzes Gesicht rot und
nassgeheult. Der Jüngere begann sofort, nach ihm zu schlagen und zu
treten. »DU SAU!«, schrie er Benni an. »DU BLÖDE SAU!«

Benni musste grinsen, weil man deutlich sehen konnte, dass Philipp
ihn mit aller Wut beschimpfen wollte, ihm aber vor lauter Wut und
Schmerz keine Schimpfworte einfielen, die seinem Ärger einen ange-
messenen Ausdruck verleihen konnten. Doch dieses Grinsen machte
ihn nur noch wütender und so schrie er mit schriller Stimme »RAUS!
RAUUUUS! RAUUUUUUUU …« Das letzte »Raus« erstarb in einem erstickten Schluchzen und Philipp rang gierig und mit fast schon
lila Gesichtsfarbe nach Luft.

»Jetzt krieg dich mal wieder ein, du Pisser!« Benni wurde nun selbst
wieder wütend. »Ich wollte das nicht und will dir nur helfen. Und du
trittst und beleidigst mich nur. Dann schau halt selber, wie du klar-
kommst!« Er wandte sich zum Gehen ab.

»Das sage ich alles Mama!«, heulte ihm Philipp hinterher, doch Benni verzog sich in sein Zimmer. Er konnte jetzt sowieso nichts mehr tun und außerdem war der kleine Pisser selber schuld. Seine Mutter würde das natürlich wieder völlig anders sehen und ihm die alleinige Schuld geben. Scheiße! Wütend trat er gegen die angelehnte Schranktür, die laut zukrachte. Er hieb mit der Faust dagegen. Dann warf er sich aufs Bett. Von nebenan hörte er seinen Bruder heulen.

»Tu Eis drauf!«, rief er ihm zu. Keine Antwort. Aber kurz darauf hörte er Philipp in die Küche laufen, gefolgt vom kratzenden Geräusch einer Schublade des Eisschranks.

*

»Ja bist du denn von allen guten Geistern verlassen?« Seine Mutter schrie schon los, bevor sie die Tür zu seinem Zimmer richtig geöffnet hatte, sodass sich der Satz anhörte, als würde ein DJ am Mischpult dabei gleichzeitig die Lautstärke hochdrehen. Hinter ihr stand Philipp triumphierend im Flur.

»Ich habe gar nix gemacht. Der kleine …« – »ICH! WILL! NICHTS! VON! DIR! HÖREN!« Sie funkelte ihn böse an und spie ihm jedes einzelne Wort regelrecht entgegen. »Kann man euch denn nie alleine lassen, ohne dass ihr euch gleich die Köpfe einschlagt? Ich kann schließlich nicht dauernd auf euch aufpassen. Immerhin muss ich arbeiten, putzen, kochen, einkaufen und überhaupt muss ich mich um alles hier kümmern!« Die übliche Leier. »Du hättest deinen Bruder umbringen können!« Natürlich musste sie wieder maßlos übertreiben, wenn es um ihren »kleinen Schatz« ging! »Gib mir sofort dein Handy!«

Höchststrafe! Das war so unfair. »Nein, bitte nicht das Handy!«, bettelte er sofort. »Das hättest du dir überlegen sollen, bevor du deinen Bruder zusammengeschlagen hast!« Zusammengeschlagen! Ging's noch? Das war ein Unfall gewesen. »Aber er …« Weiter kam er nicht. »Ich will nichts mehr hören!« Mit zwei Schritten war sie bei ihm und riss ihm sein

Handy aus der Hand. So ein verdammter Mist! Wie sollte er jetzt jemals die Hausaufgaben rechtzeitig verschicken können? Sein Magen drehte sich um. Genau in diesem Moment klingelte es an der Tür.

»Benehmt euch jetzt bloß anständig!« Nun bedachte seine Mutter beide Brüder mit einem strengen Blick. Dann öffnete sie die Wohnungstüre. Benni und Philipp sahen an ihr vorbei in den Hausflur.

»Hallo, ich bin Andi!« Ein dicker Mann im Anzug streckte seiner Mutter die Hand entgegen. Alex stand hinter ihm. »Ich bin Maria. Komm doch rein.« Sie lächelte ihn an und bedeutete ihm mit einer Geste, ins Wohnzimmer zu gehen. »Lass die Schuhe ruhig an.«

Andi wandte sich an Benni. »Und du musst Benni sein. Freut mich, dich kennenzulernen!« Freundlich lächelnd hielt er auch ihm die Hand hin. »Hallo!«, war alles, was Benni herausbrachte. »Keine Sorge, ich sehe nur so spießig aus, wenn ich aus der Arbeit komme. Zu Hause sind mir Jogginghose und T-Shirt auch lieber.« Er grinste breit und Benni lächelte schüchtern zurück.

Irgendwas an diesem Mann war anders als bei anderen Erwachsenen. Benni konnte nur nicht greifen, was es war, aber irgendwie … es war so komisch, weil er ihn gerade erst zum ersten Mal gesehen hatte, aber … Irgendwie fühlte man sich wohl in seiner Gegenwart.

Andi wandte sich nach links. »Dann bist du bestimmt Philipp.« Der Kleine lächelte. »Woher weißt du, wie ich heiße?«, fragte er etwas unsicher.

Benni verdrehte die Augen. Wie konnte man nur so dumm sein? Er holte schon Luft, um seinen Gedanken laut auszusprechen, doch Andi kam ihm zuvor. »Alex hat mir schon ein bisschen was über euch erzählt – natürlich auch über dich!«, fügte er mit einem verschmitzten Zwinkern hinzu. Philipp grinste stolz, weil Alex von ihm erzählt hatte. Andi wandte sich unterdessen wieder an seine Mutter. »Du möchtest bestimmt ein bisschen was über mich erfahren, stimmt's? Vermutlich in erster Linie, warum ich am Wochenende nichts Besseres zu tun habe, als fremde Kinder zu mir einzuladen.«

Bennis Mutter lächelte und nickte nervös, schüttelte dann aber sofort den Kopf. »Nein, ja, also ...« Gott, war das peinlich. Benni wollte im Boden versinken. Doch Andi lächelte nur weiter und entspannte die Situation umgehend. »Na, das ist doch selbstverständlich. Immerhin kennen wir uns ja noch gar nicht und das ist dann wohl das Mindeste, was du erwarten kannst. Wollen wir uns irgendwo kurz setzen?« Die Mutter deutete erneut zum Wohnzimmer und sie nahmen alle auf der Couch Platz. »Geh weg!«, raunte Benni seinem Bruder zu. »Das geht dich nichts an!« – »Ich wohne auch hier und ich kann sein, wo ich will!«, gab dieser nicht halb so leise zurück.

»Keine Sorge, Benni! Ich kann mir gut vorstellen, dass dein Bruder auch ein bisschen neugierig auf mich ist. Also lass ihn ruhig, dann fragt er dir hinterher wenigstens keine Löcher in den Bauch!« Diesmal zwinkerte er Benni zu. Und dieser hatte auf einmal das Gefühl, dass es irgendwie tatsächlich besser war, wenn Philipp blieb. Merkwürdig!

Andi begann über sich zu erzählen und anders als bei anderen Erwachsenen war es nicht einmal langweilig. Er berichtete, wie er in der Oberstufe seiner Schule als Tutor begonnen hatte, als Ansprechpartner für die neuen Schüler der fünften Klasse zur Verfügung zu stehen, nach einiger Zeit von ein paar Eltern gebeten wurde, für ein wenig Taschengeld bei den Hausaufgaben zu helfen, und so zum Nachhilfelehrer geworden war. Ihm war es wichtig, sich mit seinen Schülern gut zu verstehen und eine freundschaftliche Basis aufzubauen, sodass es immer wieder auch zu Aktivitäten neben dem eigentlichen Lernen gekommen war. Bei ein paar wenigen hatte er sich sogar mehrere Jahre etwas intensiver gekümmert. Seine ersten Schüler waren zwischenzeitlich selbst erwachsen, doch so manche Freundschaften hatten die Jahre überdauert.

Da er nun einen gut bezahlten Job bei einer Bank hatte, gab er Nachhilfe nur noch zum Spaß und auch ehrenamtlich in einem Kinderheim, ohne Geld dafür zu verlangen. Bennis Mutter war sichtlich angetan von dieser Information. »Das könnten wir auch gut gebrauchen! Benni ist nicht besonders gut in der Schule und ich bin ja alleinerziehend. Sein Vater … Nun ja. Jedenfalls habe ich keine Zeit, mich um alles gleichzeitig zu kümmern, und ich habe ja auch noch Philipp!«

Benni war das nun wieder ziemlich peinlich, doch Andi nickte nur verständnisvoll. »Ich kann mir vorstellen, dass du es nicht leicht hast!« Volltreffer! Seine Mutter nickte heftig und ergoss sich ihrerseits in Klagen, wie schwer das alles für sie war. Benni und Alex begannen schon, nervös auf der Couch hin und her zu rutschen. Das war Andi offensichtlich nicht entgangen. »Na, dann will ich dir gerne mal ein etwas ruhigeres Wochenende bereiten.« Er lächelte wieder und wandte sich den Jungs zu. »Wollen wir dann los? Hast du alles gepackt, Benni?« Benni nickte und sprang auf. Endlich!

»Schlafsachen, Zahnbürste, frische Sachen, dein Handy und Ladekabel?« Andi sah ihn freundlich an. Benni blickte beschämt zu Boden. »Sein Handy bleibt hier, er hat nach der Aktion heute Handyverbot!« Seine Mutter blickte streng und Benni wollte im Erdboden versinken. Alex grinste breit. Er kannte solche Situationen bei seinem Freund bereits.

»Oh, was ist denn passiert?« Andi blickte fragend von einem zum anderen. Philipp, froh, nun offensichtlich auch etwas sagen zu dürfen, plapperte sofort los. »Er hat mir die Tür ins Gesicht geschlagen.« Stolz präsentierte er seine Stirn, auf der bei genauem Hinsehen noch eine kleine Beule zu sehen war. Benni wollte sofort etwas erwidern, doch Andi kam ihm zuvor. »Hat er gesagt, du sollst dich dahinter stellen und sie dann absichtlich gegen dich gehauen?« Philipp schaute Andi entgeistert an. »Nein, das nicht. Aber er ist mir nachgerannt und als ich in mein Zimmer wollte, da hat er die Tür gegen mich gehauen.« – »Als er dich fangen wollte?« – »Ja, genau!« Philipp blickte triumphierend, während Maria genervt seufzte. Aber Andi sprach ungerührt weiter.

»Also wolltet ihr beide Fangen spielen?« – »Nein, ja, also …« Philipp überlegte, wie er die Geschichte erzählen sollte. »Er hat mich dauernd genervt und da bin ich ihm hinterher!«, warf Benni nun ein, froh, auch einmal seinen Standpunkt darlegen zu dürfen.

Andi lächelte wieder. »Also, wenn ich das richtig verstehe, dann hast du, sagen wir mal, ein bisschen nachgeholfen, dass dein Bruder mit dir Fangen spielt, richtig?«, sagte er zu Philipp. Dieser blickte nun zu Boden und nickte zaghaft. »Und du hast ihn an seiner Tür erwischt, die ihm dann versehentlich an den Kopf geknallt ist, stimmt's?« Er sah Benni durchdringend, aber nicht böse an. Dieser blickte nun ebenfalls zu Boden und nickte.

Bennis Mutter stieg nun in das Gespräch ein. »So ist das immer mit den beiden. Kaum dreht man ihnen den Rücken zu, gehen sie aufeinander los! Aber ich kann ja nicht immer da sein. Ach Gott, mir ist das so peinlich!«

Aber Andi lachte nur kurz und laut auf. »So wie ich das sehe, hast du zwei völlig normale Jungs!« Alle sahen ihn entgeistert an, auch Alex blickte erwartungsvoll. »Naja, es ist doch ganz normal, dass Philipp seinen großen Bruder so lange nervt, bis er sich endlich mit ihm abgibt. Und selbst, wenn es dann nur zum Streiten ist. Das ist quasi sein Job!« Er sah Philipp an und dieser lächelte nun erleichtert zurück. Benni wollte schon aufbegehren, doch Andi wandte sich nun direkt an ihn. »Und Benni als der Ältere will natürlich meistens lieber seine Ruhe haben und kann sich das dann nicht einfach so gefallen lassen.« Die ganze Wahrheit in nur einem Satz! Benni lächelte ebenfalls erleichtert und auch ein wenig dankbar. »Also musst du ihm manchmal die Grenzen aufzeigen. Das ist dann dein Job!«

Maria atmete nun hörbar ein, aber Andi wandte sich nun direkt ihr zu. »Ich kann gut verstehen, wie das für dich ist! Du kommst angespannt und genervt aus der Arbeit nach Hause, möchtest eigentlich auch erst mal etwas entspannen und musst dich dann gleich um die Streitereien kümmern. Wie soll man dabei ruhig bleiben können?« Nun lächelte auch seine Mutter, fühlte sich offenbar wirklich verstanden.

»Philipp, glaubst du, dein Bruder WOLLTE dir die Tür an den Kopf hauen?« – »Nein, wahrscheinlich nicht.« – »Und Benni, verstehst du, dass es deinen Bruder manchmal frustriert, wenn du nicht mit ihm spielen magst?« – »Jaaa, schon …« – »Na, dann seid nächstes Mal doch ein bisschen relaxter! In Ordnung?« Erleichtertes Nicken von beiden.

»Maria, ich will mich natürlich nicht in deine Erziehung einmischen, das steht mir nicht zu. Aber mir wäre es ehrlich gesagt lieber, Benni würde sein Handy am Wochenende mitnehmen dürfen. Immerhin kennt er mich noch kaum und ich möchte, dass er dich jederzeit anrufen kann, wenn irgendetwas sein sollte. Ist das für dich okay?«

Bennis Mutter nickte. »Aber dann soll Benni sich jetzt bei Philipp entschuldigen!« – »Das hab ich doch schon!«, erwiderte dieser sofort trotzig. Das Ganze begann wieder peinlich zu werden.

»Willst du dein Handy nun zurückhaben oder nicht?« – »Okay, okay … Tut mir leid!«, orgelte Benni in Richtung Fußboden. »Zu deinem Bruder!«, wurde er sofort angeherrscht. »Tut mir leid, Philipp!« Benni war das Ganze ziemlich peinlich, aber er musste sein Handy zurückbekommen. Alex kicherte leise auf der Couch. Und wieder war es Andi, der die Situation auflöste.

»Philipp, willst du dich denn dann nicht auch bei deinem Bruder entschuldigen, weil du ihn davor so genervt hast?« Der Jüngere sah zu Boden. »Tut mir leid, Benni!«, kam es aber dann doch leise von ihm. »Das habt ihr sehr gut gemacht, Männer!« Benni spürte etwas Stolz in sich aufsteigen und seine Scham verflog. Auch Philipp sah nun lächelnd auf. Doch Andi war wohl noch nicht ganz fertig. Er wandte sich an ihre Mutter.

»Du hast zwei tolle Jungs, Maria. Und ärgere dich nicht zu viel über sie – solange sie streiten, weißt du, dass sie gesund sind!« Benni entspannte sich weiter und war sich sicher, dass sie nun bald aufbrechen konnten – und zwar MIT seinem Handy. Doch seine Mutter hatte noch einen Nachsatz parat. »Ja, wahrscheinlich hast du recht! Aber Benni ist immer so grob zu seinem armen kleinen Bruder! Ich verstehe nicht, warum er immer so grob sein muss! Wie sein Vater!«

Benni sah, wie Andi kurz die Stirn runzelte, aber nicht mehr darauf einging. »Wollen wir dann?«, wandte er sich stattdessen an die Jungen.

»Hast du eigentlich deine Hausaufgaben fertig?«, wollte seine Mutter nun noch wissen. »Wir haben nur Mathe auf, das mache ich dann am Sonntagabend.« – »Nein, das wirst du nicht! Ich will dann nämlich auch meine Ruhe haben und mich nicht wieder um deine Schulsachen kümmern müssen!« Als ob sie ihm schon jemals dabei geholfen hätte, seit Philipp in die Schule ging. Von da an hatte sie doch ohnehin nur noch Zeit für ihn!

»Na, das ist jetzt einfach zu lösen!«, kam ihm Andi nun wieder zu Hilfe. »Immerhin bin ich Nachhilfelehrer! Nimm deine Mathesachen einfach mit, zusammen bekommen wir das bestimmt schnell hin. Alex muss auch noch Englisch üben, das passt doch ganz gut.« Nun war es Alex, der aufstöhnte. »Scheiß Englisch!«

Benni erschrak ein wenig, als sein Freund so vor den Erwachsenen daherredete, aber wieder grinste Andi nur. »Sei froh, ohne dein Scheiß-Englisch wäre ich kaum dein Nachhilfelehrer und ihr würdet jetzt nicht gleich ein schönes Wochenende bei mir verbringen!« Ohne weitere Einwände abzuwarten, stand er auf. »So, jetzt aber los. Wir müssen auf dem Heimweg noch einkaufen – mein Wohnzimmerschrank ist fast leer!« Alex grinste, aber Benni verstand nicht ganz, was das bedeutete.

»Ist das für dich so in Ordnung, Maria?« Andi wandte sich jetzt wieder an seine Mutter. Diese nickte nur. »Von mir aus. Aber das Handy verwahrst du bitte und gibst es ihm nur im Notfall, ja?« Andi nahm das Handy entgegen und nickte. »Ist gut, nur im Notfall!«, sagte er und grinste dabei verschmitzt.

»Also Jungs, auf geht's! Wir haben ein schönes Wochenende zu erledigen!«

Andi tauschte an der Tür noch schnell die Handynummern mit seiner Mutter aus und gab ihr seine Adresse. Benni freute sich, dass es endlich losging. Er mochte Andi jetzt schon und hoffte, dass es wirklich ein schönes Wochenende werden würde. Er hatte noch keine Ahnung, dass dies soeben der Start in das größte Abenteuer seines Lebens gewesen war.

*

Sie gingen zu Andis Auto, das gleich auf der anderen Straßenseite geparkt war. »Ich sitz vorne!«, rief Alex und lief um den schwarzen BMW herum. »Du sitzt doch immer vorne«, sagte Andi lachend. »Lass heute mal unseren Gast vorne sitzen!«

Benni stand unschlüssig neben dem Wagen, während Andi seine Sachen im Kofferraum verstaute und sah erst Alex, dann Andi fragend an. »Na komm, spring rein!«, ermutigte ihn dieser lächelnd, während Alex widerspruchslos auf die Rückbank kletterte. Bei seiner Mutter musste er immer hinten sitzen, weil sein Bruder noch zu klein war, um – abwechselnd mit ihm – vorne mitfahren zu dürfen. Sie bezeichnete das immer als gerechter und Benni war es schon so gewöhnt. Immer noch unsicher, aber dankbar, nahm er daher das Angebot an und nahm auf dem bequemen Ledersitz vorne Platz.

Sie waren gerade losgefahren, da kam aus dem Rückraum »Darf ich Musik machen?« – »Klar!«, war die knappe Antwort und mit ein paar Klicks über den Controller in der Mittelkonsole verband Andi über Bluetooth den Eintrag »AlexPhone« mit der Anlage des Wagens. »Aber laut bitte!«, kam es erneut von hinten. Andi tippte auf eine Taste am Lenkrad und die Lautstärkeanzeige im Display wanderte auf dreiviertel des Balkens. Das erste Lied aus Alex' Playliste dröhnte aus den Lautsprechern des BMW und Benni grinste. Das war ja cool! Bei seiner Mutter lief maximal das Radio, und dann auch nur auf einer ganz leisen Stufe. So fuhren sie durch die Stadt und kurz darauf auf die Autobahn. Die Fahrt verging wie im Flug und die Bässe schienen aus allen Richtungen zu hämmern. Er musste Alex später unbedingt nach den Titeln der Lieder fragen.

Als sie die Autobahn wieder verließen, drehte Andi die Lautstärke der Musik wieder herunter und wandte sich Benni zu. »Hat Alex dir schon ein bisschen was darüber erzählt, wie es bei mir läuft?« Benni nickte verlegen. »Ein bisschen, ja.«

Andi lächelte kurz und sah dann wieder nach vorne. »Na, dann will ich dir das Wichtigste sicherheitshalber noch kurz erklären, okay?« Benni wusste nicht genau, was damit gemeint war, daher nickte er nur. Dann wurde ihm bewusst, dass man das als Fahrer vielleicht nicht sehen konnte, und schob sicherheitshalber ein »Mhm« hinterher.

»Also, mir ist es sehr wichtig, dass du dich bei mir wohlfühlst. Wenn du etwas möchtest, zum Beispiel zu trinken oder zu essen, dann sag es einfach oder nimm dir, was du magst. Alex wird dir alles zeigen.« Benni hörte staunend zu. Er konnte sich in einer fremden Wohnung doch nicht einfach so nehmen, was er gerade wollte. Aber Andi sprach wie selbstverständlich weiter. »Ist am Anfang vielleicht etwas ungewohnt für dich, aber du wirst dich schnell daran gewöhnen, glaub mir. Und für mich hat es zwei große Vorteile: Erstens muss ich dich dann nicht dauernd fragen, ob du irgendwas möchtest und zweitens habe ich überhaupt keinen Bock drauf, euch zu bedienen!« Er stieß Benni mit dem Ellbogen leicht an und dieser musste lachen. Das klang einleuchtend und wirklich sehr nett. Vielleicht hatte Alex ja doch nicht so sehr übertrieben.

»Und eine Sache ist mir ganz wichtig, deswegen sage ich es dir lieber gleich. Du darfst mir immer alles sagen, was du möchtest. Wirklich alles! Also zum Beispiel, was dir gefällt, aber auch, was nicht, okay? Das Einzige, was ich überhaupt nicht mag, ist lügen. Ich verspreche dir, dass ich – außer im Spaß! – immer ehrlich zu dir sein werde, aber das Gleiche erwarte ich auch von euch!« Er sah wieder kurz zu Benni herüber und dieser nickte sofort. »Ich weiß, dass ihr es gewohnt seid, Erwachsene manchmal anzulügen, aber bei mir ist das keine gute Idee. Weißt du, warum?«

Benni fühlte sich auf einmal etwas unwohl. Vielleicht war Andi ja doch strenger, als Alex erzählt hatte. »Äh, weil man das nicht machen darf?«, erwiderte er unsicher. Hoffentlich war das die richtige Antwort, er wollte sich nicht blamieren. Aber mit Andis Entgegnung verschwand sein Gefühl sofort wieder. »Da hast du grundsätzlich recht. Ich weiß aber auch, dass ihr manchmal glaubt, es ginge nicht anders. Nur bei mir macht es absolut keinen Sinn.« Er machte eine kurze Pause, um seine Worte etwas wirken zu lassen. »Weißt du, ich bin ja nicht euer Vater oder euer Lehrer. Das heißt, ich bestrafe euch nicht, wenn ihr was falsch gemacht habt – im Gegenteil, ich bin eher derjenige, der euch da wieder rausholt!« Benni überlegte kurz, was das bedeuten sollte. »Nimm zum Beispiel den Streit mit deinem Bruder und dein Handyverbot heute.«

Benni wurde rot, es war ihm immer noch peinlich, dass Andi davon erfahren hatte, verstand nun aber, was dieser damit meinte. »Und zweitens will ich dich warnen!« Nun erschrak Benni. Warnen? Wovor? »Ich merke es eigentlich immer, wenn einer von euch versucht, mich doch anzulügen. Du wirst es wahrscheinlich auch irgendwann versuchen und dann wird es sehr unangenehm für dich werden. Das möchte ich eigentlich nicht, aber die meisten testen es doch irgendwann einmal. Also sage nicht, ich hätte dich nicht gewarnt!« Andi zwinkerte ihm zu. In diesem Moment schwor sich Benni, es niemals auszuprobieren. Alex' Nachhilfelehrer schien wirklich nett zu sein, aber er wollte nicht riskieren, dass er vielleicht doch böse mit ihm werden würde. Noch ahnte er nicht, dass ihm das bei Weitem nicht so lange gelingen sollte, wie er sich vorgenommen hatte …

*

Sie fuhren auf den Parkplatz eines großen Supermarktes. Benni hasste es, wenn er mit seiner Mutter einkaufen gehen musste, aber er sprach diesen Gedanken lieber nicht laut aus. Sie stiegen aus dem Wagen und gingen zunächst in den Getränkemarkt, wo sie je eine Kiste Cola und Eistee kauften. Zu Hause gab es das nur selten und Benni ahnte, dass der Einkauf vielleicht doch nicht ganz so öde werden würde. Und er sollte recht behalten.

Im Supermarkt selbst steuerte Andi den Einkaufswagen durch die Gänge, während Alex, ohne zu fragen, Toast, Nutella und zwei Packungen sehr lecker aussehender Frühstücksflocken in den Wagen warf. »Dann brauchen wir noch Milch«, war Andis einziger Kommentar dazu.

Doch dann wandte er sich an Benni. »Entschuldige, was möchtest du denn gerne zum Frühstück haben?« Benni war sehr zufrieden mit Alex' Auswahl und sagte mit einem Blick auf den Wagen daher nur »Auch das da«. Andi blickte ihn stirnrunzelnd an. »Wirklich? Du weißt, du musst es einfach nur sagen.« Aber Benni nickte nur stumm zurück.

Der restliche Einkauf ging relativ schnell. Neben einigen Zutaten für ein Gericht, das Alex sich wünschte und von dem Benni noch nie etwas gehört hatte, luden sie hauptsächlich Süßigkeiten und Knabbereien ein und schon bald hatten sie alles im Auto verstaut und fuhren das restliche kurze Stück zu Andis Wohnung.

*

In der Wohnung angekommen, warf Alex seine Sachen einfach im Flur auf den Boden und zog Benni mit sich. »Komm, ich zeig dir alles!« Er führte ihn in ein kleines Wohnzimmer zu einer großen Eckcouch mit einem runden Glastisch davor, an der Wand gegenüber stand ein großer Fernseher und rechts daneben ein Esstisch, ebenfalls mit einer Glasplatte. Daneben befand sich eine große Terrassentür, doch den dahinter liegenden Garten konnte er im Dunkeln nicht erkennen.

Alex war schon weiter. »Hier ist die Küche.« Benni wandte sich nach rechts, wo ein großer Block den Raum zur offenen Küche hin abtrennte. Andi lud soeben die Einkäufe darauf ab und begann, die Getränke und ein paar weitere Sachen in den Kühlschrank zu laden. »Wie gesagt, nimm dir einfach, wenn du etwas magst!«, lächelte er ihm zu. Benni gefiel die Wohnung auf Anhieb. Alex ging zurück in den Flur. »Komm!« Benni folgte ihm und Alex führte ihn vom WC über das Bad ins Schlafzimmer, das fast vollständig von einem großen Doppelbett eingenommen wurde. Hoffentlich sollten sie nicht alle dort drin schlafen? Benni wurde bei dem Gedanken ein wenig flau im Magen.

Weiter ging es in einen Raum daneben, in dem ein Schreibtisch mit Computer, ein Bücherschrank und eine große Schlafcouch standen. Offensichtlich eine Mischung aus Büro und Gästezimmer. Die Couch war zu einem Doppelbett ausgeklappt und darauf befanden sich frische Kopfkissen und Decken. »Hier schlafen wir!«, bemerkte Alex und Benni entspannte sich wieder. Es sah sehr gemütlich aus.

Alex zog ihn wieder in den Flur und eine kleine Wendeltreppe in den Keller hinunter. Dort gab es Regale mit allen möglichen Dingen. Benni erblickte Werkzeug, ein Mountainbike, eine Skiausrüstung, Koffer und viele weitere typische Dinge, die man eben in einem Keller aufbewahrte.

»Sei vorsichtig!«, raunte ihm Alex zu. Vorsichtig? Was sollte hier denn gefährlich sein. Er würde jedenfalls nichts anfassen und kaputt-machen, falls sein Freund das meinte.

»An der Tür! Und das hier ist das letzte Zimmer.« Alex führte ihn durch eine Tür in einen Hobbykeller, der mit Teppich ausgelegt war. Auch hier befand sich eine große Couch, daneben ein Trainingsgerät, das Benni nicht kannte und gegenüber eine Kommode mit einem weiteren Fernseher. »Hier schlafen wir, wenn wir zu dritt sind«, erklärte Alex. Benni erkannte ein paar Regale mit verschiedenen Modellen aus Lego. Er hatte nie viel für solche Bausätze übriggehabt, aber er wunderte sich, diese in der Wohnung eines erwachsenen Mannes ohne Kinder zu sehen.

Beim Verlassen des Hobbyraums bemerkte Benni eine weitere Tür an der gegenüberliegenden Wand des Vorraums. Diese war deutlich dicker als die Zimmertür und mit einem schweren Schloss versehen. Andi kam soeben zu ihnen die Treppe hinunter, die unter seinem Gewicht laut knarrend zu protestieren schien.

»Was ist hinter dieser Tür?« Benni deutete auf die schwere Holztür. »Willst du das wirklich wissen?«, fragte Andi ihn. »Äh … Ja!« Andi zögerte und blickte ihn ernst an. »Aber nicht, dass du dann Angst bekommst!« Benni war verunsichert. Was war hinter dieser Tür? Andi würde doch keine Schlangen oder Spinnen in seiner Wohnung halten? Oder doch? »Äh … Doch, schon!« Natürlich wollte er sich vor Alex jetzt keine Blöße geben.

»Also gut. Wenn du es wirklich wissen willst …« Andi machte eine Pause und sah ihn durchdringend an. »Diese Tür muss immer verschlossen bleiben! Hörst du? Das ist ganz, ganz wichtig! Und geh lieber auch nicht zu dicht ran! Er könnte dich sonst wittern!« Also doch ein wildes Tier! O Mann, und hier sollte er schlafen? Er bekam ein wenig Angst.

»Hinter dieser Tür lebt ein Zombiejunge!« Benni starrte entgeistert. Ein WAS? Doch Andi bleib vollkommen ernst und sah ihn streng an »Du hast ganz richtig gehört! Ich beschütze ihn hier vor sich selbst und damit er andere nicht anfällt. Ich habe ihn bei uns im Wald gefangen, als er auf mich losgehen wollte und seitdem lebt er hier. Deswegen – bleib weg von der Tür, der Geruch von anderen Kindern macht ihn rasend und dann muss er gefüttert werden!« Benni trat erschrocken einen Schritt zurück.

Hinter ihm brach Alex in schallendes Gelächter aus. Benni zuckte bei dem Geräusch zusammen und drehte sich abrupt zu ihm um. Sein Freund lag auf dem Boden und hielt sich den Bauch. Sie hatten ihn reingelegt! Wütend drehte er sich zu Andi um, der jetzt ebenfalls lachte. »Entschuldige Benni, das war nur ein kleiner Streich, den ich mir mal ausgedacht habe!« Er legt ihm eine Hand auf die Schulter und grinste ihn breit an. Bennis Wut verflog auf der Stelle »Nimm es uns bitte nicht übel! Bisher ist noch jeder drauf reingefallen! Auch Alex hat sich beim ersten Mal übel erschrocken!«

»Ja, Mann!«, kam es nun von hinten. Sein Freund stand mittlerweile wieder. »War nur ein Witz. Das ist eine zweite Wohnungstür! Dahinter ist nur das Treppenhaus!« Er kicherte erneut. Andi zog einen Schlüssel aus der Hosentasche und öffnete zum Beweis die vermeintliche Kerkertüre. »Alex sagt die Wahrheit, siehst du!« Die Tür gab den Blick auf einen ganz gewöhnlichen Hausflur frei. »Das wurde so gemacht, weil die Wendeltreppe zu schmal für größere Möbelstücke ist. Wie hätte ich sonst zum Beispiel die große Couch oder den Crosstrainer hier herunterbringen sollen? Die Wohnungstüre oben ist genau darüber.«

Benni kam sich ein wenig dumm vor, dass er auf diesen Streich hereingefallen war, musste jetzt aber in das fröhliche Lachen der anderen mit einstimmen. Sie hatten ihn dran bekommen, aber keiner zog ihn jetzt damit auf. Im Gegenteil, sogar Alex, der sonst immer so cool tat, hatte zugegeben, dass er sich beim ersten Mal ebenfalls erschrocken hatte. Das machte es eigentlich gar nicht mehr schlimm.

»Kommt, gehen wir wieder nach oben!« Und mit der leichten Berührung von Andis Hand auf seinem Rücken verschwand auch der letzte Rest Ärger und Scham aus Benni und er spurtete gelöst und in freudiger Erwartung die Treppe hinauf. Dieser Typ war wirklich kein gewöhnlicher Erwachsener, so viel stand für ihn schon einmal fest. Wie Recht er damit hatte, konnte er in diesem Moment allerdings noch nicht einmal im Ansatz erahnen …

*

Oben angekommen drängte sich Alex an ihm vorbei und ging voran ins Wohnzimmer, wo er sich mit einem tiefen Seufzer auf die Couch fallen ließ. Er zückte sein Handy und war sofort in den kleinen Bildschirm vertieft. Benni setzte sich unschlüssig neben ihn und sah ihm zu. Andi folgte ihnen und warf den Jungen einen amüsierten Blick zu. »Du bist echt süchtig nach dem Ding, oder?« Alex gab keine Antwort. Benni sah zu Andi auf. Was sollte er jetzt machen, solange Alex an seinem Handy hing? Sein eigenes war ja noch in Verwahrung. Andi bemerkte seinen Blick und lächelte ihn an.

Dann griff er in die Hosentasche und reichte Benni das Handy, das ihm seine Mutter gegeben hatte. Benni zögerte. »Aber ich darf doch nicht!«, meinte er verlegen. Andi sah ihn belustigt an. »Deine Mutter hat gesagt, ich darf es dir nur im Notfall geben. Und so wie ich das sehe, haben wir hier einen.« Benni blickte ihn nur irritiert an, traute sich aber nicht, nach seinem Lieblingsspielzeug zu greifen. War das ein Test? »Nimm es ruhig. So wie ich Alex kenne, will er jetzt erst mal ein bisschen chillen und in der Zeit würdest du dich vermutlich ohne dein Handy langweilen, oder?« Benni nickte zaghaft. »Na, wenn das kein Notfall ist!« Andi lachte. Nun musste auch Benni grinsen. Das war so cool!

»Aber verrate mich nicht bei deiner Mutter und geh bitte lieber nicht auf WhatsApp, okay? Sonst sieht sie vielleicht, dass du online bist und dann bekomme ich wahrscheinlich Ärger.« Er zwinkerte ihm zu. Glücklich nahm Benni das Handy entgegen, öffnete »Dragon Clash« und sammelte die Gegenstände aus der Tagestruhe ein.

Andi verstaute inzwischen die restlichen Einkäufe in den Küchenschränken. Dann nahm er die Knabbereien und Süßigkeiten und räumte diese in den Schrank im Wohnzimmer neben dem Fernseher ein. »Hier kannst du dich ebenfalls jederzeit bedienen. Du weißt ja, ich tu's nicht!« – »Äh, was tust du nicht?« – »Na, euch bedienen!« Andi lachte. Benni grinste zurück. Ihm gefiel diese lockere Art und die kleinen Späße. Andi nahm ihn immer wieder ein wenig auf den Arm, aber es war nie verletzend, sondern immer so, dass er selbst darüber lachen konnte. Entspannt lehnte er sich wieder zurück und genoss es, sich ungestört weiter seinem Spiel widmen zu können.

Andi gesellte sich zu ihnen und sah ebenfalls einige Minuten auf sein Handy. Dann fragte er sie »Männer, wie schaut's denn mit eurem Hunger aus?« Bennis Magen knurrte bei dem Gedanken an Essen. Außer dem trockenen Käsebrot heute Mittag hatte er noch nichts gegessen, das Frühstück war seiner Schläfrigkeit am Morgen zum Opfer gefallen. Er hätte es sonst nicht mehr rechtzeitig in die Schule geschafft.

»Können wir was bestellen?« Alex sah nicht mal von seinem Spiel auf. »Sushi wäre geil!« Andi sah zu Benni. »Magst du denn Sushi?« Benni hatte noch nie Sushi probiert und konnte sich nicht vorstellen, dass ihm das schmeckte. Das war doch roher Fisch, oder? Eine Pizza wäre ihm jetzt deutlich lieber, aber das traute er sich nicht zu sagen. »Weiß nicht.« Er zuckte nur mit den Schultern. »Das ist voll geil!«, war Alex' Kommentar dazu.

Andi ging jedoch nicht darauf ein. »Bei dem Lieferservice, wo Alex und ich öfter Sushi bestellen, gibt es auch andere asiatische Gerichte. Schmeckt dir so was?« Benni erinnerte sich, wie er vor ein paar Jahren einmal mit seiner Familie chinesisch essen gewesen war. Der Gedanke versetzte ihm einen kurzen Stich. Damals war sein Vater noch normal und alles war in Ordnung gewesen. Er verdrängte den Gedanken. »Ja, also ich habe da mal so Reis mit Fleisch und so drin gegessen. Das war lecker!« Tatsächlich hatte ihm das Gericht damals sehr gut geschmeckt, er wusste aber nicht genau, wie es hieß. Doch Andi half ihm. »War der Reis extra und das Fleisch mit einer Soße oder war das alles schon ver- mengt und angebraten?« – »Ja, so alles zusammen. Und ohne Soße.« Andi lächelte. »Das war bestimmt gebratener Reis mit Huhn. Ist ein klassisches Asia-Einsteiger-Gericht. Mag ich auch sehr gerne. Dann bestell ich dir das und für Alex und mich Sushi. Ist das in Ordnung?« Benni lief das Wasser im Mund zusammen. Ein ganzes Gericht für ihn alleine beim Bestellen! Das klang großartig. Er nickte eifrig. »Kann ich Frühlingsrollen dazu?«, fragte Alex. »Was? Jonglieren?«, entgegnete Andi. Benni schaute verdutzt. »Kann ich bitte Frühlingsrollen dazu haben?« Alex grinste hinter seinem Handy hervor. »Geht doch!« Andi lachte und bestellte die üblichen Gerichte, dazu den gebratenen Reis für Benni.

Eine gute halbe Stunde später kam das Essen und sie nahmen alle am Esstisch Platz, den Andi in der Zwischenzeit gedeckt hatte. Der gebratene Reis duftete himmlisch. Alex angelte sich eine Cola aus dem Kühlschrank und begann mit seinen Frühlingsrollen. Andi sah Benni an. »Getränke – Kühlschrank!« Er zwinkerte ihm zu. »Darf ich auch Cola« Er blickte zur Uhr, es war inzwischen schon fast halb acht. Seine Mutter hätte er danach gar nicht erst zu fragen brauchen. »Verschütten? Nein. Trinken? Ja!« Andi grinste und Benni holte sich lachend ebenfalls eine Flasche.

Das Essen schmeckte wunderbar und Andi bot ihm an, eine der kleinen Sushi-Röllchen – es hieß »Maki« – mit Gurke und ohne Fisch zu probieren, doch Benni wollte nicht riskieren, sich den guten Geschmack seines Gerichts durch irgendetwas zu verderben, und lehnte dankend ab.

»Du kannst mein Marzipan zum Nachtisch haben!« Alex deutete mit dem Finger auf eine kleine grüne Kugel, die neben seinem Essen in einem Stück Karotte lag, das wie eine Blume ausgeschnitten war. »Oh cool, ich mag Marzipan!« Benni griff danach und angelte sich das kleine Gefäß.

»An deiner Stelle würde ich vorher mal dran riechen!«, warnte ihn Andi. »Mann, Alter, du bist gemein!«, protestierte Alex. Benni zog den Kopf ein. Hatte er Andi gerade wirklich »Alter« genannt? Der Erwachsene würde jetzt bestimmt wütend werden. Würde er sie sogar nach Hause schicken?

Und tatsächlich, Andi sah Alex nun mit strengem Blick an. »Willst du, dass dein Freund erstickt, Kleiner?« Benni hielt die Luft an, doch Alex begehrte nun auf. »Mann, ich bin nicht klein!« Er schien wütend zu werden und Benni fühlte sich zunehmend unwohler.

Mit versteinerter Miene starrte Andi seinen vorlauten Freund an. »Doch! Ich bin alt und du bist klein. Komm klar damit!« Dann verzog sich sein Mund zu einem breiten Grinsen. »Du hast allerdings Glück! Du wächst noch – ich werde bloß immer noch älter!« Beide lachten.

Benni entspannte sich wieder und war froh über diese lockere Reaktion, schreckte dann aber vor dem Inhalt der Karotte zurück und legte das vermeintliche Marzipan vor sich auf den Tisch. Dann roch er daran. »Iiih, was ist DAS denn?« – »Wasabi«, war Andis trockene

Antwort. »Ein sehr scharfer japanischer Meerrettich. Manche machen sich davon eine winzige Portion auf ihre Sushis, damit sie ganz scharf schmecken. Wenn du die ganze Kugel auf einmal isst, kannst du auch gleich in eine Chilischote beißen.«

Benni blickte nun wütend zu Alex, der ihm schon wieder einen Streich spielen wollte. Aber dieser lachte nur. »Für wie viel würdest du's essen« setzte er nach. Benni überlegte, aber Andi antwortete stattdessen. »Komm, lass das, Alex. Erstens ist Benni bestimmt nicht so dumm und zweitens hast du doch eh nie Kohle!« Alle lachten und aßen vergnügt weiter.

»Sag mal, Benni« wandte sich Andi ihm nun wieder zu. »Alex hat mir erzählt, deine Eltern haben sich vor einiger Zeit getrennt? Das ist bestimmt schwer für dich, hm?« Die Frage klang beiläufig, aber in seinen Augen lag echtes Interesse. Benni blickte auf sein Essen und antwortete nicht. »Entschuldige, du musst nicht darüber sprechen! Ich bin manchmal sehr direkt und ein sehr neugieriger Mensch. Wir können gerne auch über etwas anderes reden.« Doch Benni mochte die offene Art und dieser Andi schien wirklich in Ordnung zu sein.

»Ja, ist schon manchmal blöd. Meine Mutter ist immer voll gestresst und mein kleiner Bruder nervt mich noch mehr als früher!« – »Und dein Vater?« Benni zögerte. »Der ist voll der Arsch!«, warf Alex ein. Benni sah ihn eindringlich an. »Wieso, stimmt doch? Hast du selber gesagt!« Benni wollte nicht über seinen Vater sprechen. Er war immer noch zu wütend darauf, dass dieser sich einfach eine neue Freundin gesucht hatte und ihn mit seiner Mutter und Philipp alleine gelassen hatte. Andi schien das zu bemerken und wechselte das Thema. »Was meint ihr, wollen wir uns danach noch einen Film ansehen?« Die Jungen nickten zustimmend und nachdem sie sich aus der riesigen Sammlung DVDs die neueste Actionkomödie ausgesucht und fertig gegessen hatten, setzten sie sich alle auf die Couch. Andi holte eine große Packung Chips, Nüsse, Schokolade und weitere Naschereien aus dem Schrank, breitete alles zusammen mit drei Schüsseln auf dem kleinen Tisch vor ihnen aus, stellte jedem eine Flasche Eistee aus dem Kühlschrank dazu und setzte sich in ihre Mitte. »Naschen müsst ihr selber!«

Alex, sonst immer sehr bedacht darauf, besonders cool zu sein, nahm eines der Sofakissen, lehnte es gegen Andis rechte Seite und kuschelte sich dagegen, die Beine seitlich auf der Couch ausgestreckt. Der Erwachsene legte ihm freundschaftlich die Hand auf die Schulter. Es wirkte so, als hätte Alex gerade seinen gewohnten Stammplatz eingenommen. Komisch, Alex benahm sich hier wirklich anders als sonst – aber auf eine Art, die Benni gefiel. Er wirkte irgendwie … echter.

Benni erinnerte sich an früher, als er selbst mit seinem Vater so vor dem Fernseher gesessen hatte, während Philipp immer an seiner Mutter klebte. Andi drehte den Kopf zu ihm und sah ihn freundlich an. »Mach es dir so bequem, wie du möchtest. Hauptsache, du fühlst dich wohl!« Benni zögerte, doch dann tat er es seinem Freund gleich und kurz darauf spürte er die sanfte Berührung von Andis Hand auf seiner Schulter, gefolgt von einem warmen, angenehmen Gefühl in seinem Bauch.

Der Film war sowohl spannend als auch lustig, doch alle waren nach einer anstrengenden Woche danach ziemlich müde und Andi schlug daher beim Abspann vor, ins Bett zu gehen, um den morgigen Tag richtig genießen zu können. »So früh schon?«, gähnte Alex. Es ist doch grad mal elf. »Ja, und bis ihr beide schlaft, ist es bestimmt schon deutlich später! Außerdem gähnt ihr schon die ganze Zeit. Also ab, Zähneputzen und ins Bett – wie ich dich kenne, gibst du so schnell eh keine Ruhe!« Andi zwinkerte Alex zu und die Jungen gingen gehorsam ins Bad und danach ins Gästezimmer. Sie hatten sich gerade umgezogen und waren in die Betten geschlüpft, als Andi in der offenen Türe erschien.

»Benni, das ist deine erste Nacht hier und ich hoffe, du kannst gut schlafen. Wenn nicht oder wenn du sonst irgendetwas brauchst – ich bin gleich nebenan. Bitte komm einfach rüber und weck mich auf, wenn was ist, in Ordnung?« Benni nickte. »Versprochen?« Andi meinte es offensichtlich ernst und Benni empfand es sehr angenehm, so umsorgt zu werden. Er fühlte, dass es Andi wohl wirklich wichtig war, dass er sich wohlfühlte und er fühlte wieder dieses angenehme, warme Gefühl im Bauch.

»Alex, für dich gilt natürlich dasselbe. Du kennst das ja schon.« – »Ja, is klar!« – »Gute Nacht, ihr zwei! Und quasselt nicht länger, als eure Zunge aushält, in Ordnung?« – »Ja, Nacht!« – »Gute Nacht!« Andi machte das Licht aus, schloss die Tür und sie waren allein.

»Und, wie findest du ihn?«, fragte Alex. »Voll nett. Die Aktion mit meinem Handy war endgeil!« – »Der kriegt so was immer hin! Bei meiner Mutter auch. Manchmal is sie schon voll genervt, wenn er sie wieder überredet zu irgendwas. Aber sie is' ihm glaube ich auch dankbar wegen Schule und Nachhilfe und so. Deswegen kann sie ihm auch nie wirklich böse sein und wenn sie's versucht, ist Andi erst recht nett zu ihr!« Alex lachte.

»Du hast so ein Glück, dass du den hast!« Benni war wieder eifersüchtig auf Alex, jetzt, da er Andi kennengelernt hatte, sogar noch mehr als vorher. »Was der mit dir alles macht und so!« Die beiden Jungen schwiegen einen Moment und hingen ihren Gedanken nach. »Es ist ja nicht nur das!« Alex zögerte etwas, doch dann sprach er weiter. »Mein Vater … also … Egal, aber Andi ist immer für mich da und so!« Das war das erste Mal, dass Alex – zumindest fast – über seinen Vater gesprochen hatte. Benni hatte schon manchmal bei Alex übernachtet und im Schutz der Dunkelheit war er meistens etwas offener. Benni mochte diese Momente sehr. Er war sich bei Alex nie ganz sicher, wie gut ihre Freundschaft tatsächlich war, doch gerade fühlte es sich einfach gut an.

»Wer war denn das im Schlafzimmer auf dem Foto neben dem Bett?« Alex wusste, welches Bild Benni meinte. An der Wand über Andis Nachttisch hing das Bild eines jungen Mannes in Badeshorts an einem Strand. Er war groß, blond und hatte die durchtrainierte Figur eines Surfers. Neben ihm saß ein großer, weißer Hund im Sand. Er hechelte mit hochgezogenen Lefzen in die Kamera, sodass es aussah, als würde er grinsen. Der junge Surfer selbst grinste sogar noch breiter.

»Das ist Ryan, Andis Ziehsohn.« Benni überlegte. Ryan sah Andi nicht im Geringsten ähnlich, ganz im Gegenteil. Und dann noch dieser amerikanische Name. »Was ist denn ein Ziehsohn?« Alex zuckte mit den Schultern. »Keine Ahnung, habe nicht gefragt. Aber Ryan ist endcool. Und Samson auch. Das ist sein Hund. Der ist wie ein lebender Teddybär.« Benni verstand, was sein Freund damit meinte. Das Fell des Hundes sah wuschelig und weich aus, sein freundliches Gesicht und die Schlappohren ließen ihn wirklich ein wenig wie ein Kuscheltier aussehen. Allerdings waren da noch die riesigen Eckzähne in seinem Maul.

Benni war noch im Kindergarten gewesen, als ihn die Nachbarskatze gleichzeitig gekratzt und gebissen hatte, als er sie hatte streicheln wollen. Es hatte schrecklich geblutet und furchtbar wehgetan – zumindest in der Erinnerung eines damals Vierjährigen. Seitdem hatte er um Hunde und Katzen stets einen großen Bogen gemacht. Selbst kleine Hunde hatten meistens ein größeres Maul als Katzen und dieser Samson sah riesig aus. Hoffentlich kam der am Wochenende nicht zu Besuch.

Sie redeten noch eine ganze Weile über alles Mögliche, zeigten sich gegenseitig Videos, alberten herum und kicherten leise. Nach einer Weile legte Alex sein Handy weg und drehte sich auf die Seite. Kurz darauf verrieten seine tiefen Atemzüge, dass er eingeschlafen war. Benni drehte sich ebenfalls um und schloss die Augen.

Er versuchte, an den schönen Abend zu denken, aber seine Gedanken kreisten erst um den Streit mit Philipp und seiner Mutter, dann um den Vormittag in der Schule. Ihm fiel die Strafarbeit wieder ein und damit auch Konrads Drohung. Wie sollte er es schaffen, die Lösungen rechtzeitig zu verschicken, wenn er schon bei der ersten Aufgabe völlig versagte? Und noch viel schlimmer – was würden seine Klassenkameraden, allen voran Konrad, dann mit ihm machen? Seine Angst vor dem Ungewissen war so stark, dass er selbst in der Sicherheit der gemütlichen Bettdecke zu zittern begann. Nur zu gut kannte er dieses Gefühl, ohnmächtig gegenüber der Welt, die bösesten Vorahnungen in seinem Kopf und sein ganzer Körper gleichzeitig ebenso aufgewühlt wie kraftlos.

Er versuchte krampfhaft, an etwas anderes zu denken, doch es gelang ihm nicht. So wälzte er sich hin und her und konnte nicht einschlafen. Zu allem Überfluss meldeten sich nun auch noch die Cola und der Eistee von vorhin.

Leise schlich er aus dem Bett und ging im Dunkeln auf die Toilette. Zu Hause brannte für seinen kleinen Bruder immer ein Nachtlicht auf dem Flur, über das sich Benni des Öfteren lustig machte und Philipp damit aufzog, dass das nur etwas für Babys wäre. Er hätte niemals zugegeben, dass er tatsächlich selbst ganz froh darüber war. Doch hier war es völlig finster. Nur vom Wohnzimmer her schien ein wenig Mondlicht herein. Ihm fiel der Scherz mit dem Zombiekind wieder ein und obwohl er wusste, dass es so etwas nicht gab, war ihm doch etwas mulmig, als er sich weiter durch die Dunkelheit zum Klo schlich. Schnell schaltete er dort das Licht an, zog die Tür hinter sich zu und drehte den Riegel um.

Der Rückweg kam ihm nach dem hellen Licht nun noch dunkler vor und so blieb er trotz seiner Angst kurz im Flur stehen, um seine Augen wieder an die Dunkelheit zu gewöhnen und sich nicht irgendwo den Kopf zu stoßen oder einen Zeh zu brechen. War da ein Geräusch gewesen? Er hielt den Atem an. Dann hörte er eine vertraute Stimme.

»Kannst du nicht schlafen?« Andi kam aus seiner offenen Schlafzimmertüre und war nur als großer Schatten auszumachen. Benni atmete erleichtert aus. »Mhm« machte er leise. »Es ist schon nach Mitternacht. Darf ich helfen?« Benni wusste nicht, was damit gemeint war, doch er nickte. Andi schien dies irgendwie erkennen zu können, denn er machte eine einladende Geste in Richtung Gästezimmer. »Na dann komm, Großer!« So hatte ihn sein Vater früher manchmal genannt …

Mit wackligen Beinen drückte sich Benni an Andi vorbei und kletterte wieder in sein Bett. Andi setzte sich neben ihn auf die Bettkante und deckte ihn zu. Benni konnte sich nicht erinnern, wann ihn seine Mutter zuletzt so ins Bett gebracht hatte und er kam sich ein wenig kindisch vor. Zum Glück schlief Alex tief und fest.

»Nicht erschrecken, okay?« Andis Stimme war ruhig und sanft. Dann spürte Benni eine Hand über der Bettdecke auf seiner Brust und sofort machte sich wieder dieses warme Gefühl von Geborgenheit in ihm breit. »Musst du über irgendwas nachdenken?«, fragte Andi leise. Benni kam sich vor, als würde er schweben und wie von selbst erzählte er leise, was am Vormittag in der Schule vorgefallen war. Es tat gut, darüber zu sprechen, und fühlte sich an, als würde etwas aus ihm herausfließen. Andi brummte verständnisvoll. »Da könnte ich auch nicht schlafen. Pass auf, du machst jetzt die Augen zu und ich bleibe hier, bis du eingeschlafen bist. Außerdem verspreche ich dir, dass wir dieses Problem morgen zusammen lösen werden. Du musst dir keine Sorgen mehr machen, ganz fest versprochen! Okay?« Das Gefühl des Schwebens wurde stärker, gleichzeitig erloschen alle seine Sorgen und zurück blieb nur das warme, angenehme Gefühl der Hand auf seiner Brust und die tiefe Geborgenheit. Er wollte antworten, doch dann …

*

Benni schlug die Augen auf. Andi war verschwunden, dafür fiel nun helles Sonnenlicht durch die schmalen Ritzen der Jalousie. Er musste eingeschlafen sein. Aber er konnte sich nicht daran erinnern, etwas geträumt zu haben. Es kam ihm vor, als hätte er nur kurz die Augen geschlossen und doch fühlte er sich so frisch und ausgeruht wie schon lange nicht mehr. Er angelte nach dem Handy neben seinem Bett. 10:34 Uhr.

Benni schrak hoch. Er hatte total verschlafen! Andi würde bestimmt stinksauer auf ihn sein. Und Alex würde ihn sicher auslachen. Er drehte den Kopf auf die andere Seite und sah einen braunen Haarschopf unter einer Bettdecke hervorlugen, der offensichtlich zu dem zusammenge-rollten Alex darunter gehörte. Na immerhin! Wenigstens hatte er nicht alleine verpennt!

Leise stand er auf und schlich sich ebenso leise aus dem Zimmer, um Alex nicht aufzuwecken. Vom anderen Ende des Flurs hörte er leises Geschirrklappern aus der Küche. Er ging darauf zu, öffnete die Tür einen Spalt breit, quetschte sich hindurch und schloss sie gleich wieder hinter sich.

»Ah, einer der jungen Herren ist aufgewacht!«, sagte Andi, der mit dem Rücken zu ihm stand und gerade Geschirr aus einem Küchen-schrank nahm. »Tut mir leid!«, antwortete Benni unsicher. An Andis Stimme konnte er nicht erkennen, wie sauer er wirklich war. Das än-derte sich jedoch, als sich der Mann zu ihm umdrehte.

Andi sah ihn erstaunt an. »Was meinst du? Ist dir irgendetwas pas-siert? Geht's dir nicht gut?« Zu seinem Erstaunen kam nun echte Sorge in seiner Stimme hinzu. »Nein nein, nichts passiert, aber weil wir ver-schlafen haben.« Benni blickte unsicher zu Boden. Andi atmete hörbar aus und antwortete ihm mit sanfter Stimme. »Ach so! Jetzt hast du mich ganz schön erschreckt, Benni! Dafür ist das Wochenende doch da! Richtig ausschlafen und dann gut ausgeruht den Tag genießen. Ich nehme an, du hast gut geschlafen?«

Benni entspannte sich und freute sich über die Reaktion. Seine Mut-ter hätte ihn schon lange geweckt, um irgendwelche unsinnigen Dinge zu erledigen. Und wenn nicht, dann hätte sie ihm jetzt bestimmt eine riesige Standpauke gehalten, wie faul er war und ihm im schlimmsten Fall das Handy gleich wieder abgenommen. »Du hast bestimmt wieder die ganze Nacht … bla bla bla …«

»Hast du Hunger? Frühstück dauert noch ein paar Minuten. Aber du kannst schon mal ins Bad gehen, wenn du magst. Komm, ich zeig dir alles!« Andi sah ihn aufmunternd an. Benni drehte sich widerwillig um und ging, gefolgt von Andi, zum Badezimmer. Seine nackten Füße machten bei jedem Schritt ein klatschendes Geräusch auf dem kalten

Fliesenboden des Flurs. Er fühlte sich unwohl. Warum ging ihm Andi nach? Wollte er ihn etwa beaufsichtigen?

»Nimm dir einfach ein großes Handtuch von diesem Stapel!« Andi deutete an ihm vorbei auf ein Regal, in dem mehrere dicke weiche Badetücher gestapelt lagen. »Und hier …« Benni folgte der Bewegung »… stellst du die Dusche zwischen der Regenbrause über dir und der Handbrause um. Der Hebel links an der Wand ist für Temperatur und Wasserstärke. Das kennst du ja bestimmt von zu Hause. In der grünen Flasche ist Shampoo, in der blauen daneben das Duschgel.«

»Ich hab gestern erst geduscht!«, protestierte Benni nun halbherzig. »Das ist schön und danke für die Info!« Andi sah ihn ungerührt, aber ernst an. »Du meinst also, zwei Tage hintereinander ist zu viel Arbeit für dich? Verstehe! Na dann muss ich das eben machen! Zieh dich schon mal aus und spring rein, ich hol 'nen Schwamm!«

Benni erstarrte und sah ihn entsetzt an. Er würde sich auf gar keinen Fall … Vor einem fast völlig Fremden … und dann auch noch … Niemals!

Doch da verzog sich Andis Gesicht schon zu einem breiten Grinsen. »Dein Gesichtsausdruck ist unbezahlbar!« Er lachte. »Entschuldige, aber du darfst es mir nicht so leicht machen! Da MUSS ich dich ja fast schon auf den Arm nehmen!« Er boxte ihm ganz leicht auf den Oberarm. Die Berührung löste Bennis Spannung endgültig und er musste jetzt auch grinsen.

»Habe ich dir eh nicht wirklich geglaubt!« log er. Andi zwinkerte ihm zu. »Ja sicher, du bist nur zum Spaß kreidebleich geworden, schon klar! Aber im Ernst: Ich lege sogar großen Wert darauf, dass ihr gewisse Dinge alleine und ungestört macht. Dazu gehören natürlich auch duschen und umziehen! Ihr seid in einem Alter, in dem man seine Privatsphäre haben will und umgekehrt möchte ich auch nicht, dass irgendjemand etwas Falsches über mich denkt. Deswegen muss ich diese klaren Grenzen sogar ziehen! Es gibt leider immer wieder böse Menschen, die in anderen auch etwas Böses sehen wollen.«

Den letzten Teil verstand Benni nicht ganz, aber ansonsten gefiel es ihm gut, was er da hörte. Sehr gut sogar! Warum kapierte seine Mutter das denn nicht? Da sprach Andi schon weiter. »Du gehst jetzt bitte in Euer Zimmer und holst dir frische Sachen. Danach sperrst du die Badezimmertür hinter dir zu und machst dich in Ruhe fertig, okay?« Er zwinkerte wieder. »Und täglich duschen gehört dazu, wenn man ein Mann wird, so wie ihr gerade. Sei froh, dass du dich noch nicht rasieren musst. DAS wird erst lästig! So, ich mache jetzt weiter Frühstück. Lass dir ruhig Zeit, dauert eh noch ein bisschen. Und lass die Tür zu eurem Zimmer ruhig offen, wenn du deine Sachen geholt hast. Alex wird normalerweise vom Geruch wach, wenn ich die Eier und den Speck brate.« Damit drehte er sich um und ging zurück in die Küche.

Benni holte seine Anziehsachen sowie frische Shorts und Socken, dann kehrte er ins Bad zurück und verschloss die Tür hinter sich. Das Schloss war ein einfacher Drehhebel wie auf der Toilette. Dieser ließ sich von außen im Notfall relativ leicht öffnen. Und es gab dadurch auch kein Schlüsselloch. So viel also zum Vortrag seiner Mutter über verschlossene Badezimmer und Unfälle. Er streifte sich seinen Schlafanzug und die Unterhose ab und stieg in die Dusche. »Eigentlich ganz schön, wenn man das mal völlig in Ruhe und ungestört machen kann« dachte er vergnügt und ließ sich das angenehm warme Wasser auf den Kopf prasseln.

*

Nach dem Frühstück – Alex war tatsächlich kurz nach ihm wach geworden – sah Andi die beiden Jungen aufmunternd an. »Ich schlage vor, wir kümmern uns jetzt erst mal um eure Schularbeiten, dann könnt ihr den Rest des Wochenendes in Ruhe genießen. Abgemacht?« Benni blickte Alex an, um dessen Reaktion abzuwarten. Doch dieser ging widerspruchslos ins Gästezimmer, nahm sein Englischbuch aus der Tasche und setzte sich damit aufs Bett.

Andi wandte sich nun direkt an Benni. »Na komm, hol deine Mathesachen und dann schauen wir uns mal an, wovon du mir gestern erzählt hast, okay?« Benni hatte natürlich überhaupt keine Lust dazu, seine Zeit mit den Strafaufgaben zu vergeuden, aber andererseits war er froh darüber, dass Andi ihm dabei helfen würde. Und wie er ihm dabei half!

Sie setzten sich zusammen an den Esstisch im Wohnzimmer und Andi erklärte ihm in aller Ruhe die wichtigsten Dinge. Es klang auf einmal gar nicht mehr so schwer. Und tatsächlich konnte er mit ein wenig Hilfestellung schon bald die ersten Aufgaben lösen. Warum konnte das die alte Knebel nicht so einfach und ruhig erklären?

»Ich denke, jetzt hast du den Bogen raus! Gut gemacht!« Andi lächelte ihm aufmunternd zu und klopfte ihm anerkennend auf die Schulter. Benni lächelte und war ein wenig stolz. Das fühlte sich gut an. Vielleicht war er ja doch nicht zu dumm für Mathe?

Doch dann sah er wieder in sein Buch und seine Miene verfinsterte sich. Sie hatten gerade einmal den ersten Aufgabensatz erledigt, der Rest der Seite sowie die nächste lagen jedoch noch vor ihnen. Das würde noch Stunden dauern.

»Du überlegst gerade, wie du das alles schaffen sollst, hm?« Andi legte ihm wieder die Hand auf den Rücken. Benni entspannte sich ein wenig, nickte aber niedergeschlagen.

»Leider kann ich dir die Schreibarbeit nicht ersparen, immerhin muss das Ganze ja am Ende in deiner eigenen Handschrift in deinem Heft stehen … Aber ich kann es dir zumindest ein wenig leichter machen.« Benni blickte hoffnungsvoll auf. »Und wie?« Er sah in Andis freundliches Gesicht. »Schreib einfach, was ich dir diktiere. Und gib mir Bescheid, wenn deine Finger wehtun, okay?«

Es dauerte auch so insgesamt noch etwa zwei Stunden, doch am Ende hatte Benni die Lösung aller Aufgaben auf zwölf Seiten in sein Heft geschrieben. Allein hätte er dafür vermutlich den ganzen Tag gebraucht – wenn er es überhaupt verstanden hätte, wohlgemerkt. Andi hatte ihm alles vorgesagt und Benni hatte dabei sogar verstanden, wie die einzelnen Schritte funktionierten. Sogar die unsäglichen Textaufgaben hatten plötzlich Sinn ergeben.

Als Benni nach gut der Hälfte schon die Finger wehtaten, hatten sie eine kurze Pause eingelegt, in denen er sich die Hände massiert hatte. Andi hatte ihn immer wieder gelobt und aufgemuntert, was ihn tatsächlich dazu ermutigt hatte, immer weiter zu machen.

Irgendwann war Alex wieder ins Wohnzimmer gekommen, hatte jedoch nichts gesagt, sondern sich nur mit seinem Handy auf die Couch gesetzt. Seine nassen Haare waren ein deutliches Indiz dafür, dass auch er zwischenzeitlich im Bad gewesen war. Kein fieser Kommentar, kein dummer Spruch zu seinen Matheaufgaben.

Nachdem er am Ende schließlich alle Seiten fotografiert und an seine Klassenkameraden verschickt hatte, packte er die Sachen wieder in seinen Rucksack und lehnte sich erschöpft zurück. Er fühlte sich müde und erleichtert zugleich, doch während die Anspannung nach und nach endlich von ihm abfiel, stiegen ihm Tränen in die Augen und er beeilte sich, schnell den Rucksack zu nehmen und in ihr Zimmer zu bringen. Er verstand nicht, warum er auf einmal weinen musste! Alles war doch jetzt gut! Er sollte sich freuen.

»Alles in Ordnung?« Andi stand in der Tür und sah ihn an. Benni blickte nur beschämt auf den Boden vor sich und versuchte, die Tränen zurückzuhalten, was ihm aber nicht gelang. Er spürte, wie sein Gesicht glühte. »Warum bin ich nur so eine blöde Heulsuse?«, dachte er.

»Komm mal her!« Andi machte einen Schritt auf ihn zu und als wäre Benni ein Metallstab, der zu nahe an einen Magneten geraten war, spürte er eine starke Kraft, die von dem Erwachsenen ausging. Er sprang beinahe auf Andi zu, schlang die Arme um dessen Oberkörper und vergrub sein Gesicht an seiner Brust. Er wusste nicht, wieso er das getan hatte, aber das war ihm jetzt auch schon egal. Er spürte, wie er sanft in den Arm genommen wurde, roch das herbe Aftershave des Mannes und genoss das Gefühl, als würde alle Last aus ihm herausgesogen und durch pure Leichtigkeit ersetzt werden.

Benni löste sich aus der Umarmung und schaute zu Andi hoch. Dieser lächelte ihn an. »Tut mir leid!«, murmelte Benni. »Das muss dir nicht leidtun! Manchmal tut es einfach gut, in den Arm genommen zu werden und zu weinen. Vor allem, wenn man so unter Druck gestanden hat, wie du. Geht's dir jetzt besser?« – »Und wie!« Benni lächelte. Tatsächlich fühlte er sich so gelöst wie schon lange nicht mehr. Andi lächelte zurück. »Das freut mich! Genieß es ein bisschen! Ich gehe Alex noch schnell in Englisch abfragen.« Mit einem Zwinkern drehte er sich um und ging ins Wohnzimmer zurück.

*

Das restliche Wochenende verging wie im Flug. Sie hatten nach Herzenslust auf der Playstation und am Handy gezockt, hinter dem Haus alle zusammen mit einem Nachbarn und dessen kleinerem Sohn Fußball gespielt, waren im Kino gewesen, hatten Karten gespielt und leckere Sachen gegessen. Dann war viel zu schnell der Sonntagabend gekommen und Andi hatte sie beide wieder nach Hause gefahren.

Nach einem kurzen Gespräch mit seiner Mutter, in der Andi ihr versichert hatte, dass die Jungs sehr brav gewesen waren und diese sich bei ihm bedankt hatte, nicht ohne ein scharfes – und peinliches! – »Na wenigstens weiß er woanders, wie man sich benimmt!« sowie ein »Hast du dich auch anständig bedankt?!« in Bennis Richtung abzufeuern, waren Andi und Alex wieder gegangen. Seine Mutter war danach ohne ein weiteres Wort in der Küche verschwunden.

Kaum war er mit Philipp, der ihnen die Tür geöffnet hatte, alleine, bombardierte ihn sein kleiner Bruder auch schon mit Fragen. »Was habt ihr gemacht?« Philipp tänzelte im Flur aufgeregt um ihn herum. »Nichts!« Benni war sofort wieder von ihm genervt, genoss aber auch die Neugierde des kleinen Nervbolzens. Außerdem wollte er es ihm auch gar nicht erzählen. Doch dieser plapperte ungebremst weiter.

»Bestimmt habt ihr lauter tolle Sachen gemacht. Stimmts? Stimmts?« Er zupfte ihn am Ärmel.

»Hau ab!« Benni drehte sich von ihm weg. »Darf ich nächstes Mal mit?« Philipp hopste nun regelrecht um ihn herum. »Ganz bestimmt nicht! Und jetzt verpiss dich und lass mich in Frieden!«

Genau in diesem Moment kam seine Mutter wieder aus der Küche. »Sei nicht gleich wieder so gemein zu deinem Bruder! Das Wochenende war so angenehm ohne eure ständigen Streitereien!«, herrschte sie ihn an. »Geh jetzt in dein Zimmer und räum deine Sachen auf, es gibt gleich Abendessen!«

Benni ging in sein Zimmer und knallte die Türe hinter sich zu. Das war wieder so typisch! Statt ihrem geliebten Philipp zu sagen, er solle ihn nicht gleich wieder nerven, wurde ER natürlich angemotzt. Dabei hatte sie nicht einmal gefragt, wie es gewesen war. Nicht, dass er es ihr wirklich hätte erzählen wollen – Philipp hätte dann ja auch alles mitbekommen – aber es interessierte sie scheinbar nicht einmal. Wütend warf er seinen Rucksack aufs Bett und setzte sich daneben. Warum hasste sie ihn bloß so?

*

Benni brütete während des Abendessens vor sich hin, während sein Bruder auf seine Mutter einredete, die diesem aufmerksam zuzuhören schien. Als sie bereits fertig gegessen hatten, wandte sie sich ihm zu. »Hast du deine Hausaufgaben alle erledigt?«. Er nickte. »Na immerhin. Sehr gesprächig bist du ja nicht gerade. Aber was soll ich mich rumärgern?« Sie stand auf und begann, den Tisch abzuräumen. Benni verdrückte sich in sein Zimmer. Immerhin hatte sie nicht mehr an sein Handyverbot gedacht. Auf dem Bett liegend öffnete er »Dragon Clash«. Aus dem Wohnzimmer hörte er den Fernseher, immer wieder vermischt mit dem Lachen seiner Mutter und seines Bruders.

*

Die neue Schulwoche begann, wie die letzte aufgehört hatte. Seine Klassenkameraden ließen ihn nach der pünktlichen Lieferung der Strafaufgaben zumindest in Frieden, doch die alte Knebel hatte natürlich die nächste Bosheit auf Lager.

Nachdem sie seine Lösungen und die einiger anderer Jungen inspiziert hatte, zog sie lediglich wortlos die Augenbrauen hoch und ging zurück zu ihrem Pult.

»Bekommen wir darauf jetzt eine gute Note?«, rief ihr Konrad triumphierend zu. Sie drehte sich langsam zu ihm um. Ihre Augen blitzten bedrohlich. »Erstens meldest du dich gefälligst, wenn du eine Frage hast, und zweitens …« Sie machte eine unheilvolle Pause. »Und zweitens werde ich euch für eine erledigte Strafarbeit wohl kaum noch belohnen. Seid froh, wenn ihr den Stoff nun endlich verstanden habt – lang genug hat's gedauert!« Ohne ein weiteres Wort darüber zu verlieren, begann sie mit ihrem Unterricht.

Benni war wütend über diese Unverschämtheit, aber auch gleichzeitig erleichtert, dass sich der Hass der anderen nun wieder ganz auf sie und nicht mehr auf ihn konzentrieren würde. Wenigstens hatte er damit wieder seine Ruhe.

So verlief die Woche zunächst wie üblich, doch schon am Mittwoch, nur zwei Tage später, sollte sie die nächste Überraschung für ihn bereit halten. Genauer gesagt ZWEI Überraschungen. Und die erste davon war alles andere als angenehm. Seine Mutter erwartete ihn nämlich schon mit einem Brief in der Hand an der Wohnungstüre, als er aus der Schule nach Hause kam.

»Weißt du, was das ist?«, blaffte sie ihn ohne Begrüßung an. Natürlich wusste er es nicht und so schüttelte er nur den Kopf. Doch ihm schwante Übles. »Das ist heute von deiner Schule gekommen. Deine aktuelle Notenübersicht!« Sie funkelte ihn böse an und Benni krampfte sich der Magen zusammen. Das Schuljahr war bisher nicht gerade ideal verlaufen.

»Eine Sechs in Mathe, eine Fünf in Englisch und dazu noch lauter Vierer und Fünfer in den Lernfächern!« Sie schnaubte abfällig. »Wie stellst du dir das denn vor? Glaubst du eigentlich, du schaffst das Schuljahr so?«

»Aber in Deutsch hab ich eine Drei!«, verteidigte sich Benni kleinlaut. Doch seine Mutter war bereits in voller Fahrt. »Na wunderbar, herzlichen Glückwunsch! Immerhin schaffst du es, wenigstens in deiner Muttersprache nicht durchzufallen!«

Bennis Wangen brannten und er stand wie angewurzelt im Flur. Was sollte er darauf denn noch sagen? Doch seine Mutter kam ihm zuvor. »So geht das nicht weiter! Ich ziehe hier jetzt andere Seiten auf, Freundchen!« Ihm wurde flau im Magen und in Gedanken verabschiedete er sich schon wieder von seinem Handy. Doch was dann kam, überraschte ihn komplett.

»Ich habe vorhin mit diesem Andi telefoniert!« Auch das noch. Jetzt schämte sich Benni noch mehr. Was würde Andi jetzt bloß von ihm denken? Aber seine Mutter sprach schon weiter. »Du hast mehr Glück als Verstand, weißt du das eigentlich?« Er verstand nicht, was sie damit meinte, doch die Erklärung ließ nicht lange auf sich warten.

»Du weißt sehr gut, dass ich mir keine Nachhilfe für euch leisten kann, ich hab auch so schon genug zu tun, uns hier über Wasser zu halten, dass wir hier wohnen bleiben können. Dein feiner Herr Vater zahlt ja gerade mal den Mindestunterhalt für euch!« Jetzt ging auch das noch wieder los. Benni kannte diese Predigt, er hörte sie jedes Mal, wenn er etwas von seiner Mutter wollte, das Geld kostete.

Aber diesmal war es anders. Sie blickte ihn triumphierend an. »Zum Glück hat er sich bereit erklärt, dir kostenlos Nachhilfe zu geben, wenigstens einmal die Woche, bis du es hoffentlich irgendwann mal doch wieder alleine schaffst! Er kommt gleich heute Abend das erste Mal vorbei.«

Benni wusste zunächst nicht, was er davon halten sollte. Seine Gedanken und Gefühle wirbelten durcheinander. Die Situation war ihm unangenehm und besonders peinlich war es ihm, dass Andi auch noch davon wusste. Gleichzeitig hatte er überhaupt keine Lust darauf, seine Abende mit Lernen zu verbringen. Andererseits hatte er die Matheaufgaben letztes Wochenende tatsächlich verstanden gehabt und die Aussicht, Andi jetzt regelmäßig zu sehen, gefiel ihm irgendwie auch.

Hätte er auch nur geahnt, dass dies soeben nur der zweite Schritt in das größte Abenteuer seines Lebens gewesen war, wäre er wahrscheinlich auf der Stelle in Ohnmacht gefallen …

*

Die Nachhilfestunden mit Andi waren anders, als er sie erwartet hatte. Natürlich war es manchmal ein wenig anstrengend, sich abends noch auf Mathematik oder Englisch zu konzentrieren, aber er merkte auch, wie er langsam Fortschritte machte und seine Hausaufgaben plötzlich keine unlösbaren Herausforderungen mehr waren. Außerdem gefielen ihm das Lob und die kleinen Späße zwischendurch.

Darüber hinaus war es schön, jemanden zu haben, mit dem er über manche Dinge reden konnte. Seit der ersten Stunde am Abend des Notenbriefs war der Ablauf eigentlich immer derselbe. Kaum war Andi da, übergoss ihn Bennis Mutter mit Klagen über ihren Sohn und berichtete ihm haargenau seine jüngsten Vergehen – die sich meistens darum drehten, wie unausstehlich er sich benahm, wie sehr er seinen armen kleinen Bruder ärgerte und dass sie nicht wisse, wie das alles noch weitergehen solle, schließlich habe sie ja auch noch ein eigenes Leben.

Nachdem sie sich ausreichendes Bedauern und Verständnis ob ihrer Situation abgeholt hatte, schickte sie Philipp normalerweise in sein Zimmer, damit er seine Hausaufgaben machte und ging selbst ins Wohnzimmer, um »auch mal ein bisschen Ruhe zu haben«. Diese Ruhe bestand in der Regel aus Fernsehen und langen Telefonaten mit ihrer Mutter, Bennis Großmutter, bei der sie sich weiter über alles Mögliche beklagte.

Philipp hingegen dachte gar nicht daran, seiner Mutter zu gehorchen, sondern zog Andi meistens mit sich in sein Zimmer, um ihm irgendwelche kindischen Spielzeuge zu zeigen oder mit Belanglosigkeiten voll zu plappern. Dieser machte das jedes Mal geduldig für ein paar Minuten mit, bis sich Philipps größte Aufregung wieder gelegt hatte, und wiederholte dann die Aufforderung ihrer Mutter. Natürlich folgte der kleine Schleimer ihm aufs Wort und holte sich dafür immer breit grinsend sein Lob ab.

Am ersten Abend war Benni das alles unglaublich peinlich und als er endlich alleine mit Andi in seinem Zimmer am Schreibtisch saß, war ihm dies wohl auch nur allzu deutlich anzumerken. Zusammengesunken starrte er auf die Tischplatte vor sich und begutachtete verlegen die vielen Kritzeleien und Scharten in der weißen Oberfläche.

Doch Andi legte ihm in einer vertraulichen Geste nur die Hand auf den Rücken und bewegte seinen Daumen ein paar Mal zwischen seinen Schulterblättern auf und ab, während er sagte: »Du hast es schon nicht leicht, Großer!« Benni blickte auf und sein neuer Nachhilfelehrer blinzelte ihm verschwörerisch zu. »Keine Sorge, ich kenne das. So was erlebe ich oft, denk dir nichts dabei! Wie geht es denn DIR mit allem hier?«

Benni fühlte sich sofort etwas wohler in seiner Haut und so kam es, dass auch er zu erzählen begann. Zuerst stockend, doch unter Andis verständnisvollem Blick sprudelte es schon bald aus ihm heraus. Über seine Mutter, seinen Bruder, die Schule … Er redete sich buchstäblich eine Menge Frust von der Seele und diese Gespräche wurden zu einem festen Ritual zum Beginn seiner Stunden.

Es gab Tage, an denen es weniger zu erzählen gab und andere, an denen Benni seiner Wut und manchmal auch seinen Tränen freien Lauf und sich selbst bereitwillig trösten ließ.

Wenn es Benni besonders schlecht ging, setzten sie sich auf sein Bett und er kuschelte sich beim Erzählen an Andis Seite, dessen Arm über seine Brust gelegt. »Wie bei Elliot, das Schmunzelmonster« hatte er beim ersten Mal gesagt und sich an einen alten Kinderfilm erinnert, bei dem der junge Hauptdarsteller unter dem Flügel des drachenähnlichen Wesens eingeschlafen war. Andi lächelte und das Wort »Drachenflügel« wurde zu einer Art Code zwischen ihnen, mit der Benni ihm signalisieren konnte, dass es etwas zu besprechen gab, bei dem er eine Umarmung gebrauchen konnte.

Meistens blieb Andi nach den Stunden noch ein wenig und aß mit ihnen zu Abend. Benni kamen diese Abende irgendwie entspannter vor, seine Mutter lachte sogar immer wieder und selbst sein kleiner Bruder schien etwas weniger nervig zu sein als sonst. Außer, wenn der kleine Pisser begann, auf Andi herum zu turnen oder sich auf seinen Schoß zu setzen. Obgleich sich Benni dafür selbst natürlich viel zu alt fühlte, wurde er dabei aber trotzdem jedes Mal eifersüchtig auf Philipp.

Einmal hatte der kleine Schleimer sogar etwas für Andi gebastelt, während sie lernten und dieser hatte ihn dafür auch noch gelobt – was Benni kurz darauf zu einem heftigen Tritt gegen Philipp veranlasste. Das brachte ihm zwar eine scharfe Rüge von Andi und ein triumphierendes Grinsen seines Bruders ein, aber verschaffte ihm auch innerliche Genugtuung.

*

Nach einigen Wochen verbrachte er zum ersten Mal ein Wochenende alleine bei Andi. Sein Bruder war bei seinem Vater und seine Mutter hatte Andi einfach gefragt, ob er »ihn ihr abnehmen würde«, da sie am Samstag einen Abend mit ihren Freundinnen verbringen wolle.

Benni war natürlich sofort damit einverstanden und fragte nach, ob Alex auch mitkommen würde. Dieser war jedoch über das Wochenende bei seinen Großeltern.

Die Vorstellung, ein ganzes Wochenende bei seinen Großeltern verbringen zu müssen, jagte Benni einen kalten Schauer über den Rücken. Sein Großvater war ein griesgrämiger alter Mann, der kaum sprach und den ganzen Tag zu Hause in seiner Zeitung las. Seine Großmutter war dagegen umso gesprächiger. Nicht, dass das besser gewesen wäre.

Sie telefonierte mit Vorliebe mit Bennis Mutter oder kam zu ihnen, nur um besonders ihm und manchmal auch Philipp ständig zu sagen, was sie alles falsch machten, wie undankbar sie seien und was sie überhaupt für unmögliche Kinder seien, die man nirgends mit hinnehmen könne.

Bennis Großeltern waren reich. »Stinkreich«, wie seine Mutter immer wieder sagte, doch sie gaben kaum etwas von ihrem Geld aus. Allerdings gaben sie auch seiner Mutter nichts davon ab, um es ihr leichter zu machen. Zu Weihnachten oder zum Geburtstag bekamen sie in der Regel »etwas Praktisches«, das meistens aus einem Kleidungsstück aus dem Discounter, Schulheften oder Büchern vom Flohmarkt bestand.

Bennis Mutter lehnte sich nie gegen seine herrische Großmutter auf und wenn sie zu Besuch war, hatte sie automatisch das Sagen bei ihnen, inklusive aller »Maßnahmen«, die sie für die Erziehung zweier »Strolche« für nötig hielt – was Benni und seinen Bruder dazu veranlasste, das Weite zu suchen, wenn sie es rechtzeitig schafften.

Es war nicht so, dass sie die Jungen geschlagen hätte, doch ihr kräftiger Griff und ihre langen spitzen Fingernägel hatten schon so manchen blauen Fleck und nahezu genauso viele blutige Abdrücke auf ihren Armen oder ihrem Nacken hinterlassen.

Schlimmer war jedoch die Aura, die sie umgab. Hätte man Benni gebeten, seine Großmutter zu beschreiben, hätte er vermutlich mit diesem Satz begonnen: »Wenn sie ein Zimmer betritt, wird es sofort 10 Grad kälter!«

Das traf zwar nicht in dem Sinne zu, dass man es mit einem Thermometer hätte nachmessen können, jedoch würde jeder Mensch lügen, der sie getroffen hat und das Phänomen nicht tief in seinem eigenen Innersten gespürt hatte.

Benni war sich nicht sicher, ob seine Mutter deswegen nie etwas sagte, weil sie selbst Angst vor seiner Großmutter hatte, oder ob es das Geld war, das sie einmal erben würde. Denn nicht selten musste sie sich von ihr anhören, dass sie nicht sicher sei, ob es ratsam wäre, ihr Vermögen ihrer einzigen Tochter zu vermachen. Schließlich würde dies auch bedeuten, dass es einmal an ihre »nichtsnutzigen Enkel« weiter gegeben werden würde.

Da er seine Großmutter noch nie gemocht hatte, verletzten ihn ihre Aussagen nicht wirklich – im Gegensatz zu ihren Fingernägeln! – und ihm war es egal, was sie mit ihrem Geld machte. Er war nicht käuflich und darauf war er stolz.

Dummerweise war er einer anderen ihrer Eigenarten gegenüber nicht ganz so immun. Und das war der Einfluss, den sie auf seine Mutter ausübte.

So sehr er sich immer wieder gegen seine Mutter auflehnte und so sehr er sie manchmal für alles Mögliche hasste – so sehr liebte er sie auch. Eine reine, bedingungslose, durch nichts zu erschütternde Liebe, wie sie nur ein Sohn für seine Mutter empfinden kann. Gerade das und seine Angst, auch seine Mutter könnte ihn wie sein Vater einmal im Stich lassen, machten ihn ihr gegenüber immer wieder so verletzlich und so eifersüchtig auf seinen Bruder. Aber andererseits hatte er auch nur die beiden.

Und so kam es eines Tages, dass das Schicksal zum dritten und letzten Akt der Vorgeschichte ausholte und damit Bennis Leben endgültig auf den Kopf stellte …

*

An dem Abend, als er von seinem Besuch bei Andi zurückkam, war seine Großmutter bei ihnen. Beim Abendessen musterte sie Benni kühl und versuchte, ihn über das Wochenende auszufragen. Der Kontrast zwischen den zwei entspannten und lustigen Tagen zur eisigen Stimmung am Esstisch hätte kaum größer sein können und er antwortete nur einsilbig und auch nur das Nötigste auf ihre Fragen, bis sie schließlich entnervt aufgab.

Er wollte es einfach nicht erzählen und schon gar nicht ihr. Das war seine Zeit gewesen, seine ganz allein und er wollte sie sich nicht von irgendwelchen Bemerkungen kaputtmachen lassen. Er hätte viel zu erzählen gehabt. Sie hatten zusammen gekocht, waren Fußball spielen, hatten wieder reichlich gezockt und zwei spannende Filme zusammen gesehen. Aber all das behielt er lieber für sich. Also wurde er nach dem Essen – genau wie sein Bruder – auf sein Zimmer geschickt, um für die Schule zu lernen. Es war ihm nur recht. Irgendwann würde sie schon wieder gehen. Und die Hausaufgaben hatte er am Wochenende schon mit Andi erledigt. Also hatte er in Ruhe Zeit für eine Runde »Dragon Clash«.

Als er jedoch ein wenig später zur Toilette ging, hörte er ein Gespräch zwischen seiner Mutter und seiner Großmutter, das ihn innehalten ließ. Die Wohnzimmertür war nur angelehnt und durch die Milchglasscheibe fiel mattes Licht in den dunklen Flur. Benni blieb stehen und lauschte. Was er hörte, ließ ihm das Blut in den Adern gefrieren.

Großmutter: »Mir gefällt das nicht! Du kennst diesen Mann doch überhaupt nicht! Wie kommt es, dass er so viel Zeit mit fremden Kindern verbringt?«

Mutter: »Es scheint Benni aber gutzutun. Immerhin lernt er jetzt regelmäßig für die Schule und ich habe wenigstens ab und zu auch etwas Zeit für mich. Er ist auch immer sehr ausgeglichen, wenn er wieder zurückkommt.«

Großmutter: »Ha! Ausgeglichen! Er war vollkommen verstockt. Wer weiß, was dieser Mann bei sich alles mit ihm anstellt?«

Mutter: »Naja, er war tatsächlich auch letztes Mal sehr ruhig … Aber Alex' Mutter kennt ihn wohl schon länger und Benni hat erzählt, dass er ihn sogar schon mit in den Urlaub genommen hat. Außerdem scheint er wirklich nett zu sein. Auch mit Philipp geht er sehr liebevoll um.«

Großmutter: »Ja, das hat er mir erzählt. Nach dem Essen hat er den Kleinen letztens sogar auf den Schoss genommen! Ich finde das sehr merkwürdig! Man liest ja auch so viel in der Zeitung. Hat er denn keine Frau?«

Mutter: »Soweit ich weiß, ist er Single.«

Großmutter: »Das bist du auch! Und du bist eine sehr attraktive junge Frau! Hat er nie versucht ... Du weißt schon! Immerhin geht er hier neuerdings ja scheinbar ein und aus.«

Mutter: »Nein, wo denkst du hin? Immerhin bin ich noch mit Bernhard verheiratet. Wir verstehen uns gut und er scheint die Jungs sehr zu mögen, aber ...«

Großmutter: »Siehst du! Ein bisschen zu sehr, wie mir scheint! Maria, sei doch nicht so naiv! Merkst du denn nicht, dass da offensichtlich etwas faul ist? Weiß Bernhard eigentlich davon?«

Mutter: »Gott bewahre, nein! Benni spricht nicht mit seinem Vater und Philipp habe ich ausdrücklich verboten, etwas zu erzählen. Bernhard würde mir die Hölle heißmachen, wenn er es wüsste!«

Großmutter: »So dumm wie dein nichtsnutziger Ex-Mann ist, aber da hätte er wohl ausnahmsweise recht! Ich sage dir, das ist einer von denen! Dauernd steht wieder etwas darüber in der Zeitung!«

Benni hielt den Atem an und biss sich fest auf die Unterlippe. Sie hatten schon in der Grundschule über »böse Männer« gesprochen, die schlimme Dinge mit Kindern taten und zu denen man auf keinen Fall ins Auto steigen dürfe. Er wusste genau, was seine Großmutter meinte. Aber konnte das wirklich sein? Er hatte genug gehört und schlich leise auf die Toilette und dann wieder zurück in sein Zimmer. Dort ließ er sich aufs Bett fallen und begann zu grübeln.

Er hätte sich selbst ohrfeigen können, weil er beim Abendessen nicht mehr erzählt hatte. Gleichzeitig hasste er seine Großmutter für das, was sie gesagt hatte – aber was, wenn es stimmte? Sicher, Andi hatte bisher noch nie etwas getan, was ihm unangenehm war. Er war immer nett zu ihm. War er zu nett? Er hatte ihn schon manchmal in den Arm genommen, um ihn zu trösten. Und dann das mit der Hand auf dem Rücken? War das schon etwas Falsches? Benni bekam Angst. Wie gut kannte er diesen Mann wirklich? Und warum war er so nett zu ihm? Er war verwirrt und wusste nicht, was er denken sollte. Der giftige Samen, den seine Großmutter gepflanzt hatte, war aufgegangen und begann unaufhaltsam zu wachsen …

*

Seine Mutter erwähnte am nächsten Morgen nichts von dem Gespräch, doch sie schien in Gedanken woanders zu sein. Der Schultag verlief verhältnismäßig gut, sogar die Hausaufgaben hatte er diesmal alle richtig.

Nach dem Abendessen geschah es dann aber doch. Seine Mutter kam mit ernster Miene zu ihm ins Zimmer und setzte sich an seinen Schreibtisch. Sie blickte ihn prüfend an. »Leg das Handy weg, ich muss mit dir reden.« Benni schwante nichts Gutes und so gehorchte er lieber. Er setzte sich auf seinem Bett auf.

Seine Mutter begann ohne Umschweife. »Ich habe nachgedacht und möchte nicht mehr, dass du Andi besuchst oder er hierher kommt.« Rumms. Der Satz traf Benni dank seiner Lauscherei vom Vorabend zwar nicht ganz unerwartet, aber doch mit voller Härte. »Aber Mama …«

Ihr stechender Blick schien ihn zu durchbohren. »Nichts aber! Ich habe meine Entscheidung getroffen. Wenn dein Vater davon erfährt, hetzt er mir das Jugendamt auf den Hals und ihr kommt in ein Heim! Willst du das?« Natürlich wollte er das nicht, andererseits wollte er seine neu gewonnene Vertrauensperson aber auch nicht verlieren. Tränen stiegen ihm in die Augen. »Mama …«

»Keine Diskussion!«, herrschte sie ihn an. »Mir ist das nicht geheuer! Und jetzt mach dich fertig fürs Bett! Ab morgen wirst du wieder selber lernen und nächstes Wochenende gehst du gefälligst mit deinem Bruder zu eurem Vater!« Er war geschockt. Das wollte er erst recht nicht. Die Tränen liefen ihm jetzt über das Gesicht und er wischte sie hektisch mit dem Handrücken ab. »Aber …«

Weiter kam er nicht. »Ich will jetzt nichts mehr davon hören! Ich habe meine Entscheidung getroffen und dabei bleibt es! Heute Nachmittag habe ich Andi schon eine Nachricht geschrieben. Er weiß Bescheid und wird sich in Zukunft von uns fernhalten. Damit ist alles gesagt! Und noch ein Ton darüber und ich stecke dich selbst in ein Heim!« Damit stand sie auf und schlug krachend die Tür zu.

Benni saß geschockt auf seinem Bett. Das durfte doch alles nicht wahr sein! Er fühlte sich wie in einem Albtraum. Vielleicht war es ja einer? Er kniff sich fest in den Unterarm und ein stechender Schmerz machte ihm unmissverständlich klar, dass er nicht träumte. Der Albtraum war bittere Realität. Da blinkte sein Handy. Eine neue Nachricht.

Andi – 20:27 Uhr:
Deine Mutter hat mir heute geschrieben … Hat sie schon mit Dir gesprochen?

Nervös begann er zu tippen.

Benni – 20:29 Uhr:
Ja

Andi – 20:30 Uhr:
Es tut mir leid, Großer! Aber sie ist Deine Mutter, sie trifft die Entscheidungen. Auch wenn ich in diesem Fall nicht weiß, warum …? Sie hat mir auf meine Fragen nicht mehr geantwortet.

Benni – 20:33 Uhr
Ja

Andi – 20:35 Uhr:
Mach's gut und halt die Ohren steif! Du weißt, wie Du mich erreichen kannst, wenn Du mich brauchst …

Sie will das nicht

Benni starrte auf sein Handy, doch es kam keine Nachricht mehr. Er sank zurück auf sein Kissen. Ein dicker Kloß saß in seinem Hals und schnürte ihm die Kehle zu, während der Rest seines Körpers all seine Kraft zu verlieren schien. Er begann zu zittern. Kurz überlegte er, sein Handy zu nehmen und Andi alles zu schreiben. Von seiner Großmutter und dem Gespräch, das er belauscht hatte. Von seinen Fragen, ob er wirklich einer von den bösen Männern war. Von seiner Angst, wieder zu seinem Vater zu müssen. Und von seinem Wunsch, Andi solle mit seiner Mutter reden und alles wieder in Ordnung bringen, so wie damals, mit seinem Handy nach dem Streit mit seinem Bruder am allerersten Abend.

Doch er tat es nicht. Zu groß war seine Angst vor dem, was seine Mutter gesagt hatte. Er wollte auf gar keinen Fall in ein Heim! Er hatte jetzt nur noch sie und seinen Bruder. Das war alles, was ihm geblieben war. Das – und seine Angst.

*

Benni schlief schlecht in dieser Nacht. Er hatte Albträume und wachte immer wieder auf, nur um sich im nächsten Moment schon nicht mehr daran erinnern zu können, was er geträumt hatte. Alles, was er am Morgen noch davon wusste, war ein großer dunkler Raum, in dem Hunderte von Betten standen. In einem davon lag er selbst. Und ein großer, dunkler Schatten, der um die Betten schlich, sowie kalte Hände, die ihn unter der Decke berührten.

In der Schule konnte er sich nicht konzentrieren und wäre einmal sogar beinahe eingeschlafen. Doch irgendwie überstand er den Vormittag ohne weitere Zwischenfälle.

Am Nachmittag ging er zu Alex und klingelte an dessen Tür. »Kommst du raus?«, fragte er in die Gegensprechanlage. »Ja, geh zur Schaukel, ich komm gleich.«

Ein paar Minuten später saßen sie nebeneinander auf der Schaukel und Benni erzählte Alex, was passiert war. Dieser sah ihn mit immer größer werdenden Augen an. »Und jetzt?« – »Wie, und jetzt? Sie will es nicht mehr. Aus. Ende.« Alex schwieg zunächst. Dann sagte er. »Du machst doch sonst auch nie, was sie sagt!« Benni fuhr auf. »Alter, das ist was anderes! Sie will mich ins Heim stecken!«

Alex sah ihn an. »Als ob! Das macht sie doch nie!« – »Und wenn doch?« Sie schwiegen. Benni biss sich auf die Lippe, doch diese eine Frage musste er noch stellen. »Glaubst du …?« – »Was?!« Alex Gegenfrage war scharf. Er sah ihn lauernd an.

»Glaubst du … Ich meine … Was meine Oma gesagt hat. Also, dass er vielleicht doch so ein …« Alex' Schlag traf ihn völlig unvorbereitet in die Magengrube und er fiel rücklings von der Schaukel. Noch bevor er wieder Luft bekam, war der größere Junge schon über ihm und drückte ihn mit der rechten Hand auf der Brust in den Sand. Seine Augen schienen Funken zu sprühen.

»Wag es bloß nicht!«, fauchte er ihn an. »Was glaubst du eigentlich, du Opfer? Dass meine Mutter dumm ist, oder was? Dass ich seit fast einem Jahr zu ihm hingehe und mit ihm in den Urlaub fahre, weil ich auf so was stehe, oder wie? Dass ich dich auch noch zu ihm mitnehmen würde, wenn er so einer wäre, glaubst du das?!« Speicheltröpfchen spritzten aus Alex' Mund und er redete sich immer mehr in Rage. »Glaubst du, deine beschissene Oma hat Ahnung von irgendwas? Glaubst du das?«

Benni wollte etwas erwidern, doch er bekam immer noch kaum Luft. Stattdessen zischte Alex ihn an. »Hast du eigentlich eine Ahnung, was der alles für andere tut? Was der FÜR MICH tut? Er ist der einzige Erwachsene, der mich je gemocht hat, ohne dass er es muss! Und deine beschissene Mutter nutzt ihn nur aus und du auch! Der reißt sich für uns den Arsch auf und du erzählst hier solche Lügen?! Du weißt selber ganz genau, dass er kein verfickter Pädo ist! Weißt du das?! WEISST DU DAS?!!!« Die letzten Worte brüllte er Benni aus nächster Nähe ins Gesicht.

Schockiert vom plötzlichen Wutausbruch seines sonst immer so coolen Freundes begann er zu zittern und stammelte ein mühsames »Ja« hervor.

»Sag es! SAG ES!!!«, brüllte ihn Alex weiter an. »Ja, ich weiß es, ich weiß es«, keuchte Benni hektisch. Alex senkte sein Gesicht jetzt ganz nah an sein Ohr und sagte so leise und ruhig, dass es fast schon unheimlich war: »Ohne mich hättest du ihn nie kennengelernt! Aber du hast ihn gar nicht verdient! Und wenn du jemals wieder so eine Scheiße über ihn laberst, dann mache ich dich fertig!« Damit stand er auf, klopfte sich den Sand von der Hose und ging ohne ein weiteres Wort davon.

Noch immer nach Luft ringend lag Benni auf dem Boden und starrte in den Himmel. Das wolkenlose Blau erschien ihm mit einem Mal wie blanke Ironie. Was war nur in Alex gefahren? Dann erinnerte er sich an das, was dieser zu ihm vor dem Einschlafen an ihrem gemeinsamen Wochenende gesagt hatte: »Mein Vater ... also ... Egal, aber Andi ist immer für mich da und so!« Außerdem hallten Alex' Worte von eben noch in ihm nach: »... dass ich seit fast einem Jahr zu ihm hingehe und mit ihm in den Urlaub fahre, weil ich auf so was stehe, oder wie? Dass ich dich auch noch zu ihm mitnehmen würde, wenn er so einer wäre, glaubst du das?!« Nein, natürlich glaubte er das nicht. Niemand würde das!

Ihm fiel die Szene im Badezimmer am zweiten Tag ein und was Andi zu ihm über das Absperren der Tür gesagt hatte. »... und umgekehrt möchte ich auch nicht, dass irgendjemand etwas Falsches über mich denkt. Deswegen muss ich diese klaren Grenzen sogar ziehen! Es gibt leider immer wieder böse Menschen, die in anderen auch etwas Böses sehen wollen.« Und da wusste er es. Jetzt wusste er es ganz sicher: Andi war keiner von den Bösen! Im selben Moment starb die giftige Saat seiner Großmutter in ihm. Doch es war zu spät. Alles war zu spät! Er hatte nicht nur Andi, sondern auch Alex, seinen einzigen Freund verloren. Wimmernd krümmte er sich zusammen und begann hemmungslos zu weinen.

*

ZWISCHENWORT

Ein Zwischenwort gibt es nicht, meint ihr? Irrtum. Wenn ich ein Vorwort und ein Nachwort schreiben kann, dann kann ich auch ein Zwischenwort schreiben. Und wenn ich es schreiben kann, dann existiert es auch.

Ihr habt es also bis hierhin geschafft, ohne dass es euch zu langweilig geworden ist! Ich weiß, dass es etwas langatmig war, aber es war Benni wichtig, dass ihr das alles über ihn wisst und ihn kennenlernt, bevor sein Abenteuer wirklich beginnt.

Hier ist übrigens der letzte Punkt, an dem ihr selbst noch einigermaßen heil aus der Geschichte rauskommen könnt. Ab hier solltet ihr nur noch weiterlesen, wenn ihr bereit seid, Benni und mir zu glauben und wenn ihr mutig genug dazu seid, alles zu erfahren – die ganze Wahrheit. Überlegt es euch gut! Denn wenn ihr es erst einmal wisst, gibt es kein Zurück mehr!

Also, letzte Warnung! Die Vorgeschichte ist vorbei! Wir sind endlich wieder in der ...

*

TEIL II

GEGENWART

Benni erschrak für den Bruchteil einer Sekunde, dann entspannte sich sein ganzer Körper wieder. Er musste sich nicht zu dem Menschen umdrehen, dem diese Hand gehörte, um zu wissen, wer sich da soeben neben ihn auf seine Bettkante gesetzt hatte.

Er hatte diese Hand so oft auf seinem Rücken gespürt, genau an dieser Stelle, in der Mitte etwas unterhalb der Schulterblätter und ebenso den dazugehörigen Daumen, der sich langsam und beruhigend wie ein Pendel auf seinem T-Shirt auf und ab bewegte. Er lag ganz still da, genoss diesen kurzen, tröstlichen Moment und diese vertraute Berührung, die ihm langsam, aber stetig seinen ganzen inneren Schmerz zu entziehen schien.

Aber mit dem Schwinden seiner Wut und Scham über die Szene vorhin fraß sich ein anderes Gefühl an die Oberfläche, das in der Gasse zum ersten Mal aufgeflackert war und ihn bis in sein Zimmer verfolgt hatte. Ein Gefühl, das er glaubte längst vergessen zu haben und das ihn nun wie ein Tsunami überrollte: Trauer. Trauer über einen unendlich großen Verlust, einen Verlust, an dem ganz alleine ER Schuld war, weil er zu feige gewesen war, ihn zu verhindern und den er in die hinterste Ecke seines Bewusstseins verbannt hatte.

»Alles okay, Großer?« Seine sanfte, ehrlich besorgte Stimme zu hören, war zu viel für Benni. Scheinbar in einer einzigen Bewegung drückte er sich vom Bett hoch, warf sich herum, schlang seine Arme um den Hals des Mannes und drückte sein Gesicht an dessen Brust. »Estutmirleidestutmirleidestutmirsoleid!« Seine Stimme war gedämpft und kaum hatte er die letzte Silbe ausgesprochen, schüttelte ihn ein Weinkrampf und er heulte hemmungslos und mit aller Verzweiflung und Trauer, die in ihm war.

Behutsam schlossen sich zwei Arme um seinen Rücken, der Mann zog ihn ganz zu sich heran und obwohl der Griff fest und kräftig war, fühlte es sich an, als würde jemand eine warme Decke um ihn legen. Gleichzeitig konnte er spüren, wie die Trauer aus ihm heraus gesogen wurde und sich dafür ein unbeschreiblich schönes und warmes Gefühl in ihm ausbreitete: Geborgenheit.

Sein Weinkrampf endete genau so abrupt, wie er begonnen hatte, und er hörte eine leise und vertraute Stimme neben seinem Ohr. »Nein, mir tut es leid, aber es ging nicht früher.«

Benni hob seinen Kopf und blickte auf. »Hä? Das verstehe ich nicht!« Andi lächelte ihn verständnisvoll an. »Das kannst du auch noch nicht. Ich werde dir später alles erklären. Aber jetzt ist nicht der richtige Zeitpunkt. Wir müssen los. Bist du bereit?« Benni wusste nicht, was Andi damit meinte, aber er wusste, dass er ihn nicht noch einmal enttäuschen wollte. Trotzdem fragte er zaghaft: »Wofür?«

»Dass es endlich losgeht«, war die schlichte Antwort. Aber das Lächeln auf Andis Gesicht, das verschmitzte Zwinkern mit seinem rechten Auge, das ihm früher immer verraten hatte, dass gleich irgendetwas Gutes passieren würde und vor allem sein Wunsch, dass endlich alles besser werden würde, besiegten seine letzten Zweifel. Er hasste sein Leben, er hasste sich selbst und er hatte sich schon so oft weit weg von hier gewünscht. »Okay, bereit!« Jetzt breitete sich auch auf seinem Gesicht ein Lächeln aus. Ein Lächeln der Vorfreude.

»Dann mach die Augen zu und drück mich noch mal.« Er ließ sich bereitwillig in den Arm nehmen, schloss die Augen und genoss einen kurzen Moment wieder die Geborgenheit, als er merkte, dass sich etwas verändert hatte. Die Umarmung löste sich, er öffnete die Augen – und konnte nicht glauben, was er sah.

*

Das war Andis Wohnzimmer! Aber wie war das möglich? Doch bevor sich Benni weiter darüber Gedanken machen konnte, fiel ihm auf, dass noch etwas anderes nicht stimmte. Alles war … größer! Das traf es nicht ganz, war aber die beste Beschreibung, die ihm in diesem Moment dazu einfiel.

Der Fernseher an der gegenüberliegenden Wand hatte eine Bilddiagonale von mindestens drei Metern und war außerdem gut dreimal so weit von der Couch entfernt wie früher, der runde Glastisch vor ihm, in seiner Erinnerung vielleicht einen Meter im Durchmesser, war ebenfalls riesig und auf der Couch hatten mindestens 15 Personen bequem Platz.

»Willkommen auf dem Hof!«, sagte Andi, der immer noch rechts von ihm saß. Benni drehte den Kopf und erkannte, dass auch der Esstisch viel länger und breiter war und bis zur offenen Küche hätte man leicht eine Bowlingbahn unterbringen können. Es war nicht so, dass er sich in einer Riesenwelt befand, alles hatte normale Dimensionen, aber im Vergleich zu dem hier kam ihm Andis Wohnung, wie er sie kannte, wie eine reduzierte Kopie vor.

»Andi, was …, wo …?« Bevor er weiterstammeln konnte, bemerkte er ganz hinten in der Küche eine Bewegung und schon kam eine alte Frau auf sie zu. Sie war klein, ungefähr so groß wie er selbst, ziemlich dick und hatte graue, fast weiße Haare, die ordentlich zu einem Dutt auf ihrem Hinterkopf hochgesteckt waren. Auf der großen Nase trug sie eine dicke Brille, die Haut in ihrem Gesicht war von tiefen Falten durchzogen. Sie putzte sich im Gehen die Hände an ihrer Schürze ab und kam erstaunlich schnell auf sie zu.

»D'nai!«, rief sie. Es klang merkwürdig, wie eine fremde Sprache, das

»D« zu Beginn ganz kurz und abgehackt. Nicht »Dee« wie man es im Alphabet ausspricht, sondern nur ein kurzes »D« ohne die »ee«s. War sie vielleicht Russin? Und wer war sie überhaupt? Benni hatte die Frau noch nie bei Andi gesehen. Obwohl, offensichtlich war das hier ja auch nicht seine Wohnung. Doch bevor er sich darauf einen Reim machen konnte, sprach die Alte schon weiter.

»D'nai, du wirst mich irgendwann verdammt noch mal zu Tode erschrecken!«, zeterte sie, einen strengen Blick auf Andi gerichtet. Dann entspannten sich ihre Züge und ihre Augen funkelten, ihr Lächeln ließ bemerkenswert weiße und schöne Zähne erscheinen. »Schön, dass du zurück bist!« Sie umarmte Andi herzlich und gab ihm einen Kuss auf die Wange. »Ist er das?« Sie schaute Benni jetzt direkt an. »Bist du es?«

»Äh …«, war alles, was er herausbrachte. War er wer? Doch zum Glück übernahm Andi das Reden für ihn. »M'oii, darf ich dir Benni vorstellen.« Er drehte sich zu ihm um. »Benni, das ist M'oii, die gute Seele vom Hof.« Schon wieder diese komische Aussprache, nur diesmal mit einem kurzen »M« am Anfang. Und was für ein Hof überhaupt? Doch bevor er eine Frage dazu herausbrachte, sprach die Alte schon weiter.

»Herzlich willkommen Benni! Ein wirklich lustiger Name! Irgendwie komisch auszusprechen, aber ich werde mich schon dran gewöhnen!« WAS? SEIN Name war komisch auszusprechen? Also das war ja … Leichter Ärger stieg in ihm auf, der jedoch in selben Moment wieder verflog, als er Andis Hand auf seiner Schulter spürte. M'oii plapperte indes munter weiter. »Ich wette, D'nai hat dir vorher überhaupt nichts über uns erzählt.« Uns? »Er ist ein verfluchter alter Geheimniskrämer, unser D'nai!« Damit pikte sie Andi mit ihrem kurzen, pummligen Zeigefinger in seine Wampe. Wieso nannte sie ihn immer D'nai? Vielleicht war sie ja nicht mehr ganz richtig im Kopf? Aber irgendwie auf eine lustige Art. Er hatte noch nie gehört, dass jemand so mit Andi gesprochen hatte, und schon gar nicht, dass ihn jemand gepikt hätte. Er lächelte.

»Na so gefällst du mir schon besser!«, fuhr M'oii unbeirrt fort. »Ich habe schon gedacht, du bist ein bisschen zurückgeblieben, wie du so dämlich mit offenem Mund dagestanden bist!« Also, jetzt aber … Lachend mischte sich Andi nun wieder ein. »M'oii, lass unseren Gast doch erst mal richtig ankommen. Und ja, du hast recht, ich habe ihm noch nichts erzählt, aber alles zu seiner Zeit!«

»Ich hab verflixt noch mal immer recht, D'nai, das solltest du eigentlich wissen!«, keifte sie, aber ihr ganzes Gesicht lächelte dabei.

»Da piept was.« Benni wusste selbst nicht genau, warum er ausgerechnet das jetzt laut ausgesprochen hatte, aber tatsächlich war ihm ein sich wiederholender Piepton aufgefallen, der sich wie ein Wecker unaufhörlich wiederholte.

»Scheiße! Der Kuuuchen!«, schrie M'oii, wirbelte erstaunlich schnell herum und hastete zurück in die Küche. Kurz darauf erstarb der nervende Ton, dafür duftete es himmlisch nach frisch gebackenem Kuchen. Noch immer verwirrt drehte sich Benni zu Andi um.

»Wer ist das? Und was macht sie hier? Und überhaupt … wo sind wir eigentlich? Und warum nennt sie dich so komisch? Ich meine …« Andi unterbrach ihn lächelnd. »Ich kann mir vorstellen, dass du so einige Fragen hast! Aber ich bin mir sicher, dass du gleich beim Abendessen ein paar Antworten darauf bekommen wirst. Außer, die anderen sind schneller mit ihren Fragen!« Er lachte vergnügt. Die anderen? Welche anderen? Doch bevor er auch diese Frage stellen konnte, öffnete sich die Tür, ein Schatten sprang auf ihn zu und riss ihn mit sich zu Boden.

*

Benni schlug rücklings auf dem Fußboden auf und etwas Schweres drückte auf seine Brust. Er sah ein riesiges Maul voller spitzer Zähne direkt vor seinem Gesicht und schloss instinktiv die Augen. Abwehrend wollte er die Hände vor sein Gesicht reißen, um sich vor dem Biss des Ungeheuers zu schützen, doch schon im nächsten Moment war es zu spät und er spürte … eine große raue Zunge, die ihm das Gesicht ableckte.

»Samson! Aus!« Vor ihm ertönte ein scharfer Befehl und das Monster drückte sich mit einem harten Stoß von seiner Brust ab. Danach war das Gewicht verschwunden und Benni konnte gierig nach Luft schnappen. Vorsichtig blinzelnd öffnete er zuerst das linke, dann beide Augen und sah etwas, das wie ein gigantisches Schaf aussah, aus seinem Blickfeld verschwinden. Dahinter erschien … der junge Surfer, dessen Bild er damals in Andis Schlafzimmer gesehen hatte. Dann musste das Monster …

Stahlblaue Augen sahen zu ihm herab und ihr Blick schien ihn zu durchbohren. Benni erkannte keine Regung im Gesicht des jungen Mannes, der ihn abschätzend musterte, ehe er sich wortlos abwandte. Andi trat neben ihn und half ihm auf. »Entschuldige bitte, Benni! Unser Samson ist sehr verspielt und kann seine Größe manchmal nicht richtig einschätzen. Ein Einbrecher hätte zwar nichts vor ihm zu befürchten, aber er würde ihn sicherlich so lange niederschmusen, bis jemand von uns ihn befreien käme.«

Andi lächelte ihm aufmunternd zu und Benni sah sich nach dem Hund um. Dieser stand nur einen guten Meter von ihm entfernt, wedelte freudig mit seiner buschigen Rute und sah so aus, als wolle er sich gleich wieder auf Benni stürzen. Es war der größte Hund, den Benni jemals gesehen hatte. Sein Rücken war so hoch wie der Esstisch und sein Kopf, wuchtig wie ein Medizinball, befand sich in etwa auf der Höhe von Bennis Brust. Er war breit und muskulös wie ein Bernhardiner, aber mit wuscheligem weißen Fell und großen braunen Augen, die ihn – zumindest kam es Benni so vor – belustigt anblitzten. Das Vieh musste mindestens 70 Kilo wiegen.

Instinktiv tastete Benni nach seinen Rippen, doch es schien alles in Ordnung zu sein. »Streichle ihn am besten ein wenig hinter den Ohren, das mag er!«, forderte Andi ihn auf. Streicheln? War das sein Ernst? Dieses Ungetüm? Doch wie auf Kommando ging Samson zwei Schritte auf ihn zu, senkte sein Haupt und stupste ihm auffordernd mit seiner kalten, feuchten Nase gegen die Hand. Benni fühlte Angst in sich aufsteigen, doch er wollte nicht als Feigling dastehen. Seine Finger bewegten sich zitternd zum Ohr des Tieres und zaghaft begann er, Samson dort zu kraulen. Sofort drückte der Hund seinen großen Kopf gegen seine Hand und ließ ein zufriedenes Brummen vernehmen.

»Hat er also ein neues Opfer gefunden?« Die spöttische Stimme kam von der Tür und erst jetzt bemerkte Benni ein Mädchen, etwa in seinem Alter, das dort stand und ihn beobachtete. Dahinter erkannte er zwei Jungen, ein etwas älterer sowie ein jüngerer, dem Aussehen nach offensichtlich Brüder. Vor lauter Monsterhund hatte er die drei Neuankömmlinge noch gar nicht bemerkt.

»Ist er das? Ist das Benni?« Der Jüngste, Benni schätzte ihn ein wenig jünger als Philipp, drängte sich an dem Mädchen vorbei und starrte ihn neugierig an. Er war etwa einen halben Kopf kleiner als Benni, hatte kurze braune Haare und seine ebenfalls braunen Augen leuchteten begeistert.

»Ich bin X'mai und das da sind J'naa und N'jsoa.« Er deutete zuerst auf das Mädchen, dann auf den Jungen. Die beiden Älteren hoben jeweils grüßend die Hand bei der Nennung ihres Namens. Auch X'mai hatte die Namen so komisch ausgesprochen wie M'oii zuvor, mit kurzem Anfangsbuchstaben und lang gezogenem Ende. Für Benni klang es immer noch nach einer Mischung aus Russisch und Chinesisch.

»N'jsoa ist mein großer Bruder« verkündete X'mai stolz. »Und das da ist …« – Ryan, dachte Benni. Das kann nur Ryan sein – »… N'ray. Er ist so was wie der große Bruder von uns allen!«

Bennis Blick folgte mit den Augen X'mais ausgestrecktem Finger. N'ray lehnte lässig an der Wand, die Arme vor der Brust verschränkt und sah Benni immer noch mit diesen unbewegten, durchdringenden Augen an. Erst jetzt bemerkte Benni, wie groß er wirklich war. Noch nie zuvor in seinem Leben hatte er einen solchen Hünen gesehen. Es wirkte einschüchternd und Benni fühlte sich nicht wohl unter diesem

Blick, doch noch ehe er sich darüber weiter Gedanken machen konnte, zupfte ihn X'mai schon am Ärmel seines Pullovers und lenkte die Aufmerksamkeit wieder auf sich.

»N'ray ist der beste Armbrustschütze, den es gibt! Er sagt, er kann einem Gmolon aus zwei Kilometern Entfernung einen Grashalm aus dem Maul schießen! Und zwar ohne, dass der es merken würde!« X'mai blickte ihn stolz und triumphierend an. Doch Benni verstand nur Bahnhof. Armbrust? Gmolon? Was hatte das alles zu bedeuten? Und wer waren diese Kinder? Doch da unterbrach N'jsoa seine Gedanken.

»X'mai, jetzt hör auf, den armen Benni vollzuplappern, und komm her! Du hattest deinen Auftritt!« Die Stimme des älteren Bruders klang bestimmt, aber freundlich. Benni erwartete einen Protest des Jüngeren, doch dieser wandte sich gehorsam ab und lehnte sich rücklings an seinen großen Bruder, der ihm von hinten seine Arme über die Brust legte und ihn liebevoll an sich drückte. Jetzt, da sie so direkt hintereinanderstanden, wurde die Ähnlichkeit zwischen den beiden noch deutlicher. Sie wirkten wie zwei unterschiedlich große Ausgaben desselben Jungen.

Benni konnte es kaum fassen. Wenn er das zu Philipp gesagt hätte … und dann … also abgesehen davon, dass er seinen Bruder niemals in den Arm …

»Herzlich willkommen bei uns, Benni!« Nun war es J'naa, die ihn freundlich anlächelte. Erst jetzt bemerkte Benni, wie hübsch sie war. Ihre rötlich schimmernden Haare fielen ihr in leichten Wellen über die schmalen Schultern und rahmten ein helles, beinahe weißes Gesicht ein. Grüne Augen blickten ihm offen entgegen und auf der kleinen Stupsnase konnte Benni ein paar wenige kleine Sommersprossen entdecken. Ihre Lippen hoben sich hellrosa von ihrer blassen Haut ab und verzogen sich zu einem freundlichen Lächeln.

Benni hatte das Gefühl, dass sie bemerkt zu haben schien, wie er sie anstarrte und senkte sofort den Blick zu Boden. Seine Wangen fühlten sich an, als würden sie glühen. »D-danke!«, brachte er stammelnd hervor und er spürte, wie er rot anlief.

»Wie wär's, wenn ihr Benni bis zum Abendessen noch ein wenig herumführt? Ich nehme an, M'oii braucht noch ein bisschen in der Küche, auch wenn ich ihr gleich noch etwas helfen werde.« Benni sah hoch und die Kinder nickten zu Andis Vorschlag. Aus der Küche ertönte indes eine andere, gar nicht so begeistert klingende Stimme.

»Natürlich brauche ich noch ein wenig mit dem verdammten Abendessen! Ob du mir dabei im Weg stehst oder nicht, D'nai! Ich habe gerade erst den beschissenen Kuchen fertig gemacht und bin schließlich kein Oktopus auf Droge, sondern eine alte Frau. Abgesehen davon kommt bei mir vernünftiges Essen auf den Tisch und das dauert nun mal seine verdammte Zeit. Also raus jetzt mit euch und nehmt gefälligst diesen gefräßigen Wollelefanten da mit!«

Die Hände an ihrer Schürze abwischend kam M'oii zeternd auf sie zu und deutete nun auf Samson. »Nur weil du irgendwann vergessen hast, dass du schon ausgewachsen bist, heißt das nicht, dass du mir hier immer alles von der Anrichte stibitzen darfst!«

Samson legte sich sofort flach vor ihr auf den Boden und blickte mit dem herzerweichendsten Hundeblick, den Benni je gesehen hatte, zu ihr auf. »Nein, du brauchst es gar nicht zu versuchen!« Samson stieß einen gequälten Seufzer aus und hätte Benni es nicht besser gewusst – er hätte schwören können, es hörte sich beinahe wie »unfair« an.

»Und ihr …« Sie drehte sich zu den Kindern um. »Macht jetzt, was D'nai euch gesagt hat, aber bleibt im Haus, in einer Stunde gibt es Essen! Also Abmarsch jetzt!«

Sie trat hinter Benni und hob die Hand. Gefasst darauf, nun gleich spitze Fingernägel zu spüren, die sich schmerzhaft in die dünne Haut in seinem Nacken bohren würden, zog dieser den Kopf ein. Der Schmerz blieb aus, stattdessen spürte er nur eine flache Hand am Hinterkopf, die ihn sanft streichelte und dabei Richtung Tür schob.

Er sah sich um und konnte gerade noch den besorgten Blick erkennen, den M'oii Andi ... oder D'nai? ... zuwarf. Dann folgte er mit einem flauen Gefühl im Magen den anderen Kindern auf den Flur hinaus. Würden sie auch so nett zu ihm sein, wenn keine Erwachsenen dabei waren? Wer waren die drei überhaupt? Und noch viel wichtiger: WO war er? Was sollte das alles hier?

Doch er sollte schon bald die ersten Antworten auf seine Fragen bekommen – ob sie ihm nun gefielen, oder nicht ...

*

Auch der Flur war viel größer und länger, als Benni es aus Andis Wohnung in Erinnerung hatte. Mehrere Türen zweigten von ihm ab und am Ende erkannte er zwei große Treppen, die nach oben und unten führten. N'jsoa trat nun neben ihn. »Das muss alles sehr verwirrend für dich sein. So ging es uns auch, als wir hergekommen sind.« Er lächelte ihn an. »Hab noch einen Moment Geduld, wir erklären dir das Wichtigste gleich. Am besten, wir gehen dazu nach oben in unser Zimmer.«

»Ui ja, komm, ich zeig es dir!« X'Mai, der sich bis dahin sichtlich Mühe gegeben hatte, sich zurückzuhalten, ergriff nun Bennis Hand und zog ihn mit sich zur Treppe nach oben. Dabei sprudelte es schon wieder aus ihm heraus. »Oben sind mehrere Zimmer, aber im Moment wohnen da nur J'naa, N'jsoa und ich. Die anderen sind gerade alle leer. Wahrscheinlich darfst du dir eins aussuchen, aber das muss D'nai dir erst erlauben. Oder du kommst mit in unser Zimmer, das wäre voll cool! Kommst du?«

Die anderen beiden kicherten auf der Treppe hinter ihnen und auch Benni musste grinsen, als er sich zu ihnen umdrehte. Offensichtlich gab es hier wenigstens eine Person, die noch aufgeregter war als er selbst! Das erleichterte ihn ein wenig und so war er X'mai sogar ein wenig dankbar und kein bisschen von ihm genervt. Komisch ...! Philipp hätte er zu Hause vermutlich an die Wand geklatscht, wenn dieser versucht hätte, ihn an der Hand zu nehmen. Und so folgte er dem Kleineren einfach bereitwillig und versuchte, aus dessen Worten ein paar Antworten auf seine Fragen zu erhalten.

Bisher hatte er immerhin erfahren, dass – zumindest momentan – nicht noch mehr Menschen hier lebten, als die, die er soeben getroffen hatte. Dafür schossen Benni gleich die nächsten Fragen durch den Kopf, doch noch ehe er diese sortieren konnte, brabbelte X'mai schon munter weiter.

»D'nai, N'ray und M'oii schlafen alle unten, hier oben sind nur die Zimmer von uns Kindern.« – »Und unser Badezimmer!«, mischte sich nun J'naa ein. »Aber wahrscheinlich hast du schon vergessen, dass es das gibt, schließlich benutzt du es ja so gut wie nie!« – »Muss ich auch gar nicht, ich stinke nämlich nicht so wie du!« X'mai drehte sich zu ihr um und streckte ihr grinsend die Zunge heraus.

»Na warte!« J'naa sprang lachend mit einem großen Satz die Treppen hinauf und setzte zur Verfolgung an, während X'mai sich blitzschnell herum drehte und todesmutig … hinter Benni in Sicherheit brachte. Alle lachten und auch Benni musste mit einstimmen. Es tat gut und seine Anspannung löste sich ein weiteres Stückchen.

J'naa hob drohend den Zeigefinger. »Warte nur, du kleiner Dreckspatz! Irgendwann, wenn du nicht mehr damit rechnest, binde ich dich nachts, wenn du schläfst, in deinem Bett fest und schrubbe dich mit der Klobürste ab!« X'mai feixte sie aus seiner sicheren Deckung heraus an. »Das machst du ja eh nicht!« Doch Benni erkannte, dass der Kleine sich dessen wohl doch nicht so ganz sicher war.

N'jsoa ging an ihnen vorbei und öffnete die Türe zu ihrer Rechten. Das Licht ging an und Benni erblickte das coolste Zimmer, das er bisher in seinem ganzen Leben gesehen hatte. Der Raum war doppelt so groß wie sein Wohnzimmer zu Hause und die gesamte gegenüberliegende Seite wurde von einer großen, mit Sprossen durchsetzten Glasscheibe eingenommen, vor der sich eine breite, gepolsterte Fensterbank erstreckte. Auf dem Holzboden lagen weiche Teppiche und an beiden Seitenwänden stand je ein riesiges Bett.

Über sich konnte Benni einen hölzernen Dachstuhl sowie eine kleine Galerie erkennen, zu der eine hölzerne Leiter hinauf führte und auf der man wohl immer noch bequem stehen und das gesamte Zimmer umrunden konnte. Sie war voller Regale mit Büchern, Spielsachen und allerlei Sportgeräten.

Das Auffallendste war jedoch der Baum, der durch die linke Zimmerwand wuchs und dessen dicke Äste sich quer durch den Raum erstreckten. Daran befand sich eine Schaukel sowie mehrere kleine Hängebrücken, die den größten Ast mit der Galerie verbanden. Von einer Seite der Galerie schlängelte sich eine Rutsche in steilen Windungen nach unten. Zwei große Schränke, an jeder Seite einer, sowie mehrere Sitzsäcke in den verschiedensten Farben rundeten die Einrichtung ab.

Benni stand mit offenem Mund da und bestaunte dieses Paradies. »Gefällt es dir?«, fragte N'jsoa und steuerte auf eines der Betten zu, sprang bäuchlings darauf und rekelte sich gemütlich in den Kissen. »J'naas Zimmer ist nebenan, sie hat die andere Hälfte vom Baum.« Er grinste. Offensichtlich war er sich der Wirkung ihres Reiches bewusst.

»Das ist ja mega!«, rief Benni begeistert.

X'mai war unterdessen die Leiter zur Galerie hochgeklettert und balancierte über eine der kleinen Hängebrücken zu dem großen Ast hinüber. »Schau mal, was ich kann!«, rief er, hängte sich kopfüber an den Ast und ließ sich mit einem schwungvollen halben Salto auf die Schaukel darunter plumpsen. Er grinste stolz. »Nicht schlecht!« grinste Benni zurück und war sich sicher, dass er das auch einmal ausprobieren wollte.

J'naa hatte in der Zwischenzeit zwei Sitzsäcke zwischen das Bett und die Schaukel gezogen, ließ sich auf einem davon nieder und lud Benni mit einer entsprechenden Geste ein, es ihr gleich zu tun. Benni folgte der Einladung und so bildeten sie mit dem liegenden N'jsoa und dem schaukelnden X'mai einen gemütlichen Kreis.

»Also, was willst du wissen?« N'jsoa sah ihn freundlich an. Sofort schossen Benni unzählige Fragen durch den Kopf und er wusste gar nicht, welche davon er zuerst stellen sollte. Doch dann sprudelten sie wie von selbst aus ihm heraus. »Wo sind wir hier? Und wer seid ihr? Wer ist diese M'oii? Und warum hat Andi … ich meine … D'nai mich hierher gebracht? Warum sieht mich N'ray so komisch an. Und was ist DAS da?« Er deutete auf Samson, der von Benni unbemerkt hinter ihnen her getrottet war, direkt auf ihn zusteuerte und sich mit einem Grunzen neben ihn auf den Boden legte. »Und warum wächst ein Baum durch euer Zimmer? Warum habt ihr überhaupt ein gemeinsames Zimmer, wenn es doch noch mehrere gibt?«

Die letzte Frage interessierte Benni im Moment eigentlich am wenigsten, jedoch konnte er sich um nichts in der Welt vorstellen, freiwillig ein Zimmer mit seinem nervigen kleinen Bruder zu teilen. Und so lustig X'mai auch war – irgendwann würde er doch bestimmt ebenfalls furchtbar nervig werden.

Die drei Kinder lächelten, doch es lag nichts Gemeines darin. N'jsoa sah ihn weiter mit seinem freundlichen Lächeln an, als wollte er ihn ermutigen, noch weiter zu sprechen. Doch Benni starrte nur zurück, er wollte zunächst einmal ein paar Antworten bekommen. N'jsoa schien zu verstehen und so begann er, zu erzählen.

*

»Du bist hier auf dem Hof«, begann er. »Den Hof gibt es schon sehr lange und das Einzige, das ich kenne, was noch älter ist, ist dieser Baum« Er deutete auf den borkigen Stamm. »Der Hof wurde um ihn herum errichtet und er bildet sozusagen das Gerüst des Haupthauses.«

Benni unterbrach ihn. »Es gibt also noch mehrere Gebäude? Wozu sind die da?« N'jsoa lächelte. »Hab bitte noch ein bisschen Geduld, ich werde versuchen, dir bis zum Abendessen das Wichtigste zu erklären. Einverstanden?« Benni nickte gespannt und so fuhr der Ältere fort.

»Für jeden, der von D'nai auf den Hof gebracht wird, gibt es einen eigenen Grund und eine eigene Geschichte. Niemand erfährt die Geschichte des anderen hier, es sei denn, du möchtest sie jemandem erzählen. Nur D'nai, M'oii und N'ray wissen in der Regel bereits vorher Bescheid. Sie sind die Hüter des Hofs und leben hier.« Benni schauderte. Sah ihn N'ray deshalb so komisch an? Was wusste er über ihn? Doch er wollte N'jsoa nicht erneut unterbrechen und so hörte er ihm weiter gespannt zu.

»Der Hof bildet das eine Zentrum dieser Welt, über das andere wird dir D'nai später vielleicht noch mehr erzählen, das steht mir nicht zu. Aber so lange du hier bist, kann dir nichts passieren, es gibt keinen sichereren Ort als diesen. So lange D'nai hier ist, würde niemand es wagen, den Hof anzugreifen und selbst wenn er auf einer seiner Reisen ist, sind ja M'oii und N'ray noch da. M'oii ist zwar alt, aber eine mächtige Hexe und …« – »Eine HEXE?!« Benni spie das Wort förmlich aus und sprang auf. Offensichtlich wollten ihn die drei hier auf den Arm nehmen. Wahrscheinlich taten sie nur so freundlich, um ihn dann richtig auflaufen zu lassen. Misstrauen stieg in ihm auf, verschwand allerdings sofort wieder, als N'jsoa fortfuhr.

»Entschuldige bitte, Benni! Mir ist klar, wie das für dich klingen muss, und wahrscheinlich hätte ich die Geschichte anders anfangen müssen. Bitte setz dich und hör mir weiter zu! Ich lüge dich nicht an, man kann hier gar nicht lügen.« Was sollte das nun schon wieder bedeuten? Je mehr N'jsoa ihm erzählte, desto weniger verstand er. Trotzdem setzte er sich wieder. Samson schien seine Erregung zu spüren, denn der große Hund hob nun seinen Kopf und legte ihn brummend in Bennis Schoß. Ohne es richtig zu bemerken, begann Benni, ihn wieder hinter den Ohren zu kraulen und beruhigte sich dabei ein wenig.

N'jsoa setzte erneut an. »Ich will es anders versuchen. Woran erinnerst du dich als Letztes, bevor du mit D'nai hier angekommen bist? Kann es sein, dass er bei dir war, dich in den Arm genommen hat und du dann einfach hier aufgewacht bist?« Benni nickte. Woher wusste er das? »Das war nicht schwer zu erraten«, fuhr N'jsoa fort, als hätte er seine Gedanken gelesen. »Es ist nämlich der einzige Weg, wie man aus deiner Welt auf den Hof kommt. Wie lange kennst du D'nai schon?«

Benni zögerte. Er wollte den anderen seine Geschichte nicht erzählen, zumindest noch nicht. Also schwieg er. »Ist auch egal«, meinte N'jsoa. »Aber ist dir an ihm nie etwas aufgefallen? Etwas ... Sonderbares?« Benni wusste nicht genau, wie die Frage gemeint war. Sicher, Andi ... D'nai, verbesserte er sich in Gedanken, war kein gewöhnlicher Erwachsener, und doch ... »Kurz bevor er mich hierher gebracht hat, da hat er mich vor ein paar älteren Jungs aus meiner Schule gerettet«, erzählte er nun doch zumindest das Ende seiner bisherigen Geschichte.

»Er ist einfach so aufgetaucht und er hat gar nichts gemacht, aber die drei sind auf einmal weggelaufen und dann war er wieder weg.« In der Hoffnung, nun wenigstens hinter dieses Geheimnis zu kommen, sah er die anderen erwartungsvoll an. Doch N'jsoa stellte ihm nur eine weitere Frage. »Und sonst? Hat er dich jemals irgendwo berührt oder in den Arm genommen?« Benni nickte. »Ja, an der Schulter oder am Rücken.« – »Und was hast du dabei gespürt?« Benni erschauderte. Woher konnte N'jsoa das wissen?

Nachdem dieser die Antwort ohnehin zu kennen schien, gab er zu: »Es hat sich gut angefühlt. So als ... als ...« – »Als würde alles, was dich traurig oder dir Sorgen macht, aus dir herausfließen und man würde dich stattdessen in einen Mantel aus Glück und Geborgenheit einwickeln?« Es war J'naa, die diesen Satz ausgesprochen hatte. Leise und beinahe ehrfürchtig, als könne die bloße Formulierung etwas auslösen. Benni sah zu den beiden Brüdern und diese nickten wissend. Also hatten sie es auch gespürt! Er hatte es sich nicht nur eingebildet! »Ja, genau.« Auch er flüsterte jetzt.

»D'nai ist nicht aus deiner Welt, sondern von hier. Es gibt hier Dinge, die du nicht kennst und die man sich bei dir zu Hause nicht erklären könnte – aber hier schon. Es gibt nicht mehr viele wie ihn, vielleicht ist

er sogar der letzte von ihnen.« – »Du meinst, er ist ein … Zauberer?«
Bennis Stimme war immer noch ein Flüstern.

Diesmal war es X'mai, der ihm antwortete. Er hatte aufgehört zu
schaukeln und saß jetzt ganz still und beinahe andächtig auf dem
schmalen Brett. »Er ist viel mehr als das!« Seine Stimme war ehrfürchtig. »Er ist ein … Senser!«

*

»Ein Senser?« Benni schaute die anderen entgeistert an. Er musste an
einen Cartoon denken, in dem ein kleines Skelett mit Kapuzenumhang
und einer großen Sense als der leibhaftige Tod dargestellt worden war
und erschrak. »Wie einer mit einer Sense?«

Nun waren es die drei anderen, die verdutzt schauten. J'naa begriff
es als Erste. »Nein, nicht mit einer Sense! Ein Senser. Es gibt nur ganz
wenige von ihnen, wahrscheinlich ist er sogar einer der Letzten. Ein
Senser ist ein Gefühlsmagier.« Sie musste an Bennis Gesichtsausdruck
abgelesen haben, dass er nicht verstand, daher sprach sie weiter. »Ein
Senser kann deine Gefühle verstärken oder abmildern, je nach dem.
Aber nur, wenn sie schon da sind. Wenn du zum Beispiel sehr traurig
bist, kann er die Trauer aus dir heraus ziehen und durch ein schönes
Gefühl ersetzen.«

»Das habt ihr euch doch ausgedacht, oder?« Benni konnte nicht so
recht glauben, was er da hörte. Ein Gefühlsmagier? Davon hatte er ja
noch nie gehört! Doch wieder war es N'jsoa, der seine Zweifel zerstreu-
te. »Wir haben uns das nicht ausgedacht und wie ich dir schon gesagt
habe – man kann hier auf dem Hof nicht lügen. Das liegt an diesem
Baum hier.« Er deutete auf den großen knorrigen Stamm, der wie mit
dem Gebäude verwachsen schien. »Daraus bezieht D'nai auch seine
Magie. Es ist schwer zu erklären.«

N'jsoa schien zu überlegen, dann fuhr er fort. »Du hast uns eben erzählt, dass er die drei Jungen, die dich verfolgt haben, einfach so verjagt

hat, ohne etwas zu machen, stimmt's?« Benni dachte nach. »Verfolgt«
traf es zwar nicht ganz, aber das war jetzt nebensächlich. Doch der
ältere Junge redete bereits weiter. »Er hat schon etwas gemacht, aber
nichts, was du sehen konntest. Er hat ihre Angst so sehr verstärkt, dass
sie Panik bekommen haben und weggelaufen sind.«

Benni begann zu begreifen, war aber noch nicht vollends überzeugt.
»J'naa hat gerade gesagt, dass er nur Gefühle verändern kann, die
schon da sind. Also hätten die drei ja schon vorher vor irgendetwas
Angst haben müssen.« Er blickte triumphierend, doch N'jsoa nickte
nur. »Ganz genau! Weil es auch so war. Erstens hat jeder vor irgendetwas Angst und zweitens wurden sie bei etwas erwischt, das sie nicht
hätten tun dürfen und konnten ja nicht wissen, was passieren würde.
Davor hatten sie bestimmt auch Angst.«

Das erschien Benni einleuchtend – auch wenn er nicht erwartet hätte, dass diese miesen Typen mit ihrem großmäuligen Auftreten nur
mutiger erscheinen wollten, als sie eigentlich waren.

Letztlich war es aber X'mai, der ihn vollends überzeugte. »Du hast es
doch schon mal selbst erlebt, hast du vorhin gesagt, oder nicht?« Und
plötzlich verstand Benni alles – die Situation bei seiner ersten Über-
nachtung mit Alex, als er nicht einschlafen konnte, die Umarmung am
nächsten Tag, als er plötzlich weinen musste, der Filmabend auf der
Couch und nicht zuletzt … Die Situation vorhin in seinem Zimmer.
Alles ergab auf einmal einen Sinn! Warum war er nicht schon früher
darauf gekommen?

»Glaubst du uns jetzt?« J'naa sah ihn erwartungsvoll an und es schien
Benni, als würde ihr seine Antwort auch ehrlich etwas bedeuten. Benni
nickte. »Ja, ich glaube euch! Es passt alles zusammen. Aber … Trotzdem. Wo bin ich hier und warum und …?« Er sah verzweifelt von
einem zum anderen. X'mai, der sich zuletzt auffallend zurückgehalten
hatte, ergriff nun wieder das Wort.

»Alles wissen wir auch nicht, D'nai hat uns aber erzählt, dass er Kinder, denen es nicht gut geht und die besonders traurig sind, auf den

Hof mitbringt. Hier können sie sich erholen und in der Nähe von Yggdrasil – er deutete wieder auf den Baum – geht das am besten.« Yggdrasil … Benni hatte irgendwo schon einmal von dem Namen gehört, wusste aber nicht mehr, wo das war.

»Also hat euch D'nai auch irgendwann einmal hierher gebracht? Wie lange seid ihr schon hier? Und warum?«, fragte er stattdessen. Diesmal antwortete ihm N'jsoa wieder. »Ja, auch uns hat er damals hergebracht. Ich weiß allerdings nicht mehr, wie lange das her ist. Die Zeit vergeht hier anders als zu Hause. Ich kann es nicht genau erklären, aber sie vergeht irgendwie … langsamer, und doch auch wieder nicht. Also, die Tage und Nächte sind hier ganz normal, aber insgesamt dauert doch alles länger … Ich habe es selbst noch nicht so ganz verstanden, trotzdem verliert man hier schnell das Zeitgefühl … J'naa ist auf jeden Fall nach uns gekommen, aber ich weiß nicht mehr, wie lange danach …«

Er sah hilfesuchend zu J'naa, doch diese zuckte nur mit den Schultern. »Ich weiß es auch nicht mehr. Aber es ist mir auch egal! Ich liebe es hier und möchte am liebsten nie wieder weg!« Ihr Blick wanderte zum Fenster und sie sah verträumt in die Dunkelheit hinaus.

»Aber was ist mit euren Eltern? Sie machen sich doch bestimmt Sorgen, wenn ihr so lange weg seid!« Benni sah in die Runde und bemerkte, dass er wohl versehentlich etwas Falsches gefragt hatte. Doch es war schon zu spät. Beschämt biss er sich auf die Lippe. X'mai stand wortlos von der Schaukel auf und ging zu seinem Bruder hinüber, wo er sich zu ihm aufs Bett setzte und sich fest an ihn kuschelte. In seinen Augen schimmerten Tränen. Auch N'jsoa sah nun sehr traurig aus. »Unsere Eltern … also … nein, sie würden uns mit Sicherheit nicht vermissen! Sie … sie haben …« Er stockte. »Egal, das ist jetzt nicht wichtig! Aber selbst wenn, sie würden es nicht bemerken. Die Zeit kann für dich immer nur in einer Welt vergehen, nicht in beiden.«

Benni sah hinüber zu J'naa, doch diese schien gar nicht zuzuhören. Er konnte es jedoch nicht mit Sicherheit sagen, denn sie hatte ihnen jetzt den Rücken zugewandt und sah weiter aus dem Fenster, sodass er ihr Gesicht nicht sehen konnte. Es war ihm unangenehm und so versuchte er, das Thema zu wechseln. »Wie alt seid ihr eigentlich?«

X'mai sah zu ihm hoch. »Ich bin neun und N'jsoa ist vierzehn. J'naa ist zwölf.« – »Ich bin fast dreizehn!« Sie drehte sich wieder zu ihnen um. »Oder vielleicht bin ich es ja mittlerweile schon.« Nun lachte N'jsoa leise auf. »Wie soll denn das gehen? Hier gibt es weder Datum noch Wochentage, wie willst du hier also älter werden?« Sie funkelte ihn böse an. »Alter Klugscheißer!«, fauchte sie ihn an. Er blickte sie ebenso böse zurück an. Dann prusteten beide los und sofort war die Stimmung wieder gelöst.

Von unten hörten sie, wie D'nai nach ihnen rief. »Auf geht's, Herrschaften, das Essen ist fertig! Und wascht euch die Hände.« Sie machten sich auf den Weg nach unten, Samson lief diesmal schwanzwedelnd vor ihnen her. Offenbar machte er sich Hoffnungen, auch etwas abzubekommen. Und Benni hoffte darauf, beim Essen ein paar weitere Erklärungen zu erhalten. Doch stattdessen warteten bereits neue Überraschungen auf ihn.

*

Als sie die Treppe hinunter stiegen, wehte ihnen ein köstlicher Duft in die Nase. Benni glaubte, sich dunkel daran zu erinnern, dass es früher bei ihnen zu Hause auch manchmal so gerochen hatte, doch das war lange her. Wenn seine Mutter einmal keine Fertiggerichte zubereitete, gab es entweder belegte Brote aus konservierten Supermarktzutaten oder Nudeln in den verschiedensten Varianten, allerdings alle mit demselben faden Geschmack. Was er nun roch, war dagegen himmlisch. Sein Magen knurrte und er freute sich auf das Essen.

Und noch etwas fiel ihm auf dem Weg zurück ins Wohnzimmer – oder eher Wohnsaal! – auf. Der Baum Yggdrasil war nicht nur im oberen Stockwerk sichtbar, sondern schien sich mit seinen Ästen und Wurzeln durch das gesamte Haus zu schlängeln. Die Wände, Böden und besonders die Kanten des Gebäudes bildeten eine nahezu perfekte Einheit mit der riesigen Pflanze, so als wäre es zusammen mit ihr gewachsen und nicht nachträglich darum herum erbaut worden.

X'mai, der voraus gehüpft war, steuerte nicht direkt auf die Tür zu, durch die sie vorher gekommen waren, sondern bog um die Ecke und ging in einen anderen Raum. Benni staunte nicht schlecht, als er hinter ihm eintrat. Im Vergleich zu den anderen Räumen war dieser hier eher klein, für ein Badezimmer jedoch immer noch riesig. Das Besondere jedoch war, dass es schien als … als wäre es … gewachsen. Benni fand kein anderes Wort dafür, doch bei näherem Hinsehen bestätigte sich sein erster Eindruck. Bis auf den Spiegel über dem Waschbecken, der Einrichtung aus Stein und den Lampen war alles Teil des Baumes.

Sie wuschen sich eilig die Hände und Benni achtete dabei auf die Lampen an der Wand. Oder eher: am Holz. Er sah weder Leitungen noch Schalter und er konnte sich auch nicht daran erinnern, dass jemand beim Eintreten das Licht eingeschaltet hatte. Ebenso wenig wie vorhin im Zimmer oben, fiel ihm auf. Die Lampen selbst, je eine auf beiden Seiten des Spiegels, waren hinter einer Halbkugel aus milchigem Glas verborgen, sodass sie wie im Rest des Hauses ein gemütliches, warmes Licht spendeten. Bei näherem Hinsehen erschien es Benni, als würden sie flackern, doch er war sich nicht ganz sicher.

Er war so in Gedanken gewesen, dass er gar nicht mitbekommen hatte, wie die anderen um ihn herum lachten und er hörte J'naa neben sich sagen: »Du hast doch immer Hunger X'mai! Irgendwann kannst du mal nicht mehr alles ungestraft in dich hinein stopfen, dann wirst du immer dicker und kugelst nur noch durch die Gegend!« Doch X'mai war nicht auf den Mund gefallen. »Ja, und dann roll ich einfach über dich drüber und mach dich platt!« Er blies die Backen auf, stemmte die Hände in die Hüften und versuchte, sein mageres Bäuchlein heraus zu strecken – was jedoch kaum zu sehen war.

»Beeindruckend, du Kieselfels! Und jetzt rüber zum Essen, ich denke, du hast so Hunger!« N'jsoa schob ihn lachend aus dem Badezimmer, als Bennis Magen lautstark knurrte. Alle, auch er selbst, fingen daraufhin ebenfalls lauthals zu lachen an. So drängten sie gemeinsam in das riesige Wohnzimmer. Als Benni den Tisch sah, blieb er jedoch wie angewurzelt stehen.

*

Auf dem Tisch stand ein wahres Festmahl. Und damit waren keine weiße Tischdecke, Silberbesteck oder gar Kerzenleuchter gemeint. Stattdessen sah Benni zwei große Platten, eine mit kleinen Schnitzeln, die andere mit runden Hackfleischbällchen voll gestapelt. Dazwischen befand sich eine riesige Servierpfanne mit dampfenden Bratkartoffeln, eine noch größere Schüssel Salat und eine weitere mit etwas Buntem, das sich später als gemischtes Gemüse herausstellte.

Benni konnte sich nicht erinnern, schon einmal so viele selbst zubereitete Speisen für so viele Personen gesehen zu haben. Zusammen mit den drei Erwachsenen waren sie immerhin zu siebt. Wobei er Samson nicht mitgezählt hatte, der nun wie selbstverständlich und ohne Hast auf eine eigene große Platte mit Schnitzeln und Hackbällchen zusteuerte und sich anständig wartend davor setzte. Benni staunte. Er hatte immer gedacht, Hunde würden sich sofort auf ihr Futter stürzen, aber Samson schien tatsächlich so etwas wie Tischmanieren zu besitzen.

»Na, wie ich höre, habt ihr euch wohl schon ein wenig angefreundet, das freut mich! Benni, komm und setz dich!« D'nai zwinkerte ihm zu, machte eine einladende Geste und deutete auf die freien Plätze am Tisch. Benni setzte sich gegenüber von D'nai und N'ray neben J'naa, die ihm zulächelte. Sie hatte so ein hübsches Lächeln … Und hatten ihre Augen da nicht gerade ein wenig gefunkelt …? Wie kleine Sterne …

»Jetzt langt schon zu, verdammt noch mal!« M'oii kam aus der Küche zu ihnen und riss ihn in die Realität zurück. »Sonst kann ich nächstes Mal ja gleich kaltes Essen machen! Glaubt ihr, das macht sich verflixt noch mal von selbst? Also haut ordentlich rein jetzt!«

Sofort kam Bewegung in die Gruppe und jeder nahm sich von allem, was er mochte, auf seinen Teller. Auch Samson begann genüsslich, sich über seine Platte herzumachen.

Während des Verteilens wunderte sich Benni über M'oii. Die alte Hexe schimpfte und fluchte gerade heraus vor sich hin, kommandierte jeden – sogar D'nai – nach Belieben herum, doch trotzdem klangen ihre Worte dabei so fürsorglich und liebevoll, als sei sie die Großmutter in einer kitschigen Fernsehserie. Benni mochte sie und den anderen schien es ebenso zu gehen.

Er wandte sich dem Essen auf seinem Teller zu und schnitt ein großes Stück des ersten Schnitzels ab. Das Fleisch war hell, ganz zart und saftig und auf der goldbraunen Panade tanzten noch brutzelnde Bläschen. Es schmeckte besser und intensiver als alles, was er zuvor gegessen hatte und das galt auch für die anderen Speisen. Sogar das Gemüse, das er nicht kannte – eigentlich mochte er auch gar kein Gemüse – war wunderbar und leuchtete ihm in roten, orangen und gelben Würfeln entgegen.

»Schmeckt es dir, mein Kleiner?« Normalerweise wäre er bei dieser Anrede innerlich durch die Decke gegangen, aber bei M'oii war das etwas anderes. Er lächelte die schrullige Hexe an. »Ganz fantastisch! Das ist das Beste, was ich in meinem ganzen Leben gegessen habe!« Die Alte strahlte. »Na, du bist mir ja ein vermaledeiter Charmeur!«

»Was ist das für ein Fleisch?«, wollte Benni wissen und hielt ein aufgespießtes Stück Schnitzel in die Höhe. Augenblicklich verstummten die Gespräche am Tisch und alle Blicke waren auf ihn gerichtet. Sogar Samson hatte aufgehört zu fressen und sah ihn mit finsterem Blick an. Nur N'ray, der sich ansonsten noch gar nicht an den Tischgesprächen beteiligt hatte, lachte spöttisch auf.

»Äh … hab ich was Falsches gesagt?« Benni spürte, wie er rot wurde. Er hasste es, wenn er von anderen so angestarrt wurde. Nervös rutschte er auf dem Stuhl hin und her. »Was ist denn?« Er sah besorgt von einem zu anderen. Dann ergriff D'nai das Wort.

»Alles in Ordnung Benni, du kannst das nicht wissen. Wir essen hier kein Fleisch. Das, was du da gerade hochgehalten hast, ist Pamnam, eine Pilzart, die hier bei uns nahezu überall wächst. Sie ist von der Konsistenz, also der Art, wie sie sich anfühlt, dem sehr ähnlich, was du von zu Hause als Fleisch kennst.«

»Urgh!« Von X'mai kam ein lautes Würgegeräusch und auch die anderen verzogen angewidert das Gesicht. »Du isst Fleisch?!« J'naa sah ihn entsetzt an. »Das machen doch nur …« Sie sprach nicht weiter, doch ihr Blick sprach Bände. Benni verstand nicht ganz und ärgerte sich unendlich über sich selbst. Warum hatte er nur eine so dumme Frage gestellt? Er war gerade dabei gewesen, vielleicht das erste Mal in seinem Leben richtige Freunde zu finden, und er hatte es schon am ersten Abend versaut! »Warum bin ich nur so blöd?«, dachte er sich und spürte seine altbekannten Gefühle in sich aufsteigen.

N'ray hob den Kopf und raunte D'nai zu: »Siehst du! Ich habe es dir doch gesagt!« Doch D'nai schüttelte den Kopf. »Du weißt, ich kenne und respektiere deine Meinung, N'ray. Doch jetzt ist weder die richtige Zeit noch der richtige Ort, wieder darüber zu diskutieren. Wir können das später tun, einverstanden?« Er erhielt keine Antwort und nach kurzer Zeit aßen alle schweigend weiter.

Als Benni seinen Teller leer gegessen hatte, hielt er es nicht mehr aus. »Kann ich bitte nach oben gehen?« Er sah D'nai an, der sofort verstand. »Sicher Benni, ruh dich ruhig ein bisschen aus. Du kannst das Zimmer gegenüber von N'jsoa und X'mai nehmen. Es ist zwar noch nicht gestaltet, aber das Bett ist frisch bezogen und ich habe mir erlaubt, vorhin ein paar Sachen aus deinem Kleiderschrank hierher zu bringen.«

Dankbar stand Benni auf, schlüpfte hinaus und schlurfte mit hängenden Schultern nach oben. Das Zimmer gegenüber den Brüdern war ähnlich groß und die Grundausstattung war dieselbe, es fehlten jedoch die Rutsche, die Schaukel und die ganzen Sachen in den Regalen. Mit einem Blick in den Schrank stellte er fest, dass fast seine gesamte Kleidung darin lag – sogar seine Badeshorts waren da. Wie lange sollte er denn hierbleiben?

Er ging zum Bett und setzte sich auf die Kante. Die Ellbogen auf die Knie gestützt und das Gesicht in den Händen vergraben versuchte er, seine Gedanken zu ordnen. Nur wenige Stunden an einem völlig neuen Ort mit ebenso völlig neuen Menschen – und schon mochte ihn niemand mehr. Was war nur los mit ihm? Okay, D'nai schien nicht nachtragend zu sein, hatte bisher aber auch noch kaum mit ihm gesprochen. N'ray hasste ihn aus einem Grund, den er nicht einmal kannte und die anderen wollten jetzt sicher nichts mehr mit ihm zu tun haben. Nicht mal M'oii hatte mehr etwas zu ihm gesagt.

Benni kannte die Einsamkeit. Sie war seit vielen Jahren sein trister und meist einziger Gefährte. Doch so alleine wie in diesem Moment hatte er sich schon lange nicht mehr gefühlt. So grübelte er noch einige Momente vor sich hin, dann hörte er ein zaghaftes Klopfen an der Tür.

*

Als er nicht gleich reagierte, klopfte es erneut, dann streckte X'mai seinen Kopf durch den Türspalt. »Dürfen wir reinkommen?« Seine Frage klang zaghaft, beinahe schuldbewusst.

Ob sie reinkommen durften? Natürlich durften sie das! Benni war noch nie so froh gewesen, in »seinem« Zimmer gestört zu werden. Er hatte vor Freude einen dicken Kloß im Hals und so konnte er nur nicken, doch das genügte seinen drei neuen Freunden, zu ihm zu kommen. Wortlos setzten sie sich neben ihn und X'mai kletterte sogar hinter ihn aufs Bett und umarmte ihn kurz. Es tat gut und so ließ er es einfach geschehen. So saßen sie einen Moment schweigend da, dann ergriff N'jsoa das Wort.

»Wir verstehen, wie du dich fühlst, und wollten nach dir sehen. Wenn du lieber alleine sein willst …« Er klang unsicher. »Nein. Es ist schön, dass ihr gekommen seid. Hat D'nai euch geschickt?« Benni hoffte, dass es nicht so war, aber er wollte es von ihnen hören. Er brauchte diese Bestätigung jetzt. J'naa antwortete ihm. »Nein, aber er hat uns auch nicht aufgehalten.« Sie lächelte schüchtern.

Benni hatte das Gefühl, dass er ihnen vertrauen konnte und so wagte er es seit langer Zeit zum ersten Mal, mit jemand anderem außer D'nai über seine Gefühle zu sprechen. »Ich hatte noch nie solche Freunde wie euch. Danke!« Die anderen lächelten verlegen.

»Kann ich euch was fragen?« Er sah zu ihnen auf und deutete ihre fragenden Gesichter als Zustimmung. »Warum hasst N'ray mich? Ich hab ihm doch gar nichts getan. Und ich wusste doch nicht, dass Fleischessen hier scheinbar so etwas Böses ist. Bei mir zu Hause ist das völlig normal, da macht das fast jeder.« Nervös blickte er sich nach Samson um, doch der große Hund schien sie nicht begleitet zu haben. Wahrscheinlich war er ihm auch noch böse, wie sein Herrchen.

»Das dachten wir uns dann schon«, erwiderte N'jsoa. »Aber hier würde das niemand tun. Also, Tiere essen. Das machen hier nur …« Er zögerte. An derselben Stelle hatte auch J'naa vorhin aufgehört zu sprechen. »Also, das muss dir D'nai alles noch erklären. Hab bitte Geduld! Ich denke, das wird sonst echt zu viel am ersten Tag. Und wegen N'ray … Wir wissen nicht genau, was er hat. Normalerweise ist er echt cool und lustig und so. Aber heute Abend, als D'nai kurz gekommen ist, um uns zu erzählen, dass er dich gleich mitbringen würde, da ist er fast ausgerastet. D'nai hat uns dann nach oben geschickt. Wir haben natürlich versucht zu lauschen, aber wir haben nur gehört, dass sie sich kurz gestritten haben. Dann war es gleich wieder ruhig und man hat nichts mehr hören können.«

Er schwieg und Benni war klar, dass sie ihm nicht mehr erzählen würden – vermutlich, da sie tatsächlich selbst nicht mehr wussten. Aber Benni wollte wenigstens noch etwas mehr erfahren. »Streiten sie sich oft?« X'mai kletterte vom Bett und setzte sich vor ihm auf den Boden. »Nein, wir haben sie noch nie streiten sehen. N'ray ist D'nais engster Vertrauter. Er hat ihn als ganz kleines Kind bei sich aufgenommen und seitdem lebt N'ray hier. Die beiden verstehen sich blind und N'ray bringt uns alles Mögliche bei. Er kann fast alles und findet immer eine Lösung.« Ehrfurcht lag in seiner Stimme.

Benni konnte sich darauf keinen Reim machen. Welchen Grund hatte N'ray, ihn so zu hassen? Nun, er würde es wohl schon noch erfahren. Irgendwann musste ihm D'nai ja endlich mal erklären, was das alles hier sollte. Und so stellte er eine andere Frage, die ihn beschäftigte. »Kann man eigentlich von hier jederzeit wieder nach Hause?« Er wollte beiläufig klingen, doch er konnte selbst hören, wie seine Stimme dabei zitterte. Er wollte nicht hier gefangen sein.

»Keine Sorge!«, antwortete ihm N'jsoa. »Zwar kann niemand von uns einfach so von einer Welt in die andere wechseln, aber D'nai kann es. Und er würde dich jederzeit sofort wieder zurückbringen, wenn du das möchtest. Hier wird niemand gefangen gehalten oder so. Wir sind hier, weil wir es wollen!« Benni atmete erleichtert aus. »Und ich will hier auch nie wieder weg!«, ergänzte J'naa.

»Wenn ihr nicht von hier seid – warum habt ihr dann auch so … so komisch klingende Namen?« Er sah sie vorsichtig an, doch sie schienen ihm die Frage nicht zu verübeln. J'naa erklärte es ihm.

»Das ist eigentlich ganz einfach. Hier gibt es andere Namen als dort, wo wir herkommen. Am Anfang steht immer ein kurz gesprochener Konsonant, danach kommen ein Apostroph und dann noch ein Konsonant. Die Vokale stehen am Ende und werden lang ausgesprochen. Es gibt dazu noch ein paar Regeln, aber das führt jetzt zu weit.« Sie sah ihn an und auf einmal hatte Benni den Verdacht, dass J'naa früher vielleicht einmal eine ziemliche Streberin in der Schule gewesen war. Konsonanten, Apostroph und Vokale! Er verstand zwar, was sie erklärt hatte – anhand ihrer Namen war das mit mehreren Beispielen ja auch nicht so schwer – aber so hätte er das selbst nie erklären können.

»Und als ihr hergekommen seid, habt ihr euch einfach neue Namen ausgesucht?« – »Nein, also zumindest nicht ganz. Wir durften uns aussuchen, ob wir unsere alten Namen behalten wollen oder die hier verwendete Form benutzen möchten.« Sie drückte sich wirklich sehr geschickt aus. Und ohne Schule und besonders ohne die alte Knebel, klang das irgendwie auch gar nicht angeberisch, sondern auf eine eigene Art sogar ziemlich cool.

»Na, kommst du drauf, wie unsere Namen früher waren? Es ist gar nicht so schwer!« Benni überlegte. D'nai hatte er zu Hause nur als Andi gekannt. D'nai – Andi. Andi – D'nai … Dann fiel der Groschen und er rief: »Es sind dieselben Buchstaben! Nur vertauscht!« J'naa nickte lächelnd. »Genauso ist es. Also, wie waren unsere Namen früher?«

»Naja?« Benni sah sie fragend an und ihr Blick war ehrlich geschockt. »Echt jetzt? Es sind nur VIER Buchstaben und von allen möglichen Kombinationen suchst du dir die mit Abstand blödeste aus?« Sie schien beinahe gekränkt.

»Äh, entschuldige!«, beeilte sich Benni zu sagen. »Klar, ich meine … Anja! Natürlich, Anja!« Sie verdrehte die Augen, ließ sich nach hinten auf das Bett fallen und schrie in ein Kissen, das sie sich auf ihr Gesicht drückte. Die beiden Brüder kugelten sich allerdings mittlerweile vor Lachen. »Hä? Was ist denn jetzt?« Benni verstand nicht. X'mai kicherte. »Sie hieß Jana. Ganz einfach Jana. Und bevor du unsere Namen auch so verdrehst, wir waren Jonas und Maxi.«

Benni klatschte sich mit der flachen Hand auf die Stirn. »Oh Mann, dass ich das nicht gecheckt habe!« Er musste selbst über sich lachen. »Aber Anja hätte doch auch sein können?!« Rumms. J'naa hatte ihm das Kissen, in das sie soeben noch geschrien hatte, mit voller Wucht auf den Kopf gehauen und wieder mussten alle lachen. Es tat Benni gut, so herum zu albern, über sich selbst zu lachen und keine Angst davor zu haben, von den anderen ausgelacht zu werden. So fühlte es sich also an, wenn man Freunde hatte.

»Und wie ist dann mein Name hier?«, fragte er nun an J'naa gewandt. »Ich meine, wegen der Regeln und so.« Sie überlegte kurz. »Das ist komisch«, meinte sie dann. »Was denn?« Benni setzte sich auf.

Sie wurde ernst. »Dein Name hier, also … dein Name hier wäre … B'nnie!«

Die drei sahen sich erschrocken an, doch Benni verstand nicht, was daran so besonders sein sollte. Okay, sein Name klang hier beinahe genauso wie zu Hause, nur eben etwas schief betont. Da war doch nichts dabei. Das war doch eher lustig, oder nicht?

Hätte er zu diesem Zeitpunkt auch nur geahnt, was das wirklich bedeutete – er wäre selbst mit Sicherheit noch mehr erschrocken als seine drei neuen Freunde zusammen.

*

»Was ist denn? Warum schaut ihr so?« Benni war verunsichert. Was war denn nur jetzt schon wieder los? Er sah sie der Reihe nach an und sein Blick verharrte zum Schluss auf J'naa, von der er sich hier am ehesten eine Antwort erhoffte. Sie sah ihn verlegen an. »Wahrscheinlich ist es bloß ein blöder Zufall.« Auch die beiden Brüder entspannten sich wieder. »N'ray hat uns einmal von einer alten Sage erzählt. In der geht es um …«

Sie wollte gerade weiter sprechen, da klopfte es erneut an der Tür und D'nai trat ein. »Wenn ich euer Lachen von eben richtig deute, dann ist hier wieder alles in Ordnung?« Er blickte in ihre Gesichter und jeder der vier erkannte genau, dass er sehr wohl wusste, was hier in Ordnung war – und was nicht. Und ihnen war klar, was nun folgen würde.

»Ich danke euch dreien, dass ihr Benni hier so gut aufgenommen und euch um ihn gekümmert habt. Damit wart ihr mir eine große Hilfe und ich denke, auch Benni hat sich darüber sehr gefreut. Nun wird es aber Zeit, dass ich mich noch ein wenig mit ihm allein unterhalte.« Der letzte Satz war an die anderen Kinder gerichtet. Sie verstanden und standen auf. X'mai tippelte nervös auf der Stelle. »Was ist denn, Champ?« D'nai sah ihn aufmunternd an und X'mai sprudelte wie auf Knopfdruck auch sogleich los.

»Darf Benni heute Nacht bei uns schlafen? Ich meine, damit er nicht so alleine ist und so. Er kann ja mein Bett nehmen und ich schlafe bei N'jsoa. Geht das? Darf er?« Mit großen Kinderaugen und einem Blick, der Samson alle Ehre gemacht hätte, sah er zu D'nai auf. Dieser schmunzelte nur. »Davon ausgehend, dass es auch deinem Bruder recht wäre – du schläfst ja ohnehin öfter bei ihm als in deinem eigenen Bett!« Er zwinkerte. »Abgesehen davon muss Benni das entscheiden. Und zwar zunächst einmal, ob er heute Nacht überhaupt hierbleiben möchte. Sollte er das wollen, kann er sich dann natürlich aussuchen, ob er lieber zu euch geht oder hierbleibt.«

X'mai strahlte zunächst. »Cool! Dann schläfst du nachher bei uns, ja?« Dann zögerte er und schien zu verstehen, was D'nai da soeben gesagt hatte. Unsicher setzte er fort: »Du bleibst doch jetzt bei uns, Benni, oder?« Er sah Benni nun mit demselben Welpenblick an, den er noch eben zuvor D'nai gezeigt hatte. Es lag jedoch mehr darin als kindliche Bettelei. Eher ein Flehen.

D'nai zog ihn zu sich heran und der Kleine kuschelte sich sofort eng an ihn. »Gib Benni bitte ein wenig Zeit, das alles hier zu begreifen und richtig einzuordnen. Dazu gehört auch, dass ich ihm vorher einige Fragen beantworte. Aber es wird seine Entscheidung sein und egal, wie sie ausfällt, wir werden sie respektieren. Versprichst du mir das?« Benni konnte von seiner Position D'nais Hand auf X'mais Rücken natürlich nicht sehen, doch er konnte beinahe selbst den Daumen spüren, der beruhigend zwischen den Schulterblättern des Jungen auf und ab pendelte.

X'mai schniefte, nickte aber tapfer. »Versprochen!« – »Sehr gut, Champ! Bin stolz auf dich!« Er wandte sich an die beiden Älteren. »Und auf euch natürlich auch!« Aufmunternd lächelte er ihnen zu, doch das Bewusstsein, sich gleich vielleicht schon wieder endgültig von Benni zu verabschieden, drückte auch ihnen sichtlich aufs Gemüt. Und auch Benni selbst wurde traurig. Am liebsten hätte er ihnen sofort gesagt, dass sie sich keine Sorgen machen sollten, denn er wollte seine neuen Freunde auch selbst nicht gleich wieder verlieren. Doch er begriff, dass dies eben auch von dem abhängen würde, was D'nai gleich mit ihm besprechen würde.

J'naa war die Erste, die sich in Bewegung setzte. »Gute Nacht, Benni!« Sie lächelte ihm schüchtern zu, dann schien es, als wollte sie noch etwas sagen, überlegte es sich jedoch anders und eilte aus dem Zimmer. N'jsoa und X'mai folgten ihr und wünschten ihm ebenfalls eine gute Nacht. X'mai drehte sich an der Tür noch einmal zu ihm um. »Vielleicht bis gleich!«, flüsterte er und schlüpfte mit seinem Welpenblick durch die Tür.

Nun war Benni mit D'nai ganz alleine und der Erwachsene musterte ihn aufmerksam. »Da hast du wohl einen neuen Fan, hm?«, versuchte es D'nai mit einer Aufmunterung. Benni sah jedoch nur zu Boden. »Wie geht's dir, Großer?« – »Geht schon.« – »Bist du mir böse?«, fragte D'nai. Benni sah auf. »Hä? Wieso? ICH habe doch alles falsch gemacht!« Tränen stiegen ihm in die Augen. »ICH habe damals nichts gemacht, als sie dich weggeschickt hat. ICH hab Alex gefragt, ob du … ob du …« Er schniefte. »Und kaum bin ich hier, verbocke ich schon wieder alles. Die anderen haben mir wenigstens verziehen, aber N'ray hasst mich und M'oii und Samson mögen mich auch nicht mehr!«

D'nai sah ihn betrübt an. »Ich denke, wir haben noch sehr viel zu besprechen, Großer! Sollen wir?« Benni nickte und wischte sich über die Augen. Er wollte jetzt nicht schon wieder heulen. Aber er wusste, dass er es alleine vielleicht nicht schaffen würde. Deshalb fragte er: »Können wir uns zusammen aufs Bett setzen? So wie früher?« D'nai nickte. Sie setzten sich nebeneinander mit dem Rücken an die Wand gelehnt auf das Bett. Benni erinnerte sich an die vielen Gespräche, die sie damals so geführt hatten und wie sehr ihm diese gefehlt hatten. Trotzdem war er nervös. So viel war seitdem passiert, so viel hatte sich geändert. Er knetete seine Hände vor sich im Schoss.

So saßen sie ein paar Augenblicke da, ehe D'nai das Schweigen brach.

*

»Also Benni, ich schlage vor, ich sage erst einmal ein bisschen etwas zu dem, was du gerade gesagt hast, in Ordnung?« Die Frage war rein rhetorisch und so sprach D'nai auch gleich weiter, ohne auf eine Antwort zu warten. »Erstens: DU hast gar nichts falsch gemacht damals! Du hättest nicht verhindern können, was geschehen ist. Hättest du dich dagegen aufgelehnt, hättest du es wahrscheinlich sogar nur schlimmer gemacht. Zweitens: Ich weiß, was du Alex gefragt hast und nein, selbstverständlich bin ich dir NICHT böse deswegen. Auch wenn ich überrascht war, du könntest das für möglich halten – verunsichert hat dich jemand anderes. Wenn überhaupt, dann trifft MICH hier die Schuld, das Thema nicht noch deutlicher mit dir besprochen zu haben. Ich bin davon ausgegangen, du weißt das bereits alles.

Lass mich das an dieser Stelle kurz nachholen: Es ist gut, wenn du Fremden gegenüber vorsichtig bist, du weißt schließlich nie, ob sie etwas Böses vorhaben. Das soll aber bitte nicht heißen, dass man bei allen Menschen immer gleich davon ausgehen sollte, dass sie böse sind. Aber es gibt einige Regeln, die man als Kind bei fremden Erwachsenen einhalten sollte.

Nummer eins: Achte genau darauf, ob du dich bei einem Menschen und dem was er tut, wohl fühlst! Ein schlechtes Bauchgefühl ist ein erstes Warnsignal, um vorsichtig zu sein.

Nummer zwei: Wenn du als Kind einem Erwachsenen ein Geheimnis anvertraust, dann ist das in Ordnung. Verlangt ein Erwachsener aber von dir, dass du etwas zwischen euch nicht deinen Eltern verraten sollst, dann achte ganz genau darauf, um was es sich handelt.«

Benni unterbrach ihn. »Hä? Das verstehe ich nicht!« D'nai nickte. »Gut, dass du nachfragst. Ich erkläre es an einem Beispiel. Du besuchst deine Großeltern und sie erlauben dir, vor dem Schlafengehen Süßigkeiten zu naschen, obwohl du das zu Hause nicht darfst. Deine Oma sagt dir, das muss aber unser Geheimnis bleiben. Dann kannst du dir zwar überlegen, ob deine Eltern mit ihrem Verbot nicht vielleicht doch den besseren Weg gehen, aber hier ist nichts Schlimmes passiert. Klar?

Wenn jemand dich aber zu etwas überredet oder sogar zu etwas zwingt, das du gar nicht möchtest und bei dem du das Gefühl hast, es ist falsch – dann ist die Aufforderung, das müsse jetzt aber euer Geheimnis bleiben, ein ganz deutlicher Hinweis, dass hier etwas ganz und gar nicht in Ordnung ist. Jetzt verstanden?«

Nun nickte Benni. Er erkannte den Unterschied. Deshalb sprach D'nai weiter. »Und damit kommen wir zu Regel Nummer drei: Wenn dich jemand berührt – zum Beispiel in den Arm nimmt, aber auch sonst irgendwo – ohne dass du das möchtest, dann stoß ihre oder seine Hand weg und sag ganz laut NEIN! Das gilt für alle Berührungen, fast ohne Ausnahme. Erlaube anderen nur das, was du möchtest und wobei du dir sicher bist, dass es in Ordnung ist. Eine Ausnahme könnte hier ein Arzt sein, der dich untersuchen möchte, um dir zu helfen, aber selbst dort gibt es Grenzen.

Und Regel Nummer vier: Wenn etwas passiert, das nicht in Ordnung ist oder wenn du dir nicht sicher bist, erzähle es immer deinen Eltern. Sie müssen auf dich aufpassen und dich beschützen. Du musst nur bei der Wahrheit bleiben und darfst nichts dazu erfinden oder weglassen. Hast du das alles verstanden?«

Wieder nickte Benni. »Und wenn man mit seinen Eltern nicht reden kann oder wenn die Eltern selbst was Böses machen?« D'nai blickte ernst. »Leider kommt auch das manchmal vor. Dann ist es am besten, zu einem anderen Erwachsenen zu gehen, dem du vertraust und wenn du den nicht hast, dann zur Polizei.« Benni sah ein wenig erschrocken aus. »Wirklich? Zur Polizei?« D'nai nickte. »Wenn es sonst niemanden gibt – ja. Aber bitte denk noch mal daran: Bei diesem Thema ist es besonders wichtig, die Wahrheit zu sagen und niemanden ohne Grund zu verdächtigen oder zu beschuldigen. Aber wer etwas Böses tut oder auch nur plant, den muss man stoppen!«

Er machte eine Pause, um das Gesagte ein wenig sacken zu lassen. Dann fuhr er fort. »Wenn ich dir das alles schon vorher erklärt hätte, hättest du dann die Verdächtigungen deiner Großmutter anders beurteilen können?« Benni dachte nach. Er hatte sich mit D'nai immer wohlgefühlt, wurde nie zu etwas überredet oder gezwungen, er wurde nie aufgefordert, böse Geheimnisse für sich zu behalten, und es gab auch nie unangenehme Berührungen. Aber er hatte auch nach dem Streit mit Alex schon gewusst, was nun nur noch offensichtlicher war.

»Ich glaube schon.«

»Siehst du?« D'nai seufzte. »Dann hab ich daran schuld, nicht du, weil ich es dir damals nicht richtig erklärt habe. Hauptsache, du weißt es jetzt. Jedes Kind sollte das wissen. Und ich hoffe, du hast jetzt auch keine Zweifel mehr an mir?« Benni hatte einen dicken Kloß im Hals, weil er sich immer noch dafür schämte, selbst nachdem ihm D'nai alles erklärt und ihm versichert hatte, er habe nichts falsch gemacht. Als Antwort lehnte er sich daher nur mit dem Rücken an D'nai an und legte sich selbst dessen Arm um die Brust. Der Kloß im Hals verschwand augenblicklich und die Geborgenheit war zurück. Es war unendlich schön, endlich einmal wieder unter dem Drachenflügel zu liegen.

»Das freut mich und ist mir auch sehr wichtig! Ich nehme an, die anderen haben dir in der Zwischenzeit auch erzählt, wer … oder vielmehr WAS ich bin, richtig?« Wieder nickte Benni. »Ich werde dir später gerne noch etwas mehr darüber erzählen. Aber zunächst das Wichtigere: Du hast vorhin beim Essen nichts falsch gemacht, N'ray hasst dich nicht und weder M'oii noch Samson sind böse auf dich.«

Benni war erleichtert, das zu hören. Bei N'ray hatte er aber noch so seine Zweifel, daher fragte er: »Und warum schaut er mich dann immer so böse an?« D'nai widersprach ihm nicht. »Du meinst N'ray? Ja, ich gebe zu, dass er das getan hat und dass es dafür auch einen Grund gibt. Aber auch bei dieser Frage bitte ich dich noch um Geduld. Dazu muss ich dir vorher noch ein wenig mehr erklären. Wie wäre es, wenn du mir jetzt zur Abwechslung ein bisschen was davon erzählst, wie es dir im letzten Jahr so ergangen ist.

Und so begann Benni zu erzählen.

*

Nach dem Vorfall mit Alex auf der Schaukel hatte es keine weiteren Auseinandersetzungen mehr mit ihm gegeben. Das lag allerdings daran, dass Alex ihn vollständig ignorierte. Benni hatte am nächsten Tag versucht, ihm eine WhatsApp-Nachricht zu senden, um sich mit ihm zu verabreden, aber Alex hatte ihn geblockt. Als er daraufhin einfach bei ihm klingelte, machte er ihm die Türe nicht auf.

Er versuchte es bei Max, einem anderen Jungen aus der Siedlung, mit dem sie sich schon öfter getroffen hatten, doch auch dieser hatte ihn geblockt und war ebenfalls nicht zu Hause. Offensichtlich hatte Alex ihm alles erzählt und ihn sofort auf seine Seite gezogen.

Da Benni auch in der Schule keine Freunde hatte, zog er sich immer mehr zurück und verbrachte seine Nachmittage meistens in seinem Zimmer mit »Dragon Clash« oder streifte – wenn er mal wieder Handyverbot hatte, was relativ häufig passierte – durch die Gegend und vertrieb sich irgendwie die Zeit.

In der Schule ging es wieder bergab und er musste das Jahr schließlich wiederholen. Ihm war es egal, so war er wenigstens nicht mehr der Kleinste in seiner Klasse, wenn auch immer noch im unteren Drittel. Hart war jedoch gewesen, dass ihm seine Mutter dafür während der gesamten Sommerferien sein Handy abgenommen hatte. Ohne Freunde, ohne richtige Hobbys und ohne in den Urlaub zu fahren, war dies der längste und langweiligste Sommer seines Lebens gewesen. Seine einzige Ablenkung bestand darin, nachts, wenn er nicht schlafen konnte, aus der Wohnung zu schleichen und ziellos durch die Siedlung zu streifen.

Und dann war da ja noch Philipp, der auch ohne viel zu lernen meistens gute Noten schrieb und ein entsprechendes Zeugnis hatte. Das wiederum veranlasste seine Mutter dazu, ihrem »Spätzchen« einfach so ein nagelneues iPhone zu kaufen. Damit war sein nerviger kleiner Bruder nun mit neun Jahren – er selbst hatte das alte Gebrauchthandy seiner Mutter zu seinem zwölften Geburtstag bekommen – stolzer Besitzer eines Tophandys im Wert eines Laptops und der Star bei seinen Klassenkameraden, die jetzt im Sommer auch nicht mehr in den Hort gehen mussten. Mit unermüdlicher Schadenfreude rieb er Benni seine neueste Errungenschaft bei jeder sich bietenden Gelegenheit unter die Nase.

Dies führte wiederum dazu, dass Benni sich regelmäßig mit seinem Bruder prügelte, was stets damit endete, dass die kleine Ratte ihn bei seiner Mutter – oder seiner Großmutter, die nun immer öfter bei ihnen zu Hause war – verpetzte, wodurch er immer mehr Ärger bekam. Beliebte Strafen seiner Mutter waren dann Hausarrest, meist mit Hausarbeiten wie Küche, Bad, Toilette oder Schuhe putzen und Fernsehverbot. Philipp unterstützte diese Maßnahmen gerne, indem er mit seinen Schuhen vorher absichtlich in Hundehaufen trat und diese dann Benni zum Putzen hinstellte.

Seine Großmutter war da fast noch angenehmer, sie packte ihn meist nur irgendwo, wo sie ihn zu fassen bekam, schlug auf ihn ein und zerrte ihn in sein Zimmer. An die blauen Flecken und blutenden kleinen Wunden von ihren Fingernägeln hatte er sich fast schon gewöhnt. Erträglich waren dann erst die beiden letzten Wochen gewesen, als seine Großeltern den kleinen Schleimer, also Philipp, mit auf eine Kreuzfahrt genommen hatten und er wenigstens seine Ruhe hatte.

Doch irgendwann begann das neue Schuljahr und mit einem der neuen Klassenkameraden verstand er sich zu Beginn ganz gut. So kam es, dass er sich überreden ließ, dem Fußballverein beizutreten. Er war ein passabler Sportler und konnte mit den anderen schon bald mithalten, fühlte sich aber in der Mannschaft nicht wohl. Es gab dort zwei sehr gemeine und brutale Jungen, denen man sich entweder unterordnete oder als Zielscheibe für allerlei Gemeinheiten dienen musste.

Meistens waren es zwar nur Worte oder Kleinigkeiten, um sich über die anderen lustig zu machen und diese zu erniedrigen, doch Benni trafen besonders die Worte immer wieder sehr. Er hasste sich selbst dafür, dass er sich nicht besser wehren konnte. Sein vermutlich neuer Freund schloss sich schon bald lieber den Anführern an und machte sogar bei den Gemeinheiten gegen ihn mit.

Als er seiner Mutter daraufhin mitteilte, er wolle wieder aus dem Verein austreten, erhielt er nur eine ausführliche Standpauke. »Das hätte ich mir ja denken können. Erst willst du unbedingt dort mitmachen und wenn es dem feinen Herrn dann nicht mehr gefällt, geht er halt einfach nicht mehr hin! Natürlich! Ist ja egal, dass ich mich um alles gekümmert und dich angemeldet habe, dir für einen Haufen Geld neue Fußballschuhe gekauft hab und die ganze Zeit deine dreckigen Sachen waschen muss. Abgesehen davon bist du dann wenigstens mal an der frischen Luft und treibst ein bisschen Sport, du sitzt ja sonst nur noch in deinem Zimmer! Und ich habe wenigstens an zwei Abenden in der Woche meine Ruhe, zu den Spielen am Wochenende wirst du ja kaum aufgestellt. Und selbstverständlich interessiert es dich auch nicht, dass ich für das ganze Jahr im Voraus bezahlen musste! Wie immer! Ihr Kinder denkt immer nur an euch selbst, keiner von euch nimmt mal Rücksicht auf mich! Und ganz davon abgesehen, muss man auch einmal etwas durchziehen, auch wenn es schwierig wird! Ich kann ja auch nicht einfach alles hinwerfen, wenn ich möchte! Aber du versuchst, es dir natürlich wieder einfach zu machen. Wie dein Vater!«

Damit war das Thema erledigt. Benni ging weder darauf ein, dass das Geld für die Vereinsmitgliedschaft sowie für die billigen Fußballschuhe vom Discounter seine einzigen Geburtstagsgeschenke gewesen waren, noch versuchte er ein zweites Mal, mit seiner Mutter über das Thema zu sprechen. Also mogelte er sich mit dem Fußball eben so durch. Mal erfand er Ausreden, warum er auf keinen Fall hingehen konnte oder dass das Training ausfiele, mal ging er auch hin, damit es nicht zu sehr auffiel und mal tat er nur so und trieb sich irgendwo herum. Am liebsten saß er auf der Mülltonne hinter dem Fast-Food-Restaurant, weil es dort kostenfreies WLAN gab und er dort ungestört zocken konnte. Meistens stank es dort zwar erbärmlich, aber das führte immerhin dazu, dass ihn dort in der Regel niemand störte.

Vor Kurzem hatte er jedoch Pech gehabt, als er sich auf den Heimweg machte. Die Trainingszeit war soeben vorüber und er fuhr gerade – wie immer unerlaubterweise – mit dem Fahrrad von seiner Mülltonne los, als er beinahe mit jemandem zusammengestoßen wäre. Und zwar mit seinem Trainer! Nachdem er das letzte Training geschwänzt hatte, weil es »ausgefallen« war, hatte er nicht mitbekommen, dass der heutige Termin vom Co-Trainer geleitet wurde. Die kleine Tochter seines Coachs hatte nämlich Geburtstag und sich eine Kinderfeier in eben jenem Fast-Food-Restaurant gewünscht, hinter dem er sich immer versteckte.

Bei dem Zusammenprall hatte er die weiße Trainingshose des Übungsleiters mit dem Vorderreifen seines Bikes verdreckt und war dafür von diesem ziemlich übel zusammengestaucht worden. Letzten Endes war das vermutlich auch der Grund gewesen, warum er nur eine Woche später zum Sondertraining bei den Älteren »eingeladen« worden war. Nicht ohne den Hinweis, dass es ihm leidtun würde, sollte er mal wieder nicht erscheinen. Was nach diesem Training auf dem Heimweg passiert war, wusste D'nai ja bereits.

Seinen Vater hatte er nur selten gesehen und war ihm, so gut es ging, ausgewichen. Meistens war er froh darüber oder dachte erst gar nicht darüber nach. Doch als er weder zu seinem Geburtstag im Sommer noch zu Weihnachten etwas von ihm hörte – geschweige denn ein Geschenk bekam – wurde er doch jedes Mal traurig.

Benni schloss seinen Bericht und war ein wenig stolz auf sich, dies alles ohne Tränen erzählt zu haben. Gestärkt von der Nähe sowie ein wenig befreit – es hatte gutgetan, sich einmal wieder alles von der Seele zu reden – löste er sich aus der Umarmung und drehte sich zu D'nai um. »So, aber jetzt musst du mir endlich ein paar Fragen beantworten!«

*

D'nai schien kurz zu überlegen. »Vorher muss ich dir noch eine letzte Frage stellen. Wobei … Eigentlich ist es eher eine Entscheidung, die du treffen musst. Du hast zwei Möglichkeiten. Entweder, ich bringe dich jetzt wieder zurück und du wirst morgen früh in deinem Bett aufwachen. Ich werde deine Zweifel so verstärken, dass du das alles hier für einen sehr merkwürdigen Traum halten wirst und schon nach wenigen Stunden wirst du alles, was in den letzten Stunden passiert ist, vergessen haben.«

Benni erschrak. Er dachte an seine neuen Freunde und besonders an J'naa, die er dann nie wiedersehen würde. »Warum sollte ich das wollen?«, stieß er hervor. »Ich will noch ein bisschen hierbleiben! Bitte schick mich nicht weg!« Sein Blick war flehend.

»Ich werde dich nicht wegschicken. Diesmal musst du die Entscheidung selbst treffen.« D'nais Stimme war wie immer ruhig, doch auch sehr ernst. »Die andere Möglichkeit ist tatsächlich, dass du bleibst …« Benni entspannte sich und rief erleichtert aus: »Ja, das will ich, das will ich!« Doch D'nai lächelte nicht wie sonst, wenn er sich etwas gewünscht hatte.

»Lass mich bitte erst ausreden!« Seine Zurechtweisung war freundlich, aber bestimmt und Benni hörte ihm mit klopfendem Herzen weiter zu.

»Wenn du hierbleibst, wirst du alles erfahren – die ganze Wahrheit. Über deine Welt, über diese hier, über uns und auch über dich selbst. Kennst du die Wahrheit erst einmal, gibt es kein Zurück mehr. Und bitte glaube mir, wenn ich dir sage, dass Wissen nicht immer nur gut ist. Manchmal schützt uns die Unwissenheit auch. Also überlege es dir gut, du wirst auch einiges erfahren, das dir nicht gefallen wird.

Und selbst meine Macht wird nicht ausreichen, dich dies alles wieder vergessen zu lassen, dafür werden deine Erfahrungen zu intensiv sein. Die Entscheidung, die du jetzt triffst, wird dein Leben für immer und unwiederbringlich verändern.«

Bennis Magen verkrampfte sich. Er hatte hier zum ersten Mal in seinem Leben das Gefühl, richtige Freunde gefunden zu haben, auch wenn er sie erst wenige Stunden kannte. Und D'nai war netter zu ihm, als es je ein Erwachsener zuvor gewesen war. Dazu kam dieser wunderbare Ort, von dem er noch so wenig gesehen hatte und den noch so viele interessante Geheimnisse zu umgeben schienen.

Auf der anderen Seite war da die Angst vor dem, was er erfahren könnte. Es gab zu vieles, das er nicht abschätzen konnte. Was, wenn er seine Mutter nie wiedersehen würde? Welche Geheimnisse und Gefahren hielt dieser Ort noch für ihn bereit? Was war mit N'ray? Und was hatte D'nai damit gemeint, dass Unwissenheit manchmal auch schützen könne? Seine Angst wuchs und mit ihr der Wunsch, nach Hause zurückzukehren.

Doch dann sah Benni zu den knorrigen Ästen Yggdrasils über sich hinauf und ganz tief in seinem Inneren schien etwas Neues zu wachsen: Zuversicht. Er hasste sein bisheriges Leben, er hasste, wie er war, er hasste die meisten Menschen um sich und er hatte keine Ahnung, wie lange er das alles noch ertragen können würde. Und jetzt hatte er die Chance, das alles hinter sich zu lassen, neu zu beginnen und – zumindest vielleicht – ein schöneres Leben führen zu können.

»Ich will hierbleiben!«, sagte er daher bestimmt. D'nai musterte ihn prüfend. Dann nickte er. »Also gut, dann werde ich dir jetzt vor dem Schlafengehen noch deine wichtigsten Fragen beantworten. Alles andere besprechen wir dann in den nächsten Tagen. Einverstanden?« Benni nickte eifrig und so fuhr D'nai fort. »Also Benni, drei Fragen für heute.« Er sah ihn auffordernd an.

»Wer bist du wirklich? Was ist das für ein Ort hier und warum hast du so lange gewartet, bis du mich hergeholt hast?« Die Fragen waren einfach so aus Benni heraus geschossen, ohne dass er vorher überlegt hatte. Erst jetzt dachte er ein wenig mehr nach, war fürs Erste aber zufrieden mit seiner Wahl. D'nai schmunzelte. »Das sind drei wirklich sehr gute Fragen!«, lobte er, »und wie versprochen, werde ich sie dir alle auch beantworten. Lass mich mit der einfachsten, deiner letzten Frage beginnen!«

*

»Drachenflügel?« D'nai hob einladend seinen rechten Arm und Benni nahm seine Lieblingsposition neben ihm ein. Er hatte sich vorgenommen, ganz genau zuzuhören und D'nai nicht zu unterbrechen. Also kuschelte er sich nur an ihn und wartete. Und so begann D'nai zu erzählen.

»Deine letzte Frage war, warum ich dich nicht schon früher hierher geholt habe. Nun, das ist recht schnell erklärt. Ich habe dich soeben aufgefordert, eine sehr wichtige Entscheidung zu treffen, und ich wollte, dass du dafür auch bereit bist. Natürlich hätte ich dich auch schon vor einem Jahr hierher bringen können, doch damals warst du einfach noch nicht so weit. Ich habe dich seit damals, als deine Mutter mich weggeschickt hat, aber niemals ganz alleine gelassen. Sehr oft habe ich nach dir gesehen und beobachtet, wie es dir geht. Und es ist mir sehr schwergefallen, so lange zu warten, das musst du mir glauben. Aber auch wenn die Erfahrungen, die du machen musstest, nicht schön waren, so waren sie doch wichtig, damit du zu dem werden konntest, der du heute bist.«

Benni verstand, was er damit meinte. Je weiter es in seinem Leben bergab gegangen war, je mehr er es gehasst hatte, umso größer wurde die Wahrscheinlichkeit, dass er hierbleiben wollte. Er begriff, dass dies wohl D'nais Plan gewesen war und er freute sich darüber. Auch der Gedanke, dass dieser die ganze Zeit auf ihn aufgepasst hatte, gefiel ihm sehr. Es hatte also doch jemanden gegeben, dem es wichtig war, wie es ihm ging. Er drehte im Liegen das Gesicht nach oben und lächelte D'nai zu, der wie zur Bestätigung seinen Daumen auf seiner Brust auf und ab pendeln ließ.

»Kommen wir zu deiner zweiten Frage. Denn die Antwort darauf wird dir schließlich auch erklären, wer ich wirklich bin. Dazu werde ich dir die Geschichte von Yggdrasil erzählen …«

*

»Vor sehr langer Zeit war hier an diesem Ort einmal ein Wald, in dem drei Hexen lebten. Sie waren Schwestern – genauer gesagt sogar Drillingsschwestern. Wie das bei Geschwistern oft so ist, waren sie in ihrem Wesen so unterschiedlich, wie man nur sein konnte und niemand hätte erkennen können, dass sie Drillinge waren.

Die erste Schwester war klein und von einer eher rundlichen Statur. Sie war sehr fröhlich und frech, ihre Augen schienen stets zu lachen und wenn ihr Mund gerade einmal keine Späße oder Flüche produzierte, lachte er mit ihren Augen um die Wette. Sie sah in jedem und allen das Positive, war stets hilfsbereit und konnte jeder Situation etwas Gutes abgewinnen.

Die zweite Schwester war das genaue Gegenteil. Sie war von schlanker und anmutiger Gestalt, doch sehr gemein und verschlagen. Niemand hatte sie jemals von Herzen lachen gesehen und sie war stets darauf bedacht, für sich selbst den größten Vorteil zu schaffen. Wann immer sie konnte, war sie gemein zu anderen. Sie war fest davon überzeugt, dass es überall nur Negatives gab und wer etwas Anderes glaubte, nur ein naiver Spinner sei.

Man kann sich vorstellen, dass sich die beiden schon als Kinder stets gestritten haben und ohne die dritte Schwester hätte es wohl schon lange ein großes Unglück gegeben. Sie war mittelgroß, von ganz normaler Gestalt und die Ruhe und Geduld in Person. Für jedermann hatte sie Verständnis und war meistens damit beschäftigt, die riesigen Spannungen zwischen ihren Schwestern auszugleichen. Dies tat sie immer und immer wieder und so wuchsen die drei zusammen auf.

Ihre Fähigkeiten als Hexen waren bemerkenswert und sie beherrschten die drei Künste – das Brauen von Tränken, das Wirken von Flüchen sowie das Sehen des Nahenden (heute würde man es vermutlich »Wahrsagen« nennen, was es aber nicht ganz trifft) – wie keine anderen jungen Hexen ihres Alters.

Inmitten ihres vierzehnten Jahres aber geschah dann doch etwas, das nicht nur die drei jungen Hexen, sondern alles – wirklich ALLES! – für immer veränderte. Und zwar ziemlich genau hier, wo wir beide gerade sitzen. Damals war an dieser Stelle eine große Lichtung. Die Schwestern waren dabei, Kräuter zu sammeln, als sie am Rande der Lichtung ein kleines verletztes Tier fanden. Es war noch sehr jung und konnte sich nicht mehr richtig bewegen. Mit großen schwarzen Augen blickte es zitternd und hilfesuchend zu ihnen auf.

Sofort beugte sich die erste Schwester zu dem kleinen Tier hinunter, um ihm zu helfen. Sie sagte: »Du armes verdammtes kleines Ding! Was ist dir denn Beschissenes passiert?« Wie schon gesagt, sie war sehr hilfsbereit, doch sie fluchte auch für ihr Leben gerne. Sie streckte ihre Hand nach dem niedlichen kleinen Wesen aus, doch noch ehe sie es vorsichtig ergreifen konnte, war die zweite Schwester heran und stampfte das kleine Geschöpf mit mehreren schnellen Tritten tot. Sie schrie: »Stirb! Stirb! Du bist bestimmt nur krank und steckst uns alle noch an!« Und obwohl es bereits mausetot war, hämmerte sie ihren Stiefel immer wieder auf den blutigen Fellklumpen hinab.

Natürlich machte das alles die erste Schwester furchtbar wütend. Es entbrannte ein Streit, der so heftig war, wie es zuvor noch nie einen Streit gegeben hatte. Fluchend, drohend und schimpfend umkreisten sich die beiden auf der Lichtung, während die Dritte in ihrer Mitte stand und wie immer versuchte, zu schlichten.

»Wir hätten es retten können, du gemeine Mörderin!«, begann die Erste. »Es hätte uns alle krank gemacht!«, schrie die Zweite zurück.

Und weil sich beide im Recht fühlten, wollte keine von ihnen nachgeben und der Streit wurde immer schlimmer. Sie schaukelten sich gegenseitig immer mehr hoch und jung und unvernünftig wie sie waren, ersannen beide einen Fluch, um es der jeweils anderen heimzuzahlen.

Die erste Schwester wob einen Fluch, der die zweite dazu verurteilen würde, immer nur Gutes zu tun und jedes Lebewesen mit positiven Gefühlen zu erfüllen. Die zweite hingegen spann einen Fluch, der die erste dazu verdammen sollte, das Schlechte in sich aufnehmen zu müssen, um überleben zu können. Beide Flüche waren wider die Natur und damit selbstverständlich verboten. Doch was kümmerten sich 13-jährige Hexen im Streit schon um Verbote?

Gleichzeitig schossen sie ihre Flüche los, doch keiner sollte sein Ziel treffen. Denn es war die dritte Schwester, die sich genau in diesem Moment dazwischenwarf und somit von beiden getroffen wurde. Wie es ihrem Wesen entsprach, versuchte sie die Flüche auszugleichen, doch sie waren zu stark und zu gegensätzlich, sodass es ihren Körper zerriss und sie auf der Stelle starb. Ihr Name war …«

*

»Yggdrasil!«, flüsterte Benni. D'nai nickte. »So ist es, Großer! Ihre Seele überlebte und fuhr in ein kleines Pflänzchen, kaum größer als ein Grashalm. Das Pflänzchen wuchs und heute ist es der riesige Baum, in dem sich der Hof befindet.«

»Ich glaube, ich verstehe!«, sagte Benni nachdenklich. »Weil sie versucht hat, die beiden Flüche auszugleichen, haben sie sich verbunden und deshalb nimmt der Baum … ich meine … Yggdrasil jetzt die schlechten Gefühle auf und erfüllt die Menschen dafür mit guten. Ist das so?« – »Bravo, Benni! Genauso ist es. Und nun erzähle ich dir den Rest der Geschichte, einverstanden?« Benni nickte und D'nai fuhr fort.

*

»Die beiden anderen Schwestern gaben sich gegenseitig die Schuld an dem, was passiert war. Während die erste sich um das Pflänzchen und später um den Baum kümmerte, brach die zweite Schwester mit ihr und ging für immer fort. Sie suchte sich ein neues Zuhause und sollte es auch schon bald finden.

Du musst dazu zwei Dinge über die alte Welt wissen. Sie ist stets im Gleichgewicht und magische Wesen werden von magischen Orten angezogen. Du wirst dir denken können, auf was das hinauslief. Am anderen Ende dieser Welt entstand in einer finsteren Höhle, wo alles dunkel und aus leblosem Stein und zu Eis gefrorenem Wasser besteht, der Gegenort zu Yggdrasil. Ein Ort, der das Gute aufsaugt und es denen, die es ihm bringen, mit Schlechtem ersetzt. Und genau dorthin ging die zweite Schwester und lebte von nun an dort.

So manifestierte sich das Gute und das Böse in der alten Welt und da alle anderen Welten erst danach entstanden sind, galt das Prinzip von Gut und Böse auch dort. Doch nichts ist absolut gut oder absolut böse – weder in dieser noch in irgendeiner anderen Welt.«

»Moment, Moment!« Jetzt unterbrach Benni ihn doch. »Du meinst, es gibt noch andere Welten, außer dieser hier und der, aus der ich komme? Und ich verstehe nicht, warum es nichts absolut Gutes oder Böses geben soll. Das gibt es doch, oder?«

D'nai schmunzelte. »Das sind nicht nur berechtigte, sondern sogar sehr kluge Fragen. Aber wir hatten ausgemacht, dass ich dir heute nur drei beantworten würde, schon vergessen? Willst du eine davon gegen die noch offene Frage austauschen?« Er zwinkerte Benni zu, doch dieser grinste zurück. »So leicht lasse ich mich nicht mehr reinlegen! Meiner ersten Frage kommst du heute nicht mehr aus, ich warte lieber mit den anderen beiden bis morgen!«

D'nai lächelte ihn an. »Dann sollte ich sie dir nun wohl endlich beantworten. Also gut, kommen wir zu der Frage, wer ich wirklich bin …«

*

»Wie ich schon erwähnt habe, kümmerte sich die erste Schwester liebevoll um Yggdrasil, die über die Jahre zunächst zu einem Bäumchen und später zu einem stattlichen Baum heranwuchs. Auch die Schwester war mittlerweile zu einer erwachsenen Frau geworden und hatte einen kleinen Sohn. Sie war sehr froh, dass sie einen Sohn bekommen hatte, aber das lag nicht daran, dass sie sich nicht ebenso sehr über eine Tochter gefreut hätte.

Doch bei den Hexen ist es Tradition, dass sie ihre Künste immer an ihre Töchter weitergeben, diese unterrichten und wiederum zu Hexen heranziehen. Das ist übrigens anders als bei Zauberern, deren Fähigkeiten nicht vererbt werden, diese suchen sich einen Lehrling – aber das nur am Rande. Zurück zur Geschichte.

Die erste Schwester war nach dem großen Streit, der zum Wandel Yggdrasils – so nannte man in den Geschichtsbüchern später ihren Tod und die Wiedergeburt als Baum – geführt hatte, so bestürzt, dass sie keine Hexe mehr sein wollte. Doch niemand kann leugnen, was er selbst ist und ihn ausmacht. Wir können nur entscheiden, was wir daraus machen, niemals, wer wir sind. Merk dir das gut, Benni! Es ist vielleicht die wichtigste Lektion, die du jemals lernen wirst …

Nun, wie gesagt, sie konnte es nicht ändern, dass sie eine Hexe war, aber sie war froh, ihre Künste wenigstens nicht weitergeben zu müssen. Doch sie war eine sehr gute Mutter für ihren kleinen Sohn und nahm ihn buchstäblich von Geburt an mit zu Yggdrasil. Sogar die Geburt selbst fand im Schatten des Baumes statt. Der Kleine half seiner Mutter gern bei der Pflege, kletterte in seinen Ästen umher oder lag in einer großen Astgabel und sprach zu seiner Tante.

An seinem siebten Geburtstag geschah es dann. Der Baum … antwortete. Es waren keine Worte, geformt mit Lippen und Zunge – diese hatte Yggdrasil ja nicht mehr. Es waren Bilder, Geräusche und Gefühle, die in dem Jungen selbst zu entstehen schienen. Natürlich erzählte er seiner Mutter davon und jede Mutter in allen Welten hätte dies bestenfalls als die Träumereien eines kleinen Jungen abgetan. Alle – außer einer. Denn seine Mutter war die Einzige, die sich schon lange auf diese Weise mit Yggdrasil unterhalten konnte. Und so glaubte sie ihrem Sohn nicht nur – sie wusste es schon, bevor er aufgeregt durch die Tür gestürmt kam. Denn die beiden Schwestern hatten vereinbart, dass es sein 7. Geburtstag sein sollte, an dem sich Yggdrasil ihm offenbarte.

An seinem 13. Geburtstag – Hexen lieben solche Daten, besonders Primzahlen, musst du wissen – machten ihm seine Mutter und seine Tante dann ein ganz besonderes Geschenk. Er erhielt von Yggdrasil die Fähigkeit, Gefühle zu verstärken oder zu mindern, und wurde so zum ersten Senser. Als junger Mann gründete er eine Gilde, weitere junge Männer schlossen sich ihm an und wurden nach eingehender Prüfung von Yggdrasil selbst mit dieser Fähigkeit ausgestattet. Die Idee der beiden Hexenschwestern war es, durch die Senser das Gute in alle Welten zu bringen, und so wob seine Mutter, unterstützt von der Kraft ihrer Schwester, den mächtigsten Fluch, den sie bisher gewirkt hatte: Sie verfluchte die Senser, zwischen den Welten wandeln zu können.«

Benni schrak auf. »Sie hat ihren eigenen Sohn verflucht?« Er konnte es nicht fassen. Die Hexe war doch eine von den Guten gewesen? Doch D'nai beschwichtigte ihn sofort, indem er fortfuhr.

»Ein Fluch ist nicht immer etwas Schlechtes. Eine Hexe kann dich auch mit einem positiven Fluch belegen. Das tun sie nur fast nie, deswegen ist diese Tatsache eher unbekannt. Nun ja, im Falle der Senser war es jedoch so.

Die Gilde der Senser war sehr hoch angesehen in der alten Welt und viele kamen, um ihr beizutreten. Doch nur wenige wurden von Yggdrasil für rein und aufrichtig genug empfunden, mit dieser mächtigen Gabe umgehen zu können. Bedenke, dass man damit natürlich auch viel Böses hätte anrichten können.

Und so zogen die Senser Generation um Generation in die anderen Welten aus und versuchten, die Menschen zu beeinflussen, das Gute zu erkennen und zu leben, positiv gestimmt durchs Leben zu gehen, anderen zu helfen und so weiter. Es wirkte zunächst auch, denn jeder

Mensch gab seinerseits das Gute durch seine eigenen Taten und Worte weiter. Doch eines hatten sowohl die beiden Hexenschwestern als auch die Senser nicht bedacht – die Hinterhältigkeit des Bösen.

Magische Dinge bleiben in der alten Welt den anderen magischen Wesen nicht lange verborgen – wie ich dir ja schon gesagt habe, werden sie davon sogar regelrecht angezogen. Die zweite Schwester erfuhr daher alsbald von den Taten der beiden anderen und spann ihre eigenen Pläne. Sie warb die abgewiesenen Bewerber der Sensergilde an und verlieh ihnen ebenfalls die Fähigkeit des Weltenwandelns. Allerdings ohne die sonstigen Fähigkeiten der Senser, sie wollte niemanden neben sich mit so viel Macht ausstatten. Doch das war für ihre finsteren Pläne auch gar nicht erforderlich. Und so erhob sie sich selbst zur dunklen Herrscherin, die von allen fortan nur noch »die schwarze Eishexe« genannt wurde.

Ihre Gefolgsleute – die Dunklen – waren den Sensern zahlenmäßig weit überlegen und mussten sich dazu verpflichten, ebenfalls durch die Welten zu reisen, jedoch mit dem Auftrag, Lügen über die Senser zu verbreiten, Intrigen zu spinnen und den Menschen unnötige Angst vor diesen zu machen. Dabei durften sie nach Herzenslust zu ihrem eigenen Vorteil stehlen und betrügen, oder wozu sie das Wandeln sonst noch benutzen wollten – so lange sie den Großteil ihrer Beute zu ihrer neuen Herrin brachten. Das machte sie kurzzeitig glücklich, doch mit jeder Rückkehr wurde ihr kurzes Glück von der Höhle aufgesaugt und durch schlechte Gefühle ersetzt.

Das hatte die schwarze Eishexe auch so geplant, wodurch die Macht der Höhle – und damit ihre eigene – stetig wuchs und ihre Diener immer gemeiner und bösartiger wurden. Die Senser aber wurden nach einiger Zeit überall verfolgt und getötet, bis sie fast vollständig ausgerottet waren. Yggdrasil war darüber so traurig, dass sie keinem mehr gestattete, ein Senser zu werden und so verschwand die Gilde wieder.

Mit ihr verschwanden auch die Diener der schwarzen Eishexe. Denn sie alle wurden mit der Zeit über ihre eigene Existenz so unglücklich, dass sie es irgendwann nicht mehr aushielten und sie der Wahnsinn in den Tod trieb. Doch ohne die Senser brauchte die schwarze Eishexe auch keine Gefolgsleute als Gegenspieler mehr und so warb sie einfach keine neuen mehr an.

Drei Mal hatte sich das oberste magische Gesetz in dieser Epoche ebenso eindrucksvoll wie erbarmungslos gezeigt. Das Gesetz der Balance. Wann immer sich in der alten Welt etwas ereignet, sorgt die Balance dafür, dass sich die Kräfte von Gut und Böse wieder ausgleichen. Für Yggdrasil entstand die schwarze Eishöhle, mit der Gilde der Senser kamen die Dunklen und mit dem Niedergang der Senser verschwanden auch die Dunklen wieder.«

Er sprach nicht weiter, sondern gab Benni Zeit, zu verstehen. Dieser dachte kurz nach, dann drehte er sich wieder zu D'nai um. »Dann stimmt es also, was die anderen gesagt haben. Du ... du bist ...« D'nai nickte und lächelte traurig. »Ja, Benni, es stimmt. Ich bin der letzte Senser.«

*

Benni hatte noch so viele Fragen, doch D'nai ließ sich an diesem Abend nicht mehr erweichen. »Es ist schon sehr spät und morgen ist auch noch ein Tag. Schlaf dich aus, Benni, vor dir liegt noch so viel Neues in den nächsten Tagen, da ist es besser, wenn du ausgeruht bist. Ich werde jetzt wieder nach unten gehen. Wenn du etwas brauchst, dann komm bitte einfach. Mein Zimmer ist genau gegenüber dem Treppenaufgang. Gute Nacht, Großer!« Er streichelte Benni noch einmal freundschaftlich über die Schulter, dann ließ er ihn allein.

Dieser wartete ab, bis die Schritte im Flur und auf der Treppe verklungen waren, dann schlich er sich leise hinüber ins Zimmer von N'jsoa und X'mai. Das Mondlicht schien durch die große Fensterwand und tauchte das Zimmer in dunkles Grau. Dennoch waren die Umrisse von Yggdrasils Ästen und die der Möbel gut zu erkennen. Leise tastete er sich Schritt für Schritt durch den großen Raum.

Er erkannte, dass X'mais Bett leer war und mit einem Blick zur anderen Seite sah er, dass dieser seine Ankündigung wahr gemacht hatte. N'jsoa lag mit dem Rücken zur Wand auf der Seite, vor ihm und eng an ihn geschmiegt sein kleiner Bruder. N'jsoa hatte den Arm um den kleineren gelegt und die tiefen Atemzüge der beiden verrieten, dass sie bereits fest schliefen. Benni trat lautlos einen Schritt näher und besah ihre Gesichter. Die Augenlider waren fest geschlossen, die Münder zu einem Lächeln verzogen. X'mais Lippen bewegten sich ein wenig, so als würde er seinen Bruder sogar im Schlaf noch erzählen wollen, was er gerade träumte.

Benni wandte sich ab, ging aber nicht hinüber zu X'mais Bett, sondern verließ das Zimmer wieder. Er war etwas enttäuscht darüber, dass seine Freunde nicht auf ihn und seine Entscheidung gewartet hatten. War es ihnen vielleicht doch nicht so wichtig gewesen, ob er blieb? Wahrscheinlich nicht, die beiden hatten sich ja auch gegenseitig. Obwohl er sich nicht vorstellen konnte, wie es war, mit seinem Bruder so verbunden zu sein – Philipp und er waren ja das genaue Gegenteil – war er dennoch etwas neidisch. Er stellte es sich schön vor, einen Bruder wie X'mai zu haben. Oder sogar noch schöner – einen wie N'jsoa.

So tastete er sich leise weiter an der Wand den Flur entlang bis vor J'naas Zimmer. Er lauschte an der Tür, hörte aber nichts. Auch konnte er keinen Lichtschein unter dem Türspalt am Boden erkennen. Ob sie noch auf war? Hatte sie auf ihn gewartet? Aber wenn nicht, würd er sie jetzt sicher wecken, wenn er anklopfen würde. Und einfach so in ein Mädchenzimmer zu schleichen, traute er sich dann doch nicht.

Also wandte er sich seufzend ab und ging in sein eigenes Zimmer zurück. Es war jetzt ebenfalls dunkel. War jemand hier gewesen und hatte das Licht ausgemacht? Und wie machte man das hier überhaupt, es gab nirgendwo Schalter dafür? Egal, das würde er morgen schon herausfinden und zum Schlafen war es ohne Licht sowieso besser. Er würde es diese Nacht schon nicht mehr brauchen.

Im Gegensatz zum Zimmer der Brüder kam ihm dieses hier, da es noch nicht weiter eingerichtet war, aber auch ohne jemand anderen darin, sehr leer vor. Auf einmal fühlte er sich sehr einsam. Er kannte das Gefühl, und doch war es hier noch einmal anders. Hier, weit weg von zu Hause, in einer völlig fremden Welt und unter nahezu fremden Menschen, die er – mal abgesehen von D'nai – noch kaum einschätzen konnte.

Er zog sich in Ermangelung eines Schlafanzuges – wahrscheinlich war einer im Schrank, aber den würde er ohne Licht nicht finden – bis auf die Unterhose aus, legte sich ins Bett und starrte an die Decke. Der Gedanke an D'nai und der Blick auf Yggdrasils große Äste beruhigte ihn ein wenig, doch einschlafen konnte er nicht. So wälzte er sich unruhig hin und her.

»Kannst du bitte mal damit aufhören?« Benni erschrak. Die dunkle, brummige Stimme hatte er noch nie gehört und sie kam direkt aus seinem Zimmer. Sein Herz raste und er bekam Angst. Wer war da? Wie machte man das verdammte Licht an? »Wer … wer ist da?«, brachte er ängstlich hervor und kroch ganz tief unter die Decke, als könnte ihn diese vor irgendetwas beschützen.

»Ich. Und ich würde gerne schlafen, wenn es dir nichts ausmacht. Ich bin hundemüde!« Benni versuchte, die Stimme zu orten, doch er konnte niemanden erkennen. Panik stieg in ihm auf und er begann zu schwitzen. »Beruhige dich, ich tu dir doch nichts, ich will nur schlafen! So wie du riechst, muss M'oii sonst noch dein Bett frisch beziehen.«

Benni sah sich panisch um. Wer war das? Und wieso »riechen«? »Wer ist da?«, rief er nun etwas lauter. »Meine Güte, nicht so laut – Du weckst ja noch das ganze Haus auf!« Er hörte schlurfende, kratzende Schritte auf dem Holzfußboden, konnte aber immer noch nichts erkennen. Doch! Da! Ein großer, dunkler Schatten bewegte sich auf ihn zu. Er kam näher, immer näher. Benni war jetzt wie gelähmt vor Angst.

Dann spürte er etwas Kaltes an seiner Hand und … eine raue Zunge, die daran leckte.

»Samson!«, stieß Benni halb erleichtert, aber immer noch ängstlich aus. »Bin ich froh, dass du da bist! Hast du die Stimme auch gehört, mein Junge? Wer ist da?« Der Hund hechelte, dann brummte die Stimme wieder, jetzt ganz nah. »Natürlich habe ich das. Was wäre ich denn für ein Hund, wenn ich nicht mal meine eigene Stimme hören könnte!«

Also war das ein Traum. Natürlich! Er musste eingeschlafen sein und hatte einen Albtraum. Kein Wunder, nach dem Tag heute. Aber … konnte man im Traum darüber nachdenken, warum man träumte? Er zwickte sich in den Arm und fühlte einen kurzen Schmerz. Das war doch nicht möglich! Oder etwa doch?

*

»Samson? Du … du kannst sprechen?« Benni kam sich etwas blöd dabei vor, einen Hund so etwas zu fragen, aber angesichts der Situation … »Natürlich kann ich sprechen. Kannst du doch auch.« Es war eindeutig, die Stimme kam direkt von Samsons großem Schatten. »Aber … aber wie … ich meine …« Benni wusste nicht einmal, wie er die Frage formulieren sollte. Hunde konnten nicht sprechen! Das wusste doch jeder! »Wie ich spreche? Eine merkwürdige Frage. Mit meinem Maul natürlich, wie denn sonst?«

Benni wusste nicht, was er denken sollte. Wurde er ernsthaft gerade von einem Hund verarscht? Andererseits – er befand sich hier in der alten Welt, hatte erfahren, dass es Hexen, Zauberer und Senser gab. Was war da schon ein sprechender Hund? »Bist du ein Zauberhund?«, fragte er daher. »Was soll das denn sein? Ich bin ein reinrassiger Kangudel!« Seine brummige Stimme klang stolz. »Mein Vater war ein Kangal, meine Mutter ein Königspudel.«

Benni hatte in der Schule einmal ein Referat über Hunde gehört, daher wusste er, dass Kangale zu den größten Hunderassen gehörten,

Pudel – insbesondere die größte Variante, die Königspudel – gehörten zu den intelligentesten Hunderassen der Welt. Also ... zumindest seiner Welt. Das erklärte immerhin Samsons Größe und das wuschelige, krause Fell. Aber wieso konnte er sprechen?

Doch Samson selbst gab ihm die Antwort. »Ich kann riechen, dass deine größte Angst vorbei ist. Sehr angenehm übrigens. Angst riecht ziemlich streng, so süßlich-scharf. Und bevor du jetzt weiter sinnlose Fragen stammelst und mich vom Schlafen abhältst: Ja, ich kann sprechen. Und nein, ich bin kein Zauberhund – alle Tiere können sprechen. Wir tun es nur nicht so oft. Genauer gesagt so gut wie nie, zumindest in deiner Welt nicht. Die Menschen bei dir haben längst vergessen, dass wir es können und das ist uns nur recht. Vieles geht ohne Reden nämlich auch ganz gut. Also – können wir jetzt schlafen?«

Benni war nun noch aufgewühlter als vorher. Was erwartete ihn hier denn noch alles? Okay, irgendwie war es schon ziemlich cool, dass Samson sprechen konnte, aber andererseits ... Alles hier war so fremd, so verwirrend. Was kam als Nächstes? War es wirklich die richtige Entscheidung gewesen, hierzubleiben? Er bekam auf einmal schreckliches Heimweh – ein bisher nie gekanntes Gefühl, einfach deshalb, weil er noch nie an einem so fremden Ort war, dass ihm selbst sein Zuhause besser erschien. Er konnte nicht verhindern, dass ihm Tränen in die Augen stiegen.

Mit einem lauten Krachen fiel etwas Schweres auf sein Bett und er wäre beinahe von der Matratze geschleudert worden. Dann realisierte er, dass Samson auf sein Bett gesprungen war und ihm gleich darauf mit einem feuchten Schlabbern das Gesicht ableckte. »Entschuldige, kleiner Benni. Manchmal vergesse ich, dass ihr noch kleine Welpen seid. Ich wollte dich nicht traurig machen. Im Gegenteil, ich bin hier, damit du heute Nacht nicht so alleine bist und um auf dich aufzupassen.«

Das große Tier ließ sich erstaunlich sanft neben ihm nieder und legte ihm den schweren Kopf auf die Brust. »Schlaf jetzt, hab keine

Angst und sei nicht mehr traurig! Dies hier ist ein wunderschöner Ort und du wirst es schon bald mögen, hier zu sein. M'oii macht hervorragendes Futter und die Erde draußen ist wunderbar locker zum Buddeln!«

Benni musste jetzt trotz allem schmunzeln. Samsons Gegenwart tat gut, doch was er da soeben gesagt hatte, war nicht wirklich tröstlich. Buddeln gehörte nicht gerade zu seinen Hobbys, doch er erkannte die Bemühungen des Hundes und das fühlte sich gut an. Trotzdem war er immer noch zu aufgewühlt, um zu schlafen. »Samson?« Ein tiefes Brummen. »Meinst du, die anderen Kinder hier mögen mich?« Ein tiefes Schnauben, es klang beinahe ein wenig genervt. »Das konnte man doch ganz eindeutig riechen, dass sie dich mögen!«

Benni freute sich und ihm wurde deutlich leichter ums Herz. »Und N'ray?« Keine Antwort. »Samson?« Es dauerte einen Moment, bis dieser antwortete. »Schlaf jetzt endlich, kleiner Welpe, schlaf jetzt!«

*

Am nächsten Morgen erwachte Benni frisch und ausgeruht. Er blinzelte und angenehmes Licht fiel durch die riesige Fensterscheibe. Samson war nirgends zu sehen, er war wohl bereits vor ihm aufgewacht und nach unten gegangen. Benni streckte sich, dann sprang er aus dem Bett und sah hinaus. Der Anblick war atemberaubend schön.

Der Hof bestand offensichtlich aus mehreren Gebäuden, denn unter ihm führte ein Kiesweg zu einem großen Haus, das in etwa hundert Metern Entfernung stand. Eine Abzweigung führte um das Haupthaus herum und verschwand hinter der nächsten Ecke. Dazwischen befand sich säuberlich gestutzter Rasen, eingefasst von kleinen quadratischen Randsteinen. Hinter dem Nebengebäude fiel der Boden flach ab und dahinter erstreckte sich eine riesige Wiese mit verschiedenen Blumen in allen nur erdenklichen Farben bis zu einem großen Wald in der Ferne.

Das Gelände des Hofs schien nicht durch einen Zaun oder etwas Ähnliches von der Wiese abgegrenzt zu sein. Nur die Pflastersteine am Rand des Weges endeten nach einer Weile, während der Weg selbst weiter führte und irgendwo in dem Meer aus Farben verschwand. In der Ferne dahinter konnte Benni hohe schneebedeckte Berggipfel am Horizont erkennen. Hinter dem Nebengebäude glitzerte ein helles Band, vermutlich ein kleiner Bach.

Das wunderbarste aber befand sich nicht unter, sondern über ihm. Einige Meter über dem Dach des Hauses spannten Yggdrasils weit ausladende Äste ein gigantisches Blätterdach auf, das weit über den Teil des Gebäudes hinaus ragte, das er von seinem Standpunkt aus sehen konnte. Wie eine gigantische Markise spendete sie dem Platz unter sich natürlichen Schatten. Dieser war jedoch durchzogen von hellen Lichtpunkten, die wie einem fremdartigen Tanz folgend über den Boden hin und her schwebten. Bei genauerem Hinsehen erkannte Benni, dass es Sonnenlicht war, das durch die sich vom Wind bewegenden Blätter fiel.

Er öffnete einen der Fensterflügel und sofort umspielte eine leichte Brise sein Gesicht und seinen nackten Oberkörper. Es fühlte sich wie ein großer Föhn an, der ihm ganz sanft warme Luft entgegenblies. Und diese Luft war herrlich. Er konnte sich nicht erinnern, schon einmal so reine Luft geatmet zu haben, die auch noch so eine perfekte, frühsommerliche Temperatur hatte.

Dann riss er sich los, zog hastig seine Sachen vom Vortag an und ging hinunter. Die offenen Türen der anderen signalisierten ihm, dass er wohl der Letzte war. Er erinnerte sich an sein Handy in seiner Tasche und zog es heraus, um auf die Uhr zu sehen. Doch das Display blieb schwarz, egal was er versuchte. Der Akku war leer. Ein kurzer Schreck durchfuhr ihn – er hatte kein Ladekabel mitgenommen. Na prima! Hoffentlich hatten die anderen eines, das sie ihm borgen konnten.

In diesem Moment konnte er natürlich nicht wissen, dass ein Ladekabel für sein Handy sein mit Abstand kleinstes Problem war …

*

Unten angekommen hörte er laute Schreie aus dem Wohnzimmer. Er
steuerte darauf zu und die Geräusche wurden lauter. Es klang wie …
ein Kampf! Benni stürzte zur Tür und blieb wie angewurzelt im Tür-
rahmen stehen. Vor ihm auf dem Boden lag N'ray auf dem Rücken und
wehrte N'jsoa ab, der im Schlafanzug auf ihm saß und mit beiden Fäusten auf ihn einprügelte. »Ich mach dich fertig!«, schrie er und drosch
immer und immer wieder auf den jungen Mann unter ihm ein. Doch
dieser lachte nur höhnisch und wehrte die Schläge mit einer beinahe
schon beiläufigen Lässigkeit ab. »Du und welche Armee?«

Ein kleiner Schatten sprang von rechts heran und warf sich auf die
Kämpfenden. »N'jsoa braucht keine Armee, er hat mich!« X'mai versuchte, einen Arm von N'ray zu packen und auf den Boden zu drücken,
doch ebenso hätte eine Maus versuchen können, eine ausgewachsene
Python zu bezwingen. Und es sah wirklich fast so aus, als ringe der
Kleinere mit einer aufgerichteten Würgeschlange, die nur aus Muskeln
und Sehnen zu bestehen schien.

Doch N'jsoa versuchte nun ebenso, seine Chance zu nutzen, indem
er sich wie ein Berserker auf den anderen Arm stürzte. Mit hochrotem
Kopf und wutverzerrtem Gesicht warf er sich nach vorne und setzte
sein ganzes Gewicht und seinen Schwung ein, um sich einen Vorteil zu
verschaffen. Der Vierzehnjährige war drahtig und unter seinem Shirt
sah man deutlich die gespannten Muskeln. Bennis Magen verkrampfte
sich. Was war hier nur los? Warum kämpften die drei?

Dann schrie N'ray auf einmal auf. »Oh, nein, die Stinkmaulbrigade
hat mich überwältigt!« Jetzt lachten alle und Benni entspannte sich
wieder. Es hatte wirklich ernst ausgesehen. »Du stinkst selber, du Fettwanst!«, rief N'jsoa nun vergnügt und tatsächlich hatten es die Brüder
geschafft, die mächtigen Arme des Hünen auf den Boden zu drücken.
Benni verstand zwar nicht, wie N'jsoa gerade auf »Fettwanst« gekommen war – N'ray war zwar zwei Köpfe größer als sein Gegner und

bestimmt auch doppelt so schwer, doch er war schlank, muskulös und durchtrainiert.

»Wir haben dich, wir haben dich!«, triumphierte X'mai schwitzend und konnte es wohl selbst kaum glauben, was ihnen da gemeinsam gelungen war. »So, habt ihr das?« N'ray spannte sich kurz und in einer fließenden Bewegung riss er die Arme hoch. Die Reaktion kam zu schnell und zu überraschend für die Brüder. Doch Benni bezweifelte beim Anblick dieser enormen Kraft und Schnelligkeit, dass es ihnen irgendetwas genützt hätte, wenn sie es hätten kommen sehen. Vermutlich nicht einmal, wenn N'ray seine Aktion angekündigt hätte.

Dieser hatte nämlich nicht nur seine Arme befreit, sondern war mit derselben Bewegung aufgesprungen, hatte die Brüder gepackt und stand nun, beide von hinten fest umschlungen, aufrecht im Raum. Seine beiden Gefangenen hielt er mühelos vor sich, sodass deren Füße den Boden nicht mehr berührten. Es sah aus wie ein Kind, das zwei seiner Lieblingsstofftiere an sich presst – nur dass das »Kind« eher wie eine Mischung aus stehendem Tiger und Grizzly aussah und die beiden lebenden »Stofftiere« nun wieder rot anliefen.

N'jsoa und X'mai, die eigenen Arme an den Körper gefesselt und unfähig, sich auch nur einen Millimeter zu rühren, keuchten und begannen zu protestieren. »Das ist unfair, du hast uns ausgetrickst!« – »Lass uns runter, du blöder Riese!« Doch immer noch lachten alle drei und Benni hatte keine Angst mehr, hier würde ein ernsthafter Kampf stattfinden. Auch wenn er zugeben musste, dass er nun noch mehr Respekt vor N'ray hatte. Was war er? Ein Krieger oder so was in der Art?

Der Blonde lachte laut über die Proteste der beiden Jungen. »Was habe ich euch beigebracht, hm?« Wie aus einem Mund echote die Antwort der beiden. »Ein Kampf ist erst vorbei, wenn er gewonnen ist!« – »Ganz genau!«, bestätigte N'ray. »Ein Kampf ist erst vorbei, wenn er gewonnen ist! Und, habe ich gewonnen?« Die Muskeln an seinen Unterarmen traten hervor und die Brüder keuchten. Scheinbar hatte er den Schwitzkasten kurz zugedrückt. »Ja, du hast gewonnen, du hast gewonnen!«, keuchte X'mai. »Ja, wir ergeben uns!«, bestätigte schließlich auch N'jsoa.

»Zur Strafe müsst ihr nach dem Frühstück duschen und euch die Zähne putzen, ihr Stinker!« Damit ließ er sie einfach los und beide plumpsten unsanft, aber lachend auf den Boden. »Ich putze mir nach dem Frühstück immer die Zähne!«, gab N'jsoa zurück. »Und ich habe erst vorgestern oder so geduscht!«, protestierte X'mai. Benni roch verstohlen an seiner Achselhöhle und ihm fiel ein, dass er sich nach dem Fußballtraining gestern ebenfalls noch nicht gewaschen hatte.

Er duschte nie mit den anderen in der Umkleidekabine des Vereinsheims, sondern verdrückte sich auf dem Weg dorthin immer schnell und beeilte sich, nach Hause zu kommen. Mit dem Fahrrad, wie alle anderen, durfte er nicht fahren, es könnte ihm dort ja schließlich gestohlen werden, wie ihm seine Mutter immer wieder predigte. Manchmal fuhr er trotzdem damit hin und hatte dann die ganze Zeit über die Sorge, es könnte einmal tatsächlich entwendet werden. Doch das alles sollten die anderen besser nicht mitbekommen.

Das – und dass er eine riesige Angst davor hatte, mit ihnen duschen gehen zu müssen. Also machte er das lieber zu Hause, wo er nur seiner Mutter und Philipp ausweichen musste. Doch gestern Abend war ja … Nicht einmal die Zähne hatte er sich vor dem Zubettgehen mehr geputzt. Er schämte sich ein wenig, doch die Brüder waren wohl auch in keinem besseren Zustand als er.

»Jungs!« Benni drehte den Kopf. Er hatte bei dem ganzen Getümmel gar nicht bemerkt, dass J'naa schon am Tisch saß – offensichtlich war sie bereits ausgiebig im Badezimmer gewesen – und den anderen belustigt zusah. Er glaubte, gerade noch gesehen zu haben, wie sie bei dem Wort »Jungs!« die Augen gespielt verdrehte. »Jungs böse! Jungs immer kämpfen! Ärgern kleine Mädchen!« Gebückt und mit schwingenden Armen wie ein Gorilla schlurfte N'ray auf sie zu und imitierte dabei eine Art Höhlenmenschen. Sie quiekte und riss die Hände vors

Gesicht, doch als N'ray sie erreichte, nahm er nur ihre rechte Hand und deutete einen flüchtigen Kuss auf deren Rücken an.

»Jungs manchmal auch lieb!«, grunzte er und alle mussten lachen. »Warte nur, bis ich nachher meine Wurfsterne habe, dann nutzt dir dein Affencharme auch nichts mehr!« Doch ihre leicht geröteten Wangen und ihre strahlenden Augen standen im deutlichen Gegensatz zu ihren Worten. Benni gefiel es nicht, wie sie N'ray ansah, auch wenn er nicht genau wusste, warum. Und was für Wurfsterne überhaupt? Aber bevor er sich weitere Gedanken darüber machen konnte, ertönte D'nais Stimme aus Richtung der Küche und kurz darauf trat er in Bennis Blickfeld. »Setzt euch jetzt, Kinder, das Frühstück ist fertig. Du auch, Benni, komm rein!«

Alle Blicke wandten sich zur Tür und sahen ihn an. »Bennnniiiiiiii!« X'mai flog ihm entgegen und umarmte ihn stürmisch. Scheinbar schien es ihn doch zu interessieren, dass er noch da war, dachte Benni, immer noch ein wenig gekränkt. »Warum hast du nicht bei uns geschlafen? Ich habe dir extra mein Bett freigemacht. Als wir gehört haben, dass du bleibst …« Sein Geplapper endete abrupt und er sah schuldbewusst zu Boden. Auch sein Bruder und J'naa sahen nun betont unschuldig in die Luft. X'mai blickte ein wenig ängstlich zu D'nai hinüber.

»Als ob mir nicht klar war, dass ihr lauschen würdet, ihr neugierige Rasselbande!«, tadelte D'nai sie, lächelte aber dabei. J'naa verteidigte sich sogleich. »Aber nur ganz kurz, nur bis Benni gesagt hat, dass er bleibt! Dann sind wir gleich ins Bett!« N'jsoa stimmte nun ein. »Das stimmt! Und dann haben wir auf dich gewartet, Benni, aber wir müssen wohl eingeschlafen sein.« Er lächelte verlegen.

»Weiß ich doch, ihr Aushilfsspione! Länger hätte ich euch auch nicht zuhören lassen. Aber mir war klar, dass ihr sonst eh keine Ruhe gegeben hättet.« D'nais Blick war bestimmt, aber verständnisvoll. Benni freute sich über diese Informationen. Es war ihnen also doch wichtig gewesen und sie waren wirklich seine Freunde! Ein warmes Gefühl breitete sich von seinem Magen her kommend in seinem ganzen Körper aus. Er hatte zum ersten Mal in seinem Leben richtige Freunde!

»Danke, dass ihr mit dem Frühstück auf mich gewartet habt!« Er fühlte sich leicht und fröhlich, weswegen er irgendetwas Nettes sagen wollte, das gleichzeitig nicht zu peinlich klang. J'naa antwortete ihm. »Wir essen hier immer zusammen. Hättest du noch länger geschlafen, hätten wir dich geweckt.« Sie lächelte ihm zu und Benni lächelte schüchtern zurück.

Da ertönte ein Schrei aus der Küche.

*

»Kann mir vielleicht mal jemand helfen, das ganze Dreckszeug zum Tisch zu bringen?« M'oii kam auf sie zu und wischte sich wieder einmal die Hände an ihrer Schürze ab. Sie blitzte die fünf am Tisch an und ihre Augen funkelten. D'nai, der noch stand, ging auf sie zu. »Natürlich helfe ich dir!« Doch M'oii war gerade richtig gut in Fahrt.

»Nichts da, D'nai. Du stehst schon den ganzen verfluchten Morgen mit mir in der Küche. Das faule Pack hier kann sich auch mal nützlich machen. Auf jetzt, sonst rosten eure Ärsche noch an den Stühlen fest. Oder soll ich euch alle in Warzenkröten verwandeln?« Mit wedelnden Armen, funkelnden Augen und einem breiten Grinsen scheuchte sie alle auf und die Versammlung beeilte sich, in die Küche zu kommen. Sogar N'ray gehorchte ihr aufs Wort.

In der Küche war der herrliche Duft noch intensiver. Jeder nahm sich, was er tragen konnte und in Windeseile war der Esstisch voller köstlicher Leckereien. Frisch gebackenes Brot mit einer reschen Kruste, das sogar noch ein wenig warm war, dazu allerlei Marmeladen, Butter und Obst, das Benni noch nie gesehen hatte. D'nai schenkte ihnen Milch aus einer großen Kanne ein und Benni entdeckte außerdem noch Eier und etwas, das wie frisch gebratener Speck aussah. Bestimmt wieder so ein leckerer Fleischpilz, wie das Schnitzel von gestern Abend.

Benni überlegte, ob er D'nai zu Hause jemals hatte Fleisch essen sehen und ihm fiel auf, dass er sich nicht daran erinnern konnte. In den Sushis war Lachs und noch irgend ein anderer Fisch gewesen, aber sonst … Er verscheuchte den Gedanken wieder, setzte die Frage nach Fleisch, und warum das hier so verpönt war, aber auf seine Frageliste.

»Gib mir gefälligst mal die Drecksbutter rüber, bitte!« M'oii streckte die Hand in seine Richtung aus. Benni reagierte nicht sofort, weil er kurz darüber nachdachte, wie man »gefälligst«, »Drecksirgendwas« und »bitte« tatsächlich in einem freundlichen Satz unterbringen konnte. Sie bemerkte seine Irritation und ließ die Hand sinken.

»Ich sehe dir an, dass du vor mir noch keine Hexe getroffen hast. Zumindest keine, die sich dir als solche gezeigt hätte.« Sie machte eine kurze Pause, bevor sie weiter sprach, wie um zu sehen, ob Benni auf das Wort »Hexe« reagierte. Doch die anderen hatten es ihm ja bereits erzählt und er hatte auch keine Angst vor ihr.

»Weißt du, Benni, Hexen fluchen für ihr Leben gerne und stoßen allerlei Beleidigungen aus. Das gehört bei uns nun einmal dazu.« Sie sprach nun ganz ruhig und ohne zu fluchen. Die anderen schwiegen respektvoll. »Lass dir von einer alten Frau eines über Worte sagen, Benni. Worte sind eine mächtige Waffe, denn sie können gutes wie schlechtes bewirken, sie können dich verletzen oder trösten, dich erniedrigen oder ermutigen, dich traurig machen oder zum Lachen bringen. Doch ihr Inhalt ist nur ein kleiner Teil der Botschaft, die sie übermitteln. Viel wichtiger ist die Absicht desjenigen, der sie ausspricht. So können dich wohlklingende Worte verletzen, wenn sie genau gegenteilig gemeint sind, während ein derber Scherz dich zum Lachen bringt, wenn ihn ein wahrer Freund ausspricht. Verstehst du das?«

M'oii sah ihn prüfend an und Benni nickte eifrig. Er wusste, was sie damit meinte. Wenn jemand zum Beispiel etwas »Nettes« in gehässigem Tonfall zu ihm sagte und es überhaupt nicht so meinte, zum Beispiel ein »toll gemacht« mit höhnischem Gelächter, wenn jemand beim Training ein Eigentor schoss, dann war das etwas völlig anderes, als wenn es D'nai zu ihm bei den Matheaufgaben gesagt hatte. Umgekehrt hatte er manche Jungs immer darum beneidet, die sich einfach zum Spaß gegenseitig beleidigten und darüber lachten, ohne dass jemand von ihnen jemals tatsächlich beleidigt gewesen wäre.

»Eines musst du aber beachten, Benni! Wenn jemanden der Inhalt deiner Worte stört, auch wenn du sie nicht negativ meinst – dann ändere deine Wortwahl. Die Botschaft entsteht beim Empfänger, aber die Verantwortung trägt der Sender!« Den letzten Satz verstand Benni zwar nicht ganz, aber insgesamt wusste er, was gemeint war und er nickte erneut.

»Gut!«, fuhr M'oii daraufhin fort. »Und? Stört dich meine Wortwahl?« Benni grinste, denn er fand M'oiis Sprüche sogar ziemlich cool, umso mehr, da er jetzt besser verstand, wie sie gemeint waren. Immer noch grinsend schüttelte er den Kopf. »Dann ist es ja gut,« schloss sie das Thema ab. »Und jetzt gib mir endlich gefälligst mal die Drecksbutter rüber, bitte!«

Alle lachten und fuhren mit dem Frühstück fort. Nur N'ray saß zurückgelehnt auf seinem Stuhl und musterte ihn. Benni sah zu ihm auf, doch N'ray blickte ihn weiterhin nur mit versteinerter Mine an. Hastig blickte Benni wieder zu den anderen, doch er konnte die stahlblauen Augen des Hünen förmlich auf sich spüren. Was hatte er nur gegen ihn? Zu den anderen war er so nett und lustig, nur mit ihm hatte er noch kein einziges Wort gewechselt. Er konnte sich keinen Reim darauf machen, doch die Antwort ließ nicht mehr lange auf sich warten.

*

Nach dem Frühstück halfen alle mit, die Reste und das Geschirr wieder in die Küche zurückzubringen. Benni fiel bei genauerem Hinsehen auf, dass es keinen elektrischen Herd, sondern nur einen Ofen mit Feuerholz gab. Sehr rustikal, aber wahrscheinlich hatte das Brot deshalb so gut geschmeckt. Zumindest vermutete Benni das, er hatte noch nie zuvor frisches Brot gegessen.

»Haben wir heute wieder Training und Unterricht?« X'mai, der aufgeregt durch das Wohnzimmer hüpfte, riss ihn aus seinen Gedanken. Training? Unterricht? Na hervorragend! Benni hatte geglaubt, dass ihm die anderen heute den Hof und die Umgebung zeigen würden oder irgend so etwas. Aber doch bitte nicht Schule! Und was für Training überhaupt? Kraftübungen? Laufen? Er warf einen prüfenden Blick auf seine drei Freunde. Sie sahen alle ziemlich sportlich aus. Ob er da mithalten konnte? Hoffentlich blamierte er sich nicht.

J'naa rümpfte die Nase. »Wie wäre es, wenn ihr erst mal ins Bad geht?« Doch X'mai protestierte wie auf Knopfdruck. »Ich gehe doch nicht duschen, bevor wir trainieren! Auf so was kann auch bloß ein Mädchen kommen!« Doch sie ließ sich nicht provozieren. »Vielleicht trainieren wir heute aber gar nicht, vielleicht schreiben wir ja heute den ganzen Tag einen Test!« Sie sah ihn streng an und X'mai wirkte etwas verunsichert. Auch Benni erschrak. Ein Test? Worüber denn?

X'mai wandte sich hilfesuchend an D'nai, der hinter ihm aus der Küche gekommen war. Beruhigend legte dieser die Hand auf die Schulter des Jungen. »Lass dich nicht verunsichern, Champ! Wie viele Tests haben wir schon geschrieben, seit du hier bist?« X'mai entspannte sich ein wenig. »Äh … keinen.« D'nai lächelte. »So ist es – und so wird es auch bleiben. Tests sorgen nicht dafür, dass ihr etwas lernt! Höchstens dafür, dass ihr keine Freude mehr am Lernen habt.« Nun lächelten alle, nur J'naa wiegte dabei den Kopf etwas hin und her, um auszudrücken, dass sie dieser These nicht vollständig zustimmte.

D'nai fuhr fort. »Also, hier ist der Plan für heute: Ich habe Benni gestern Abend versprochen, ihm heute seine restlichen Fragen an mich zu beantworten. Aber es ist ein herrlicher Tag und ich schätze, dass es später ziemlich heiß werden wird. Daher schlage ich vor, ihr geht jetzt Zähne putzen und danach legt N'ray eine Trainingsrunde mit euch ein, bevor es dafür zu warm wird. Danach könnt ihr unserem Neuankömmling ja den Rest vom Hof zeigen und nach dem Abendessen werde ich mein Versprechen dann einlösen. Einverstanden?«

N'jsoa, J'naa und X'mai standen auf. »Einverstanden!«, antwortete N'jsoa stellvertretend für sie alle. Sie schienen sich auf das Training mit N'ray zu freuen. Benni war sich da noch nicht so sicher, eher im Gegenteil. Und auch N'ray schien nicht gerade begeistert zu sein. Er blickte die Brüder und J'naa freundlich an – Benni ignorierte er jedoch weiterhin. »Macht euch schon mal fertig, ich habe noch etwas mit D'nai und M'oii zu besprechen.«

Die Kinder wandten sich ab und zogen Benni mit sich. Oben angekommen, verschwand J'naa in ihrem Zimmer, die Jungen steuerten auf die Tür zwischen ihrem und dem Zimmer des Mädchens zu. Sie traten ein und Benni erblickte das schönste Badezimmer, das er je in seinem Leben gesehen hatte. Es war ganz aus dem gigantischen Baumstamm Yggdrasils herausgearbeitet worden.

Wie im Erdgeschoss war auch hier bis auf den Spiegel über dem Doppelwaschbecken, der Einrichtung aus Stein und den Lampen alles Teil des Baumes. Und wieder fielen Benni die merkwürdigen Lichtquellen auf, die beim Eintreten einfach angegangen waren. Das Bad hatte zwar Fenster, diese waren jedoch ebenso wie die Lampen aus milchigem Glas, das absolut blickdicht war, dafür aber auch nicht ganz so viel Sonnenlicht in den Raum dringen ließ. Zusammen mit den geisterhaften Lampen war es jedoch hell genug und die Atmosphäre sehr gemütlich.

Zu seiner Freude entdeckte Benni auf der großen Ablage oberhalb der Waschbecken einige seiner Sachen, inklusive seines Zahnbechers mit dem Logo seiner Lieblingsfußballmannschaft darauf – das letzte Weihnachtsgeschenk seiner Großeltern – nebst der dazugehörigen Zahnbürste. Sie putzten sich die Zähne und Benni wandte sich an N'jsoa. »Hie hunkioniert eigentlich as it em Icht?« Sein Mund war voll schaumiger Zahnpasta, doch der Ältere verstand und antwortete ebenso mit vollem Mund. »As ind anz ormale Agieampen. U usst ich ur urz onzenieren …« Er spuckte ins Waschbecken und sprach jetzt wieder deutlicher. »Du musst dich nur kurz konzentrieren, dann gehen sie an oder aus. Je nach dem, was du dir vorstellst.«

Benni sah ihn verblüfft an. Er spuckte ebenfalls aus. »Du meinst, ihr … ihr … ihr könnt ZAUBERN?« Nun waren es die Brüder, die ihn ihrerseits verdutzt ansahen. »Leider nicht,« meinte X'mai enttäuscht, »aber das wäre voll cool! Dann würde ich der mächtigste Zauberer aller Zeiten werden und alle vernichten, die sich mir in den Weg stellen!« Er hielt die Zahnbürste wie einen Zauberstab vor sich und hüpfte damit herumfuchtelnd durch das Bad.

N'jsoa verstand Bennis Frage besser und so klärte sich ein weiteres Mysterium dieser sonderbaren Welt. »Da, wo du herkommst, gibt es wohl keine magischen Gegenstände, oder?« Seine Frage klang nicht herablassend, sondern ehrlich interessiert. Als Benni verneinte, hörte X'mai mit seinem Spiel auf und glotzte ihn mit offenem Mund an. »Echt nicht? O Mann, das muss ja megaöde sein!« Doch N'jsoa brachte ihn mit einem strengen Blick zum Schweigen.

»Also, keine Ahnung, wie verschiedene Sachen bei euch dann so funktionieren, aber hier gibt es viele nützliche magische Gegenstände. Man muss nichts Besonderes können, um sie zu bedienen. Die Magie in ihnen beschränkt sich auf ihre angedachte Funktion. Wenn du deine Gedanken darauf richtest, kannst du sie aktivieren oder ruhen lassen.«

»Ist voll leicht!«, krähte X'mai und schon ging das Licht mehrere Male hintereinander aus und wieder an. »Probier's auch mal! Das ist babyleicht!«, forderte er ihn auf und beide Brüder sahen ihn erwartungsvoll an. Benni wollte sich nicht blamieren und konzentrierte sich mit aller Kraft auf die beiden Lampen. »Geht aus, geht aus, geht aus!«, dachte er immer wieder vor sich hin. Doch nichts geschah. Ratlos sah er die beiden Brüder an. Diese brachen in schallendes Gelächter aus.

»Haha, reingelegt!«, gackerte X'mai. Benni kam sich sofort dumm vor und spürte, wie sein Gesicht heiß wurde. Magische Gegenstände!

Zauberlampen! Warum war er nur so naiv und fiel immer auf so einen Blödsinn herein. Er spürte Ärger in sich aufsteigen, der jedoch sofort wieder verflog, als ihm N'jsoa leicht auf den Oberarm boxte und sich entschuldigte. »Wir haben beide gleichzeitig an ›Licht an‹ gedacht, dann geht es natürlich nicht aus. Mach noch mal, diesmal machen wir auch nix, versprochen!«

Benni wollte sich sicherheitshalber nichts anmerken lassen, damit er den beiden nicht wieder in die Falle tappte. Er glaubte ihnen kein Wort mehr, probierte es aber insgeheim und, ohne eine Miene zu verziehen, dennoch aus. Und tatsächlich, die Lampen erloschen! Er wartete einen Moment und mit dem nächsten Gedanken an Licht gingen diese sofort wieder an. Sein Mund verzog sich wie von selbst zu einem breiten Grinsen. Krasse Scheiße, war das geil! Es gab hier wirklich magische Gegenstände! Und man konnte sie tatsächlich einfach so mit Gedanken bedienen.

Was Benni zu diesem Zeitpunkt noch nicht wusste, war jedoch, dass es hier auch so manche Dinge gab, deren Bedienung um einiges schwieriger war. Wie schwierig, sollte er noch in derselben Stunde ziemlich schmerzhaft am eigenen Leib erfahren.

*

J'naa hatte sich in der Zwischenzeit andere Sachen angezogen und nachdem auch die Brüder schnell in ihr Zimmer gehuscht und sich angekleidet hatten, gingen sie gemeinsam nach unten und durch das Wohnzimmer auf die Terrasse. Sie lag auf der anderen Seite des Hauses und erst jetzt fiel Benni auf, dass der Garten nur einen Steinwurf entfernt am Ufer eines Sees endete. Yggdrasils ausladende Äste reichten ein Stück über das Ufer hinaus und von einem hing sogar ein dickes Seil herunter, das in einem dicken Knoten endete. Bestimmt konnte man sich damit vom Baum schwingen und in den See fallen lassen. Was für ein herrlicher Ort!

153

Doch dann erinnerte sich Benni wieder daran, dass sie ja auf dem Weg zum Training mit N'ray waren und er immer noch nicht wusste, was sie eigentlich trainieren würden. Das flaue Gefühl im Magen kehrte wieder zurück. Hoffentlich war es kein …

»Kampftraining!« N'rays laute Stimme hallte wie der Befehl eines Generals zu ihnen herüber. Die anderen rannten los und da Benni sich hier nicht auskannte, rannte er ihnen einfach hinterher. Es ging links um das Haupthaus herum, wo sich eine große Rasenfläche erstreckte. Ein Stück entfernt stand der Hüne vor einem Areal, das etwa so groß wie ein halbes Fußballfeld war und dessen Boden aus einer rotbraunen Oberfläche bestand, die Benni an den Basketballplatz hinter seiner Schule erinnerte.

Sie liefen darauf zu und als X'mai, der vorne weggelaufen war, direkt auf die Fläche stürmen wollte, trat N'ray blitzschnell einen Schritt schräg nach vorne, packte den Kleinen im Vorbeilaufen und schleuderte ihn nach oben in die Luft. X'mai schrie kurz auf, und plumpste dann mit einem freudigen »Huiiiii!« in die ausgestreckten Arme des blonden Riesen.

»Du kommsch hier ned rein!«, imitierte dieser einen Türsteher vor einer Diskothek und alle lachten. J'naa sah den Jüngeren tadelnd an. »Du wirst es nie schaffen, an ihm vorbei zu kommen. Warum versuchst du's überhaupt noch?« X'mai plusterte sich auf. »Irgendwann schaffe ich es schon! Und außerdem macht's Spaß«, sagte er lachend.

»Erklär ihm alles und lass ihn eine Waffe aussuchen.« N'ray sprach zu N'jsoa gewandt, als wäre Benni gar nicht da und deutete auf ein paar große schwarze Kisten, die am Rand des Feldes standen. Benni folgte seinem Freund zu den Boxen und dieser begann mit der Erklärung.

»Das hier ist eine Trainingsarena. N'ray zeigt uns hier, wie man mit verschiedenen Waffen kämpft. Dazu kann er die Arena aktivieren und verschiedene Parcours, aber auch Gegner erscheinen lassen. Zu Beginn stellst du dich in einen der gelben Kreise, die am Boden eingezeichnet sind. Jeder Kreis ist so weit vom nächsten entfernt, dass man nicht zusammenstößt. Wird die Arena aktiviert, kannst du dich darin ganz normal bewegen, also gehen, rennen, springen ... Aber in Wirklichkeit bleibst du immer in deinem Kreis stehen. Es ist eine Simulation.«

Benni unterbrach ihn. »Alter, das ist ja tausend Mal geiler als Clash of Dragons auf dem Handy!« N'jsoa sah ihn irritiert an. »Nicht so wichtig!«, ergänzte Benni schnell. »Erklär weiter! Was gibt es für Waffen?« Sein Freund fuhr fort.

»Die Waffen sind da in den Kisten. Jede ist anders zu handhaben und hat ihre Vor- und Nachteile, je nach dem, gegen wen oder was du kämpfst. Da es Trainingswaffen sind, kannst du dich mit ihnen nicht ernsthaft verletzen, genauso wenig wie beim Agieren in der Arena. Auch die Gegner fügen dir zwar Schaden zu, dieser hat aber keine Auswirkungen auf dich in der realen Welt. Allerdings ...« Er zögerte.

»Allerdings was?« Benni war neugierig und wollte diese coole Arena so schnell wie möglich ausprobieren. Ungeduldig wartete er auf N'jsoas Antwort. »Allerdings sorgt jeder Schaden in der Arena für eine entsprechende Beeinträchtigung, so lange du dort bist. Es ist ja eine Simulation. Springst du also irgendwo herunter und verstauchst dir den Knöchel, kannst du danach nicht mehr rennen, sondern nur noch humpeln. Knallst du irgendwo dagegen und hast ein zugeschwollenes Auge, ist dein Sichtfeld eingeschränkt und so weiter. Klar?«

»Endgeil!« Benni war begeistert. »Alles klar soweit, jetzt zeig mir die Waffen!« N'jsoa nickte und sie öffneten die erste Kiste. Darin befanden sich verschiedene Schwerter sowie diverse Dolche in unterschiedlichen Formen und Längen. Die zweite Kiste war deutlich länger und darin lagen Kampfstäbe, Speere und Hellebarden. In der dritten waren mehrere Morgensterne sowie Nunchakus aus zwei oder drei Gliedern in unterschiedlichen Längen. In der vierten Kiste entdeckte Benni kleine Wurfmesser und -sterne sowie eine Steinschleuder. Die prächtigste Waffe hing jedoch im aufgeklappten Deckel der Truhe.

»Die ist ja krass!« Benni streckte die Hand aus und wollte soeben danach greifen, als N'jsoa ihn schnell und unsanft zurückzog. »Nicht!

Das ist N'rays Armbrust. Sie ist die einzige Waffe hier drin, die keine reine Trainingswaffe ist. Er hat sie selbst gebaut und M'oii hat sie für ihn mit einem mächtigen Fluch belegt. Trotzdem ist sie sehr schwer zu bedienen. Wir dürfen sie nicht einmal anfassen und glaub mir, du willst N'ray nicht wütend erleben!« O nein, das wollte Benni ganz sicher nicht. Trotzdem konnte er seinen Blick noch nicht von diesem edlen Ding abwenden.

Sie schien bis auf die Sehne komplett aus einem mattgrünen Metall zu bestehen und war in etwa einen Meter lang. Ungefähr in der Mitte befand sich auf der Unterseite ein Griff, der an eine Pistole erinnerte. Ihr Schaft war makellos glatt und der schwarze Bogen war perfekt in ihn eingearbeitet. Am Ende verbreitete er sich wie bei einem Gewehr-kolben, um die Waffe zum Zielen an der Schulter abstützen zu können.

Benni bewunderte sie noch einen Moment, dann wandte er sich wieder N'jsoa zu. »Welche Waffe nimmst du immer?« N'jsoa grinste breit und nahm einen Kampfstock aus der langen Kiste, der an beiden Enden in zwei scharfen Klingen endete. »Fett!«, bewunderte Benni das Doppelschwert. Er sah sich die Kisten noch einmal an und nahm dann einen großen, schweren Morgenstern heraus. Der mit Leder bezogene Griff lag gut in der Hand und die schwere, mit Spitzen besetzte Kugel am Ende der Kette fühlten sich mächtig an.

»Okay, wegen mir kann's losgehen!« Benni war jetzt ganz aufgeregt und konnte es schon gar nicht mehr erwarten. Dagegen kam kein Com-puterspiel der Welt an! Eine komplette 3D-Kampfsimulationsarena, in der man seinen Avatar durch eigene Bewegungen steuerte. Besser ging's nicht! »Wie sind denn die Anzeigen?«, fragte er noch. »Welche Anzeigen?« N'jsoa schien verwirrt. »Na, wo ich meinen Gesundheits-zustand sehe und so«, erklärte Benni. N'jsoa schien noch immer nicht ganz zu verstehen. »Es gibt keine Anzeigen.«

Jetzt sah Benni überrascht aus. »Aber wie weiß ich dann, wie es mei-nem Avatar geht?« N'jsoas sah ihn nun zum ersten Mal mit dem erns-ten Blick an, mit dem er sonst immer X'mai bedachte, wenn er den

Kleineren zurechtwies. »Du steuerst keinen Avatar, Benni. Du steuerst dich selbst. Und du brauchst auch keine Anzeigen. Die Arena ist eine Simulation. Es ist wie im echten Leben. Du wirst also alles spüren können!«

*

Das war natürlich nicht ganz das, was Benni erwartet hatte. Aber so schlimm konnte es nun doch auch nicht werden. Oder etwa doch? »Aufstellung!«, kommandierte N'ray und nahm seine Armbrust aus der Kiste. Nachdem sich X'mai mit zwei kurzen Dolchen und J'naa mit den zuvor erwähnten Wurfsternen ausgerüstet hatten, stellten sich die Kinder gegenüber ihrem Trainer in einer Reihe in den Kreisen auf. Es wurde bereits wärmer und der Platz lag in der prallen Sonne. Benni blickte nach oben und erkannte, dass er sich korrigieren musste. Es waren nämlich zwei Sonnen. Eine davon war kleiner und von einem sehr hellen, leicht gelblichen Weiß. Die andere war deutlich größer und stand schräg oberhalb der ersten. Sie war dunkler und strahlte in einem satten Orangeton auf sie herab. Faszinierend!

»Wir starten mit einem einfachen Parcours. Bereit?« Benni wollte gerade die Hand heben und sich für eine Frage melden, als N'ray schon eine schnelle Handbewegung machte und seine gesamte Umgebung verschwand. Stattdessen fand er sich auf einem Übungsareal wieder, das aus mehreren Holz- und Strohfiguren, Zielscheiben und verschiedenen Hindernisparcours bestand. »Legt eure Waffen zunächst ab und geht zur Plattform eins.« Die anderen folgten N'rays Anweisungen und Benni machte es ihnen einfach nach.

Von der kleinen Plattform führten verschiedene Verbindungen zur jeweils nächsten. Es begann mit einem schmalen Steg in etwa einem halben Meter Höhe, dann folgte eine waagrecht über ihren Köpfen hängende Leiter zum Entlanghangeln, ein Schwungseil über einen breiten Graben, ein großes flaches Netz und zuletzt ein hoher Balken, von dem mehrere Ringe an Seilen herabhingen. Benni erinnerte sich an den Hochseilgarten, den er einmal im Fernsehen gesehen hatte. Es gab hier zwar keine Sicherungen, doch der Boden war nicht weit unter den Hindernissen – am Ende vielleicht gerade einmal zwei Meter – und aus weichem Sand.

Benni war nicht unsportlich und manche Hindernisse wirkten wie auf einem Abenteuerspielplatz. Das sah machbar aus. »Lockere erste Runde auf Sicherheit!«, ertönte N'rays Kommando. Sicherheit! Das klang gut. Er ließ die anderen vor, um sich ein wenig von ihnen abschauen zu können. N'jsoa startete, balancierte geschickt über den Balken, hangelte sich kraftvoll zur nächsten Plattform, schwang sich mit dem Seil weiter und kletterte behände über das Netz. Auf der vorletzten Ebene blieb er kurz stehen und stieg elegant an den Ringen entlang zum Ende.

»Sehr gut! Nächster!« X'mai folgte seinem großen Bruder. Bei ihm sah es nicht so kraftvoll, dafür aber sehr flink aus und wie ein kleines Äffchen sauste er durch die Stationen. »Sicherheit, nicht Tempo, Kleiner! Aber sonst auch sehr gut gemacht! Nächster!« N'ray beobachtete alles mit kritischem Blick, nickte beifällig und lobte. J'naa war nun an der Reihe. Sie war nicht ganz so schnell wie die Brüder, doch bei ihr sahen die Bewegungen sehr elegant und fließend aus. »Wunderbar, J'naa! Genau so! Nächster!«

Im weitesten Sinne war das das erste Wort, mit dem ihn N'ray direkt angesprochen hatte und Bennis Anspannung wuchs noch mehr. Alle sahen nun erwartungsvoll zu ihm herauf. Er wollte sich jetzt auf gar keinen Fall blamieren. Mit ausgebreiteten Armen balancierte er über den Balken. Erst jetzt bemerkte Benni, dass dieser zum Ende hin immer dünner wurde. Er schwankte und kurz vor dem Ende kippte er weit nach rechts. Schnell ruderte er mit den Armen, fing sich im letzten Moment wieder und sprang gerade noch auf die zweite Plattform.

»Sehr gut Benni, weiter so!« J'naa klatschte in die Hände und feuerte ihn an. Weiter ging es zu den Sprossen. Er sprang hoch, hielt sich an der ersten fest und nutzte den Schwung, um sich damit gleich zur zweiten zu schwingen. Die Stangen über ihm fühlten sich rutschig an und seine Finger begannen bereits leicht zu schmerzen. Er biss die Zähne zusammen und erreichte die nächste und übernächste. Sein Körper schien immer schwerer zu werden und die einzelnen Sprossen waren immer etwas weiter voneinander entfernt, als die zuvor. Er war jetzt bei der Hälfte. Noch eine. Seine Finger brannten. Noch eine. Konnten einem eigentlich die Arme bei so etwas aus den Schultergelenken springen? Und noch mal eine. Er war fast am Ziel. Hatte seine linke Schulter da gerade geknackt?

Als er nach der vorletzten Sprosse griff, rutschte er mit der linken Hand ab und baumelte kurz an seiner rechten hin und her. Diese rutschte daraufhin bedrohlich herunter und er hing nur noch an seinen vier Fingern, der Daumen war ihm bereits abgeglitten. Mit letzter Kraft schwang er sich nach vorne, bekam mit der linken die letzte Querstange zu fassen und sprang auf die rettenden Bretter.

»Geschafft, auf geht's, weiter!« Diesmal war es N'jsoa, der ihn motivierte. Jetzt kam das Schwungseil, das sah leicht aus. Benni nahm Anlauf, stieß sich von der Plattform ab und streckte die Hände nach vorne. Er bekam das Seil zu fassen, griff jedoch nicht schnell und fest genug zu und rutschte einige Zentimeter nach unten ab. Sein Schwung reichte für den Sprung auf die nächste Basis aus, doch auf seinen Handflächen spürte er einen brennenden Schmerz. Er betrachtete sie und sah darauf zwei längliche, rote Brandwunden. In seiner rechten Handfläche – mit dieser hatte er zuerst zugegriffen – löste sich die Haut in der Mitte ab und er konnte rosafarbenes Fleisch darunter erkennen.

Die anderen hatten sein Abrutschen wohl nicht bemerkt und machten ihm weiter Mut. Das nun folgende flache Kletternetz wäre eigentlich ein Kinderspiel gewesen, doch mit seinen verbrannten Händen war es schwierig, sich an den dicken, harten Tauen festzuhalten und so rutschte er immer wieder ab. Es kostete ihn viel Überwindung, immer wieder nach dem nächsten Knotenpunkt zu greifen und mehr als einmal glitt er mit dem Arm oder Bein durch eines der großen Löcher hindurch.

Benni kam sich reichlich ungeschickt vor, doch als er auf der vorletzten Ebene ankam, hörte er erneuten Zuspruch seiner Freunde. Nur noch die hängenden Ringe, dann hatte er es geschafft, allerdings hatte er bis jetzt ziemlich viel Kraft verbraucht und seine Hände brannten höllisch. Nur nicht aufgeben! Dieses letzte Hindernis wollte er nun auch noch schaffen. Er stieg mit dem linken Fuß in den ersten Ring und hielt sich mit seinen brennenden Händen am Seil darüber fest. Er schaukelte vor und zurück, wartete einen Moment, griff nach dem zweiten Seil und angelte mit dem rechten Fuß nach dem Ring.

Dann geschah es. Als Benni den Fuß auf dem inneren Rand des Rings aufsetzte, schwang dieser nach vorne und riss seinen Fuß mit sich. Die Kraft in seinen Armen reichte nicht mehr aus, um die Seile besser unter Kontrolle zu halten, und so wurden seine Beine in entgegengesetzter Richtung auseinandergerissen und zwangen ihn in einen Spagat. Er spürte einen stechenden Schmerz in seiner rechten Leiste, als ob ihm jemand einen Dolch hinein gerammt hätte, verlor das Gleichgewicht und kippte nach hinten. Der Ruck an seinen Armen war so stark, dass er die Seile losließ und rücklings zu Boden stürzte.

Er krachte mit Wucht auf den Rücken und Hinterkopf. Der Sand federte seinen Sturz zwar etwas ab, jedoch blieb ihm die Luft weg und er sah Sterne. Dazu wetteiferten seine verbrannten Handflächen und sein sicherlich gerissener Oberschenkelmuskel darum, wer ihm die größeren Schmerzen verursachen konnte. Tränen stiegen ihm in die Augen, doch er unterdrückte sie schnell, als er J'naas ängstliche Stimmer hörte. »Benni? Ist alles okay? Ist dir was passiert?«

Sie beugte sich über ihn und kurz darauf erschienen auch N'jsoa und X'mai in seinem Blickfeld. Ihre Gesichter sahen besorgt aus. »Geht's dir gut? Kannst du aufstehen?«, erkundigte sich der ältere der beiden. »Geht schon!«, presste Benni hervor, blieb aber liegen. Es tat so furchtbar weh und er war nicht im Stande, sein Bein zu bewegen. Er konnte ein Schluchzen nicht unterdrücken. X'mai drehte sich um und rief laut hinter sich. »N'ray, komm schnell her, Benni ist verletzt.«

Es dauerte einige weitere Augenblicke – scheinbar hatte der Hüne es nicht besonders eilig, zu ihnen zu kommen – doch dann fiel ein großer Schatten auf Benni. Stahlblaue Augen musterten ihn von oben herab und wieder schien ihr Blick ihn zu durchbohren. Endlose Sekunden verstrichen und Benni wimmerte. N'ray atmete tief ein, dann sagte er nur ein einziges Wort.

*

»Beenden!« Benni konnte mit diesem Befehl nichts anfangen, er war nicht in der Lage, irgendetwas zu beenden. Doch da bemerkte er, dass die Anweisung nicht ihm galt, sondern der Arena. Wie vorhin zu Beginn des Trainings flimmerte kurz die Luft um ihn herum, dann fand er sich in unveränderter Position auf dem Rücken liegend in der Realität wieder. Der stechende Schmerz in seiner Leiste war ebenso verschwunden wie das Brennen an seinen Händen. Prüfend begutachtete er deren Innenflächen. Nichts war mehr zu sehen, nicht einmal eine leichte Rötung.

Er stand auf und seine Freunde traten auf ihn zu. Wie N'jsoa ihm vorhin erklärt hatte, waren sämtliche Auswirkungen auf die Simulation beschränkt. Allerdings mit einer Ausnahme. Er fühlte sich etwas erschöpft und spürte in seinen Schultern, Armen und Händen deutlich die vorangegangene Kraftanstrengung. »Wieder alles okay?« J'naa schien nicht überrascht zu sein, offensichtlich war sie mit den Gesetzen der Arena vertraut. Doch zu mehr als einem Nicken kam Benni nicht mehr, da ertönte bereits wieder N'rays laute Stimme.

»Bereit machen!« Sie stellten sich wieder in den Kreisen auf, in denen immer noch ihre Trainingswaffen lagen und N'ray startete die Simulation erneut. Wieder flimmerte die Luft und derselbe Trainingsplatz wie eben erschien. Benni wurde flau im Magen. Sollte er diese schmerzhafte Tortur etwa noch mal durchstehen? Es war zwar am Ende nichts Schlimmes passiert, doch die Schmerzen hatten sich doch sehr real angefühlt. Er wollte sich soeben an den neben ihm stehenden N'jsoa wenden, da erscholl schon das nächste Kommando.

»Selbstständige Waffenübungen!« Die anderen bückten sich nach ihren Waffen und rannten jeder zu einer anderen Station. J'naa warf bereits im Laufen ihre drei Wurfsterne auf eine Zielscheibe, verfehlte diese aber aus der großen Entfernung und fluchte kurz. Als sie die linke Hand ausstreckte, erschienen die drei Metallscheiben, die wie silberne scharfe Schneeflocken aussahen, wieder in ihrer Hand. Nun warf sie aus dem festen Stand mit eleganten Bewegungen und mit einem lauten »Klock« blieben die Geschosse in der hölzernen Zielscheibe stecken.

Benni drehte sich zu X'mai um, der mit seinen Dolchen um eine Strohpuppe herum tanzte, die gut und gerne doppelt so groß war wie er selbst. Anders als gewöhnliche Figuren aus Heu konnte diese sich allerdings bewegen und hieb mit ihren mächtigen Armen nach dem kleinen Jungen. Dieser duckte sich jedoch immer wieder lachend weg, tänzelte um die Puppe herum und stach mit seinen Dolchen immer wieder blitzschnell zu. »Kuck mal, Benni, der Strohkopf kriegt mich nicht!«, sagte er lachend und grinste zu Benni hinüber.

Diesen kurzen Augenblick der Unaufmerksamkeit bereute er allerdings sogleich wieder, als sein gelblicher Gegner eine halbe Drehung vollführte und ihm mit dem ausgestreckten Arm eine deftige Ohrfeige verpasste, die X'mai ein gutes Stück nach hinten schleuderte und ihn unsanft auf den Hosenboden warf. N'ray war sofort heran und half ihm auf. »Alles okay, Kleiner?« Doch X'mai lachte nur und stand mit einer normalen und einer roten Gesichtshälfte wieder auf.

Benni runzelte die Stirn. Er selbst war vorhin aus halsbrecherischer Höhe heruntergefallen und hatte riesige Schmerzen gehabt, da hatte es ewig gedauert, bis N'ray nach ihm gesehen hatte. Und das auch nur, nachdem X'mai ihn gerufen hatte. Wahrscheinlich wäre er sonst gar nicht zu ihm herüber gekommen. Abgesehen davon, dass er sich auch nicht erkundigt hatte, wie es ihm ging. Das war ja wie zu Hause mit Philipp und seiner Mutter!

Der Gedanke durchzuckte Benni nur einen Moment lang und schon im nächsten schämte er sich dafür. Er war kein kleiner Junge mehr und N'ray war schließlich nur irgendein Fremder, was kümmerte es ihn schon, ob er ihn mochte, oder nicht. Andererseits war er extrem nett zu den anderen, es musste also irgendeinen Grund für sein Verhalten ihm gegenüber geben. Wenn er nur wüsste, was das war!

Wie zur Bestätigung strubbelte N'ray dem kleinen Kämpfer durch die Haare. »Ich hab dir schon zig mal gesagt, ein Kampf – auch wenn er nur zur Übung ist! – ist kein Spiel! Und schon gar kein guter Moment, um irgend jemandem ein Schau-mal-was-ich-kann zuzurufen. Ein echter Gegner würde dich in so einem Moment schwer verwunden, wenn nicht sogar töten.« Er blickte streng zu X'mai hinunter, der nun verlegen vor ihm auf den Boden starrte. Benni sah, dass er nun weinte.

Der Hüne wartete noch einen Moment, um die Lektion wirken zu lassen, dann ging er in die Knie und nahm X'mai liebevoll in den Arm. Dieser erwiderte die Umarmung sofort. N'ray flüsterte ihm etwas ins Ohr, das Benni nicht verstehen konnte und der Kleine lächelte zaghaft. Plötzlich schnellte der Hüne nach oben und warf X'mai hoch in die Luft. Dieser überschlug sich einmal und landete mit einem Jauchzen in den ausgestreckten Armen des Kriegers.

N'ray setzte ihn jedoch nicht wieder auf dem Boden ab, sondern begann nun, ihn zu kitzeln. Und ganz offensichtlich war X'mai sehr kitzlig, denn er wand sich lachend und gackernd im Griff des Riesen, der ihn kurz darauf schmunzelnd losließ. »Und wenn du noch mal so unaufmerksam bist im Training, dann tauschst du mit der Strohpuppe die Klamotten!« Doch der Kleine lachte nur. »Der hat doch gar keine an!« N'ray grinste. »Eben!« X'mai sah ihn erst mit offenem Mund an, dann prustete er los. »Mir doch egal, ich bin eh der Schönste hier!« Und mit übertriebenem Hüftschwung, wie ein Model auf dem Laufsteg, schritt er zu seinen Dolchen zurück und nahm sein Training wieder auf.

Benni musste bei der ganzen Situation zugeben, dass N'ray diese wunderbar gelöst hatte. Zwar hatte er dem Kleineren eine scharfe Rüge erteilt, dies aber nur, weil er zuvor so leichtsinnig gewesen war. Als er sich sicher war, dass der Kleine verstand, hatte er ihn sofort getröstet, wieder zum Lachen gebracht und ihn motiviert, mit dem Training weiter zu machen. Das hatte er noch bei niemandem erlebt. Weder bei seiner Mutter, noch bei seinen Lehrern oder seinem Fußballtrainer. Außer ...

»Er hat ja auch beim Besten gelernt!« Es waren keine wirklichen Worte, die ihm da durch den Kopf geschossen waren, eher eine Mischung aus Gedanken, Gefühlen, Farben und Gerüchen. Noch bevor er den Eindruck richtig greifen konnte, war der Moment auch schon wieder verflogen und Benni sah sich unsicher um. Niemand sonst außer ihm schien diesen ... diesen ... Sinneseindruck gehabt zu haben. Was war das gewesen? Hatte er sich das nur eingebildet? Oder ...

*

»Willst du es jetzt auch mal versuchen?« N'jsoas Stimme riss Benni aus seinen Gedanken. »Klar!« Er wollte mutig klingen, doch nach den Erfahrungen im Parcours und der saftigen Ohrfeige, die X'mai gerade kassiert hatte, schwang eine gehörige Portion Aufregung in seiner Stimme mit. N'jsoa, selbst erpicht darauf, ihm zu zeigen, wie man kämpft, deutete die Aufregung wohl jedoch als Vorfreude.

»Hast du schon mal mit einem Morgenstern gekämpft?« Benni schüttelte nur den Kopf. N'jsoa zog die Augenbrauen hoch. »Oh, na dann ... Also ... Ein Morgenstern ist eine sehr schlagkräftige, aber auch schwere Einhandwaffe. Durch die Kette in der Mitte bekommt sie viel Schwung, in Verbindung mit der schweren Kugel am Ende macht sie das für dich im Prinzip ebenso tödlich wie für deinen Gegner. Das Wichtigste dabei ist also, dass du dein Ziel triffst und nicht dich selbst.«

Benni sah auf die Waffe in seiner Hand hinunter und beim Anblick der daumenlangen Eisenspitzen an der großen Kugel wurde ihm flau im Magen. Was hatte er sich nur dabei gedacht? Das hier war nicht Dragon Clash, sondern eine lebensechte Simulation. Vor allem eine mit echten Schmerzen.

»Versuch es einfach mal!« N'jsoa deutete auf einen der Übungsgegner, der jedoch im Gegensatz zu der Puppe vorhin nicht aus Stroh, sondern aus Metall zu bestehen schien. Vermutlich war die Strohpuppe nicht für so eine schwere Waffe geeignet. Der Boden um ihn herum war niedergetrampelt und bestand mehr aus brauner, lehmiger Erde denn aus Gras. Der Metallmann hatte selbst keine Waffe, doch Benni mochte sich gar nicht vorstellen, wie sich ein Schlag dieses Roboters anfühlen mochte.

Noch während er nachdachte, rief N'jsoa laut »Start« und der Eiserne kam langsam auf Benni zu. Er erstarrte zunächst vor Schreck, dann nahm er seinen ganzen Mut zusammen, hob den Arm und schwang den Morgenstern über seinem Kopf wie ein Lasso im Kreis. Es war sogar noch schwerer, als er sich vorgestellt hatte, und das tödliche Gebilde riss schmerzhaft an seinem Schultergelenk. Doch einmal in Schwung gebracht traute sich Benni gar nicht mehr, die Waffe wieder herunter zu nehmen, aus Angst davor, sich die Eisenspitzen selbst in den Kopf zu hauen. Währenddessen kam der Metallmann immer näher und hob nun seinerseits drohend die Hände.

Als Benni glaubte, sein Gegner wäre nun nah genug gekommen, machte er einen großen Ausfallschritt mit dem rechten Fuß und ließ gleichzeitig den Morgenstern nach vorne sausen. Überrascht davon, wie gut sein Plan zu funktionieren schien, sah er wie in Zeitlupe den Morgenstern auf den Metallmann zufliegen, direkt auf dessen Kopf – und schnurstracks daran vorbei.

Die Übungspuppe hatte seinen plumpen Angriff nämlich rechtzeitig erkannt, war mühelos zur Seite ausgewichen und sah nun dabei zu, wie Benni von seinem eigenen Schwung mitgerissen wurde und bäuchlings im Dreck landete. Die Landung war unsanft und der Morgenstern flog ihm aus der Hand nach vorne davon.

Er kam jedoch nicht dazu, wieder danach zu greifen, denn rechts von ihm blitzte es auf. In einem verzweifelten Schutzreflex kniff er die Augen zusammen, riss die Arme über den Kopf und rollte sich zu einer Kugel zusammen. Gerade als er einen Luftzug spürte und schon mit dem schlimmsten rechnete, ertönte ein lautes »Stooop!«.

Benni öffnete zuerst das rechte, dann das linke Auge und sah zwei riesige geballte Fäuste direkt über seinem Kopf. Er konnte sich nicht einmal mehr erheben, ohne sich zu stoßen, und so kroch er leicht geschockt darunter hervor, erst dann stand er auf. N'jsoa war bereits neben ihm, J'naa und X'mai kamen soeben auf sie zu gerannt.

Während er sich den Staub abklopfte, besah sich Benni die Szene. Der Eisenmann stand reglos da, den Oberkörper nach vorne gebeugt. Seine Arme waren parallel zueinander Richtung Boden gestreckt, genau dorthin, wo er selbst soeben noch gelegen hatte. Die beiden Fäuste waren aneinandergepresst und sahen aus wie … Wie ein großer Vorschlaghammer, der es darauf abgesehen hatte, Bennis Kopf in einen Klumpen Brei zu verwandeln.

Ihm wurde übel und er konnte regelrecht spüren, wie der letzte Rest Farbe aus seinem Gesicht wich. Seine Knie waren ganz weich und ihm war übel. »D…d…danke!«, stammelte er, doch N'jsoa stand nur fassungslos und mit offenem Mund vor ihm. Nicht so allerdings J'naa, die noch im Rennen anfing zu schimpfen. »Wie konnte das denn passieren? N'jsoa! Hast du das Level vorher nicht überprüft? Du weißt doch, dass sonst nur N'ray mit dem Morgenstern trainiert!«

Benni blickte verständnislos zwischen den beiden hin und her, während ihn X'mai einfach wortlos umarmte. Ohne es zu merken, legte er einen Arm um den Jüngeren. N'jsoas Gesicht sah genauso aus, wie sich Benni gerade fühlte. »Es … es … Ich habe nicht …« J'naas Miene, eben noch anklagend, sah nun besorgt aus. »Du hast nicht nachgesehen? Wie konntest du das vergessen?« Sie hob den Morgenstern auf und sah auf die Unterseite des Griffs. Benni konnte eine eingeritzte »10« darauf erkennen. »Wie ich dachte,« murmelte sie und Benni sah, wie sich die Zahl vor seinen Augen in eine »1« verwandelte.

Danach ging sie um den Eisenmann herum, auf dessen Hinterkopf ebenfalls eine »10« zu sehen war. J'naa starrte darauf, dann wurde auch diese zu einer »1«. Sie wandte sich wieder an N'jsoa. »Warum hast du vorher nicht nachgesehen? Die Einstellungen waren noch von N'rays letztem Training. Höchste Stufe! Keine Waffenunterstützung und der Blechtrottel stand auf Todeskampf! Das hätte übel ausgehen können, wenn du nicht gerade noch rechtzeitig gestoppt hättest!«

Sie sah ihn halb besorgt, halb tadelnd an und Benni begriff nun, was die Zahlen bedeuteten. Er wurde beinahe ohnmächtig. Konnte man in der Arena sterben? Er blickte zu N'jsoa und wollte sich gerade noch einmal bei seinem Freund bedanken, dass er den Eisenmann rechtzeitig gestoppt hatte, da bemerkte er, dass der Ältere immer noch mit offenem Mund dastand. »Ich … Ich habe nicht …« J'naa unterbrach ihn. »Ja, du hast nicht nachgesehen und die Level angepasst. Kann schon mal passieren, aber natürlich sollte es das nicht! Immerhin hast du schnell genug reagiert.« Sie lächelte ihm nun aufmunternd zu.

Ganz langsam und mit leerem Blick drehte N'jsoa sein Gesicht zu ihnen. Seine Stimme war leise und kraftlos, beinahe nur noch ein Flüstern. »Ihr versteht nicht!«, hauchte er. »Ich habe … Ich habe nicht … Ich habe nicht gestoppt!«

*

Es dauerte einen Moment, bis Benni begriff. N'jsoa war selbst so erschrocken gewesen über die Heftigkeit des Angriffs durch den Eisernen, dass er nicht mehr im Stande gewesen war, rechtzeitig zu reagieren. Benni blickte zum Rand der Arena, wo N'ray an einem großen Baum lehnte und sie mit ausdruckslosem Gesicht beobachtete. Als sich ihre Blicke trafen, drehte sich der Hüne weg und rief: »Pause! N'jsoa, auf ein Wort!«

Wie ein geprügelter Hund trottete der Angesprochene zu dem Baum hinüber und folgte N'ray auf dessen Rückseite, sodass sie nicht nur außer Hörweite waren, sondern auch aus ihrem Blickfeld verschwanden.

Benni und die anderen beiden setzten sich ins Gras, alle waren noch ein wenig geschockt. Die Simulation war nicht beendet und um sie herum war weiterhin die Trainingsarena zu sehen. Sie schwiegen eine Weile, danach erklärte ihm J'naa die Einstellungen und er erfuhr, dass man die Waffen ebenso wie das Licht einfach mit seinen Gedanken verstellen konnte.

Auf dem ersten Level musste man jede Waffe eigentlich nur festhalten und konnte einfach mit seinem Körper die Bewegungen mitgehen. So brachte einem im Prinzip die Waffe selbst das Kämpfen bei. Mit jedem Level wurde die Unterstützung weniger bis auf der höchsten Stufe »10« schließlich gar keine Hilfsmagie mehr zum Einsatz kam. Mit den Übungspuppen verhielt es sich ähnlich. Auf Level »1« ließen sie sich bereitwillig verprügeln, während sie auf »10« zu tödlichen Kampfmaschinen wurden.

Als Benni dies hörte, platzte die logische Frage einfach aus ihm heraus. »Was wäre eigentlich passiert, wenn er mich getötet hätte? Also, in echt, meine ich!« Er konnte den Gesichtsausdruck seiner Freunde nicht richtig deuten, daher schob er schnell hinterher: »Das ist jetzt kein Vorwurf an N'jsoa oder so! Ist ja nix passiert!« Er wollte lächeln, merkte jedoch selbst, dass es nicht wirklich fröhlich aussehen musste.

J'naa holte tief Luft, dann sagte sie: »Verletzungen in der Arena sind zwar schmerzhaft, wie du ja vorhin schon selbst bemerkt hast, dauern aber immer nur bis zum Ende der Simulation. Du spürst nur noch ein kurzes Echo, dann ist alles wieder okay. Das Einzige, was du aus der Arena mitnimmst, ist die körperliche Anstrengung. Dein Gehirn registriert die Strapazen und reagiert mit der Ausbildung deiner Fähigkeiten darauf. So kannst du den Trainingseffekt in die Realität mitnehmen.«

Ihre Worte klangen wie ein Vortrag und Benni bewunderte sie dafür. Wenn sie etwas erklärte, klang das nicht wie die Worte eines zwölfjährigen Mädchens, sondern wie eine gestochen scharfe Definition, beinahe so, als würde man einen kurzen Eintrag auf Wikipedia aufrufen. Nur, dass es dort für diese Welt hier wohl vermutlich keine Artikel geben würde. Er lächelte erleichtert. »Na, dann isses ja halb so schlimm – hätte halt wehgetan!« Doch die anderen wichen seinem Blick aus.

»Was?« Er spürte, dass J'naa ihm noch nicht alles gesagt hatte und so starrte er sie erwartungsvoll an. »Nun … Also … Nicht ganz!«, bestätigte sie seinen Verdacht. »Also … dein Gehirn … Es speichert ja alle Erlebnisse aus der Arena. Wenn du während einer Simulation stirbst, dann ist die Erinnerung sozusagen zu stark. Deine Seele könnte eine Erinnerung an ihren eigenen Tod nicht verkraften, du würdest verrückt werden!«

Benni verstand nicht ganz. »Du meinst also, wenn ich in der Arena sterbe, werde ich in der Realität verrückt?« J'naa sah ihm nun direkt in die Augen. »Das nicht, Benni. Um das zu verhindern, hat M'oii einen Fluch auf die Arena gelegt.« Er entspannte sich wieder. »Aber dann kann ja nichts passieren!«

»Du verstehst nicht, Benni!« Ihre Stimme wurde nun eindringlicher. »Der Schutzfluch wirkt nicht auf die Arena selbst, sondern auf die Menschen darin! Wenn du in der Arena stirbst, löscht dein Gehirn seine Erinnerungen – und zwar ALLE!«

*

Benni versuchte sich noch vorzustellen, wie es wohl wäre, alle seine Erinnerungen zu verlieren, als N'jsoa zu ihnen zurückkkam. Er sah immer noch etwas blass aus, schien ansonsten aber wieder ganz der Alte zu sein. Er ging direkt auf Benni zu. »Tut mir wirklich leid, was da gerade passiert ist, Benni! Ich hätte die Einstellungen vorher überprüfen müssen, das war fahrlässig von mir.« Benni, der es nicht gewohnt war, dass sich jemand bei ihm entschuldigte – schon gar kein Älterer – blickte etwas peinlich berührt zu Boden. »Schon okay!«, murmelte er.

N'jsoa, nun wieder so selbstsicher wie immer, nickte nur und lächelte. »Danke! N'ray meinte, es wäre wohl besser, wenn du dich erholst und uns erst mal nur zusiehst.« Benni überlegte kurz. Vielleicht war das wirklich das Vernünftigste. Andererseits wollte er auch nicht als Schwächling dastehen und wenn alles richtig eingestellt war …

»Kann ich es noch mal mit einer anderen Waffe versuchen?« Die Jungen sahen sich an und beide grinsten nun. Auch X'mai, bis dahin ungewöhnlich still, hatte nun seine Sprache wiedergefunden und plapperte sogleich los. »Au ja! Probier mal was anderes aus. Und mit den richtigen Einstellungen. Vielleicht einen Bogen. Oder eine Lanze. Oder du nimmst Dolche, so wie ich.« J'naa verdrehte die Augen und wandte sich ab, doch Benni glaubte, kurz bevor sie sich ganz umgedreht hatte, noch so etwas wie ein Schmunzeln in ihrem Gesicht erkannt zu haben.

Da zog ihn X'mai auch schon zum Rand der Arena in Richtung der Waffenkisten. »N'ray! Benni will sich eine andere Waffe aussuchen. Kannst du kurz beenden, bitte?« Benni sah zu dem Baum hinüber, an dem der Hüne vorhin gelehnt hatte und tatsächlich stand er nun wieder dort. Scheinbar war das so etwas wie sein Stammplatz. Ungerührt stand er da und machte keine Anstalten, sich zu bewegen oder die Simulation zu unterbrechen. Benni rechnete damit, dass er jeden Moment losschimpfen würde, weil sie sich seinem Rat widersetzen wollten, und zog unwillkürlich den Kopf ein wenig ein. Nur einen Moment später, als hätte der Riese die minimale Bewegung bemerkt, verzog er den Mund zu einem süffisanten Lächeln und gab den Befehl zum Beenden.

Zurück in der Realität wurde er abermals von X'mai am Ärmel mitgezogen und die Freunde gingen gemeinsam zu den Waffenkisten hinüber. Der Kleine plapperte wieder unentwegt, bis Benni den Eindruck hatte, er hätte ihm mittlerweile jede einzelne verfügbare Waffe vorgeschlagen. Unschlüssig stand er vor den geöffneten Kisten, konnte sich aber nicht entscheiden. »Also, welche nimmst du?« X'mai sah ihn aufgeregt an. »Ich weiß nicht so recht …« Benni wollte diesmal ganz sicher gehen und auf jeden Fall vermeiden, dass die Simulation wegen ihm ein drittes Mal unterbrochen werden müsste. Die beiden anderen Male waren ihm schon peinlich genug und N'ray würde ihn dann vermutlich noch mehr auslachen.

Hilfesuchend blickte er die anderen an. »N'ray hat einmal zu mir gesagt, dass die Waffe den Kämpfer aussucht und nicht umgekehrt.« J'naa sah ihn stolz an und verstaute den Morgenstern. N'jsoa schnaubte. »Gibt es eigentlich irgendetwas, dass du dir nicht merken kannst?« Er verdrehte die Augen und Benni wollte sie schon verteidigen, als J'naa ihm blitzschnell einen leichten Schlag auf den Oberarm verpasste. »Ja, allerdings – ich kann mir nie merken, auf welche Seite ich lieber haue!« Und noch während sie das sagte, hatte sie ihm auch schon auf den anderen Arm geboxt.

Das anschließende Lachen seiner drei Freunde wurde in seinem Bewusstsein jedoch in den Hintergrund gedrängt, als Bennis Blick auf den Inhalt der ersten Truhe fiel. Der Griff eines der Schwerter schien kurz aufzublitzen, doch noch ehe Benni es richtig erfassen konnte, war das Leuchten auch schon wieder verschwunden. Neugierig streckte er die Hand danach aus und nahm die Waffe an sich.

Es war ein Katana, das berühmte Schwert der Samurai, das er schon in verschiedenen Filmen gesehen hatte. Die Schwertscheide, und damit wohl auch die darin befindliche Klinge, war leicht gebogen und nur etwas mehr als einen halben Meter lang. Der Griff war so mit einem Band umwickelt, dass in einem rautenförmigen Muster das darunter liegende Metall zu sehen war und gerade so lang und dick, dass er ihn bequem mit beiden Händen umfassen konnte.

In »Dragon Clash« gab es diese Waffe nicht, deswegen hatte er beim Aussuchen auch nicht weiter darauf geachtet. Aber nun, da er wusste, wie die Arena funktionierte … Mit der rechten Hand packte er den Schwertgriff und hielt mit der linken die Scheide fest. Dann zog er es langsam heraus. Die silberne Klinge blitzte im Sonnenlicht und Benni war sich nicht mehr sicher, ob der Griff vorhin tatsächlich geleuchtet

hatte, oder ob es sich auch hier nur um eine Spiegelung der Sonnen-
strahlen gehandelt hatte.

Doch es war ihm egal, er hatte seine Waffe gefunden – oder sie ihn.
Lächelnd drehte er sich zu seinen Freunden um, die in der Zwischenzeit aufgehört hatten herumzualbern und ihn beobachteten. »Eine
gute Wahl!« J'naa nickte zustimmend und Benni wünschte sich einen
kurzen Moment, sie hätte mit der Waffe gesprochen. »Passt viel besser
zu dir als der klobige Morgenstern!«

Benni blickte sicherheitshalber auf die Unterseite des Griffs. Dort
konnte er jedoch keine Zahl entdecken, die das eingestellte Level an-
zeigte. N'jsoa hatte es bemerkt und erklärte: »Das Level siehst du nur
in der Arena. Außerhalb wirken die Unterstützungen nicht, hier sind
es ganz normale Waffen.« Sie gingen zurück in die Kreise und N'ray
startete erneut die Simulation.

Erneut blickte Benni auf die Waffe und konnte eine »4« darauf erken-
nen. Er stellte sich eine »1« vor und tatsächlich änderte sich sogleich die
Einstellung der Waffe. Nachdem N'jsoa ebenfalls das Katana und den
Übungsgegner – diesmal ein Kämpfer mit Schwert, beides aus hartem
Holz – überprüft hatte, gab er ihm noch ein paar Tipps, dann ging es los.

Was nun folgte, war tatsächlich das Genialste, was Benni bisher gemacht hatte. Er ließ sich von dem Schwert führen – sogar seine Beine
folgten einer Art Impuls, sodass er die richtigen Schritte machte – und
fühlte sich, als hätte er nie im Leben etwas anderes gemacht. Er wirbelte herum, hieb zu und durchbrach mühelos die halbherzige Deckung seines hölzernen Opfers. Schon nach kurzer Zeit klebten ihm
die Haare an der Stirn und der Schweiß rann ihm am ganzen Körper
herab, doch er achtete gar nicht darauf. Zu viel Spaß machte ihm der
ungleiche Kampf und auch wenn er wusste, dass im Grunde das Katana kämpfte und nicht er, fühlte er sich zum ersten Mal in seinem Leben
stark und unbesiegbar. Es war ein herrliches Gefühl.

Er war regelrecht enttäuscht, als N'jsoa das Spektakel unterbrach
und ihn zu sich herwinkte. Er freute sich sichtlich darüber, wie viel

Spaß Benni nun hatte, und gab ihm weitere Tipps. Benni sollte zunächst immer denselben Angriff ausführen, dann stoppen und das Ganze zunächst auf Level 2, dann auf Level 3 wiederholen, um ihn sich richtig einzuprägen. Er nickte eifrig, begierig darauf, weitermachen zu können, und begann erstmals richtig mit dem Training.

Es gelang ihm ganz gut, auch wenn er merkte, dass das Schwert selbst auf dem dritten Level immer wieder deutlich spürbar in seine Bewegungen eingriff. In einer kurzen Verschnaufpause schaute er zu N'jsoa hinüber, der nun ebenfalls sein eigenes Training begonnen hatte und staunte nicht schlecht, als er beobachten konnte, wie dieser das Doppelschwert scheinbar spielerisch durch die Luft wirbelte und dabei selbst um seinen Gegner herumsprang. Es sah aus wie eine Mischung aus Tanz, Akrobatik und einem Wirbelsturm aus zwei Klingen. Er bewunderte ihn dafür und fragte sich, auf welchem Level N'jsoa bereits trainierte und ob er selbst jemals auch so gut werden würde.

*

Als das Training vorüber war und sie wieder zurück in der Realität waren, war Benni ziemlich erschöpft, aber auch sehr zufrieden mit sich. Er blickte mit leiser Hoffnung zu N'ray, der ihn jedoch ignorierte und sie anwies, die Waffen aufzuräumen und zurück zum Haus zu gehen – nicht ohne mit jedem abzuklatschen und ein kurzes Lob für das Training auszusprechen. Mit jedem, außer mit ihm natürlich.

Die Sonnen standen beide hoch am Himmel und es war mittlerweile ziemlich heiß geworden. Schweren Herzens trennte Benni sich von seinem Schwert und folgte den anderen zurück zum Hof.

Da sie bis zum Abend nun frei hatten, beschlossen die vier, sich erst einmal im See abzukühlen, und so rannten sie in ihre Zimmer, um sich umzuziehen. Benni stellte glücklich fest, dass auch seine Badehose in seinem Schrank lag und zog sich schnell um. Dann gingen sie zu dem großen Ast mit dem Seil daran und sprangen abwechselnd in das herrliche Nass. Das Wasser war angenehm erfrischend, aber nicht kalt und so genossen sie zusammen den Nachmittag.

Benni war zu Hause schon oft mit seiner Mutter und seinem Bruder im Freibad gewesen, doch noch nie hatte er einen so wunderbaren Tag mit Freunden verbracht. Er dachte nicht darüber nach, sondern freute sich einfach, ausgelassen mit den anderen zu toben, im Schatten des großen Baumes zu liegen und die leckeren Früchte, die J'naa mitgebracht hatte, genüsslich zu verspeisen. Eine davon schmeckte tatsächlich nach Pommes und wieder einmal erstaunten ihn die Wunder dieses herrlichen Ortes.

Auch Samson hatte sich zu ihnen gesellt, im Schatten des Baumes ein kleines Loch gebuddelt und sich in die kühle Erde gelegt. Dazu schien es ihm eine diebische Freude zu bereiten, immer genau dann, wenn sie wieder einigermaßen trocken waren, ins Wasser zu gehen und sich danach ausgiebig zu schütteln, sodass sein triefendes Fell trocknete – er alle anderen dabei aber wieder komplett nass spritzte. Der große Hund sagte den ganzen Tag über kein einziges Wort, doch nach jeder seiner Spritzattacken setzte er sich auf die Hinterläufe und zog die Lefzen nach hinten, sodass es aussah, als würde er grinsen.

Benni war sich nicht mehr sicher, ob Samson letzte Nacht wirklich mit ihm gesprochen hatte, unterließ es aber sicherheitshalber, die anderen danach zu fragen. Vielleicht hatte er es auch nur geträumt und dann würde er sich sicher blamieren. Dafür war der Nachmittag bisher zu schön gewesen. Allerdings wunderte er sich über sich selbst, dass ihm das riesige Tier gar keine Angst mehr einflößte. Immerhin befand sich dessen Kopf im Sitzen genau auf derselben Höhe wie sein eigener Kopf, wenn er stand.

Als sie so im Schatten des Baumes lagen – außer X'mai, der in den Ästen über ihnen herumkletterte – fühlte sich Benni so wohl wie schon lange nicht mehr. Vielleicht sogar wohler als jemals zuvor. Er versuchte, sich seine schönsten Erinnerungen ins Gedächtnis zu rufen, doch er konnte tatsächlich nichts finden, was es mit diesem Tag hätte aufnehmen können. Versonnen sah er erst auf den See hinaus, dann zu J'naa hinüber, die mit geschlossenen Augen vor sich hin döste. Ihm fiel auf, dass sie wirklich hübsch aussah, wie sie dort in ihrem Bikini …

»Mir ist langweilig! Können wir Benni jetzt den Hof zeigen?«, rief es von oben und der Zauber des Augenblicks war vorbei. Stattdessen baumelte ein fröhlich aufgekratzter X'mai kopfüber an Yggdrasils Ast. Er begann, mit dem Oberkörper hin und her zu schaukeln, holte Schwung und verlor auf einmal den Halt. Benni hielt den Atem an, sah, wie sich der Kleine in der Luft überschlug – und nach einem gekonnten Rückwärtssalto vor ihnen landete. Die anderen beiden, offenbar schon an Kunststücke dieser Art gewöhnt, reagierten nicht weiter darauf. Er selbst war jedoch erleichtert darüber, dass X'mai diesen Abgang wohl geplant hatte und nicht heruntergefallen war.

»Es ist schon später Nachmittag und wir müssen vor dem Abendessen noch duschen gehen. Also lass uns das morgen machen, der Hof läuft uns nicht weg.« Benni konnte an J'naas Stimme hören, dass sie im Moment gar nicht daran dachte, dem Drängen des Jüngeren nachzugeben und viel lieber am Seeufer entspannte. Und auch er selbst verspürte keinerlei Bedürfnis, etwas an der angenehmen Situation zu verändern.

X'mai allerdings verzog enttäuscht das Gesicht und drehte sich hilfesuchend zu seinem großen Bruder und Benni um. N'jsoa hatte sich auf die Ellbogen aufgestützt und schmunzelte dem Jüngeren aufmunternd zu. »Es ist gerade so schön hier. Lass uns das auf morgen verschieben, okay? Wie wär's, wenn du noch eine Runde im See tauchen gehst? Vielleicht findest du für Benni ja auch so einen schönen Stein wie letztes Mal für mich.«

Der Vorschlag schien X'mai zu gefallen, denn seine Miene erhellte sich und er wandte sich zum Wasser um. »Aber schau, dass du einen besonders schönen findest, ja?«, rief ihm N'jsoa hinterher. »Danke!«, flüsterte Benni, der sehr froh darüber war, dass die Situation aufgelöst war, ohne X'mai zu kränken. Ebenso leise erwiderte der Ältere zu

Benni gewandt: »Die Kunst ist, ihn mit etwas zu beschäftigen, das ihn müde macht und das er in deiner direkten Nähe machen kann, und zwar ohne dass du selbst etwas dabei tun musst.« Mit einem Zwinkern ließ er sich zurück ins Gras sinken.

Benni versuchte, sich vorzustellen, wie das wohl bei Philipp funktionieren würde und bewunderte N'jsoa gleichzeitig für diesen Rat. Er wirkte im Umgang mit seinem jüngeren Bruder so erwachsen, wie er es noch nie bei einem anderen in diesem Alter erlebt hatte. Zugegeben, X'mai folgte seinem Bruder zwar aufs Wort, aber er war auch sehr lebhaft und konnte mit seiner Plapperei durchaus anstrengend sein. Trotzdem blieb der Ältere immer gelassen und souverän. Oder folgte ihm X'mai gerade deswegen …?

*

Als die erste Sonne schon beinahe den Horizont berührte, erhob sich J'naa und verkündete: »Ich geh jetzt hoch und mache mich frisch. Gebt mir genügend Zeit, in Ruhe zu duschen, dann könnt ihr nachkommen und dasselbe machen.« Ohne eine Antwort abzuwarten, drehte sie sich um und ging zum Hof hinüber.

»Typisch Mädchen! Wieso sollten wir duschen, wenn wir gerade erst im See gebadet haben?« X'mai, der in der Zwischenzeit ungefähr ein Dutzend Steine herauf getaucht hatte, sah Benni ungläubig an. Doch J'naa war noch in Hörweite gewesen und rief belustigt über die Schulter zurück: »Weil im See kein Seifenwasser ist! Soll ich M'oii fragen, ob du das Duschen ausfallen lassen kannst?«

Sie schritt nun endgültig davon und X'mais kurzer Protest war damit auch schon wieder beendet. Die Jungen beschlossen, noch einmal ins Wasser zu gehen, und machten sich danach ebenfalls auf den Weg. Samson trottete in Richtung Küche, wohl in der Hoffnung, schon vor dem Abendessen etwas zu ergattern und die drei Freunde stiegen die Treppe zum Obergeschoss hinauf.

Oben angekommen verriet ihnen die offene Badezimmertüre, dass J'naa wohl fertig war. »Komm, ich zeige dir, wie die Dusche funktioniert«, sagte N'jsoa und so folgte Benni den Brüdern hinein. »Es ist ganz einfach, wie bei den Lampen. Du musst dir nur seifiges oder klares Wasser vorstellen und schon kommt das, was du gerade haben willst. Mit der Temperatur ist es ähnlich – also denk lieber nicht an Eisregen oder Lava«, scherzte N'jsoa.

Benni sah nach oben und bemerkte entlang des linken Bereichs der Zimmerdecke einen knorrigen Ast, der durchgehend porös wirkte und sich über die gesamte Länge des Raumes erstreckte. »Alles klar, dann gebt mir einfach Bescheid, wenn ihr fertig seid«, murmelte er und wandte sich zur Tür.

Diese wurde jedoch von einem grinsenden X'mai versperrt, der neben seiner bereits am Boden liegenden Badehose stand. »Die Dusche ist groß genug, du musst nicht warten!« Damit ging er ungeniert an Benni vorbei, stellte sich mitten unter den Ast und sogleich begann an dieser Stelle schaumiges Wasser von der Decke zu plätschern.

Auch N'jsoa hatte sich in der Zwischenzeit ausgezogen und war neben seinem kleinen Bruder in die große, offene Dusche getreten. Benni bemerkte sofort, wie viel erwachsener sein um ein Jahr älterer Freund bereits war und blieb wie angewurzelt stehen. N'jsoa bemerkte sein Zögern und deutete es richtig. »Keine Sorge, Benni, ich gebe dir Bescheid, wenn du hier ungestört bist!« Er zwinkerte ihm zu und Benni war ihm mehr als dankbar dafür.

Er verließ das Bad und ging in sein Zimmer, um sich frische Anziehsachen zu holen. Nebenan hörte er die Brüder herumalbern und lachen. Hin und her gerissen biss er sich auf die Unterlippe und überlegte, ob er sich nicht doch trauen sollte, zu ihnen zu gehen – doch letztendlich ließ er es bleiben.

Als er wenig später dann selbst an der Reihe war, war er fasziniert davon, wie einfach es war, Dinge in dieser Welt zu bedienen, und genoss es richtig, sich wie in einem warmen Sommerregen zu waschen. Als er fertig war, zog er sich an und ging hinunter ins Wohnzimmer. Nach dem Abendessen würde er nun endlich Antworten auf seine restlichen Fragen bekommen.

*

Das Abendessen, das ihnen M'oii zubereitet hatte, schmeckte wieder einmal ganz vorzüglich. Am Tisch herrschte allgemein eine ausgelassene Stimmung. N'ray alberte mit J'naa und den Geschwistern herum, während Benni stumm dabei saß, das Treiben beobachtete und sich den Bauch vollstopfte.

D'nai war sein Schweigen wohl nicht entgangen, denn er sah von Zeit zu Zeit zu ihm, sagte aber nichts. Benni dagegen wich seinem Blick bewusst aus. Er wollte die Aufmerksamkeit nicht auf sich lenken, vielmehr versuchte er, das Verhalten der anderen zu beobachten, um besser zu verstehen, wie er sich selbst richtig verhalten sollte.

Außerdem war er nicht nur ein wenig erschöpft von dem wunderbaren Tag, sondern auch sehr neugierig darauf, was er gleich noch alles erfahren würde. Doch seine Geduld wurde zunächst noch auf eine harte Probe gestellt.

Nach dem Essen wandte sich D'nai beim Abräumen direkt an Benni und verabredete sich mit ihm in dessen Zimmer, sobald die zweite Sonne untergegangen war. Benni sah aus dem großen Fenster und konnte den ersten der beiden leuchtenden Himmelskörper schon nicht mehr sehen. Die zweite stand jedoch noch etwa eine Handbreit über den Baumwipfeln des Waldes.

Während er abzuschätzen versuchte, wie lange es also noch dauern würde, ergriff X'mai die dargebotene Chance, kaum dass sie zu viert den Raum verlassen hatten. »Dann können wir Benni doch jetzt noch ein bisschen was vom Hof zeigen? Oder? Oder?« Aufgeregt zog er seinen großen Bruder am Handgelenk. Dieser sah lächelnd zu J'naa, dann zu Benni.

»Ich wundere mich sowieso, dass du es so lange ausgehalten und noch nichts weiter verraten hast!« J'naa lächelte den Kleineren an, doch trotz ihrer Worte lag kein Spott in diesem Blick. Belustigt, aber auch ein wenig anerkennend ergänzte sie: »Nachdem du dich heute so tapfer zusammengerissen hast und nicht geplatzt bist, denke ich, es wäre nur fair, wenn wir jetzt zusammen zur Scheune gehen. Was meinst du, Benni?«

Sie drehte sich zu ihm um, während X'mai breit grinsend von einem Fuß auf den anderen trat, als müsse er auf die Toilette. N'jsoa nahm ihn beruhigend in den Arm – was allerdings nur sehr wenig half. Benni spürte, dass die drei irgendetwas im Schilde führten. Allerdings würde er nie erfahren, was es war, wenn er jetzt nicht zustimmte, also nickte er nur. Ganz wohl war ihm dabei allerdings nicht. Und aus seiner Vorahnung sollte schon bald schreckliche Gewissheit werden.

*

Sie folgten dem Kiesweg vom Haus weg und steuerten auf das Nebengebäude zu, das Benni heute Morgen von seinem Fenster aus gesehen hatte. Beim Näherkommen erkannte er, dass es sich tatsächlich um eine riesige hölzerne Scheune handelte, ungefähr so groß wie ein ganzes Fußballfeld. Der Weg führte sie auf einen Vorplatz und zu einem großen, aus zwei Flügeln bestehenden Tor. In den rechten der beiden Torflügel war eine normalgroße Tür eingearbeitet, sodass man das Gebäude leichter betreten konnte.

Direkt vor dieser Tür blieben sie stehen. N'jsoa sah ihn eindringlich an. »Du darfst niemandem verraten, dass wir hier waren, okay? Wir sollen nämlich nicht hier reingehen. Aber so lange sie uns nicht direkt danach fragen, erfahren sie es auch nicht.« Er grinste. »Schweigen ist ja nicht lügen.«

Benni wurde nun noch nervöser. Nicht nur, dass er sich Sorgen machte, was seine Freunde vorhatten, jetzt kam auch noch hinzu, dass es wohl etwas Unerlaubtes war. Und was, wenn D'nai davon erfuhr? Würde er ihn dann wieder wegschicken? N'jsoa bemerkte sein Zögern.

»Es wird schon gut gehen, wir waren schon mal hier. Aber das musst du gesehen haben, glaub mir!« Benni war wenig überzeugt, doch sein Freund sprach ungerührt weiter. »Bleib einfach dicht neben mir und sei auf jeden Fall leise, okay?« Es war seltsam. N'jsoa, sonst so besonnen und erwachsen, war tatsächlich ein wenig nervös, während sich sein kleiner Bruder, im Haus und auf dem Weg noch ganz aufgeregt, nun schon beinahe ängstlich an ihn drückte. Auch J'naa war ganz still geworden und sie kam Benni blasser vor als vorhin.

»Warum wollt ihr mir denn nicht erst mal erzählen, was da drin ist?« Benni wurde immer unwohler zumute und so versuchte er, das Ganze hinauszuzögern. »Weil es Dinge gibt, die man gesehen haben muss. Und jetzt komm, bevor es dunkel wird!« Damit öffnete N'jsoa die Tür und trat mit X'mai ein. Benni wollte nicht als Feigling dastehen und folgte mit klopfendem Herzen. J'naa schloss als letzte den Eingang hinter ihnen.

Beim Hineingehen hatte Benni noch nichts erkennen können, doch nach und nach gewöhnten sich seine Augen an die Dunkelheit. Trotzdem konnte er nur Schemen ausmachen, denn das wenige Licht, das durch die schmalen Ritzen zwischen den Brettern und Balken der Außenwände fiel, reichte nicht zu mehr. Draußen dämmerte es nun bereits.

Sie standen einfach nur da und lauschten in die Dunkelheit hinein. Benni blickte zu Boden und sah festgestampfte Erde und Stroh. Plötzlich huschte etwas lautlos über seinen Schuh, der Körper etwa in der Größe einer Ratte, doch rundherum mit unzähligen langen und spindeldürren Beinen, als hätte man einen Tausendfüßler mit einer Spinne gekreuzt.

»Urgh!« Benni machte angewidert einen Schritt zurück und blickte sich ängstlich um. Waren da noch mehr von diesen Spinnenratten?

»Pssst!«, zischte N'jsoa ihn jedoch sofort an und Bennis Angst gewann wieder die Oberhand. Was in aller Welt war hier drin?

Langsam, ganz leise und leicht geduckt gingen sie tiefer in die Scheune hinein, ohne dass Benni weiter als einen Meter sehen konnte. Immer wieder blieb N'jsoa stehen und sie lauschten gemeinsam in die Dunkelheit. Außer einem immer wiederkehrenden leisen Luftzug – und seinem eigenen, rasenden Puls – konnte Benni aber nichts hören. Ohne den Gruppenzwang wäre er schon längst wieder nach draußen gestürmt.

Sie gingen noch ein paar Schritte, bis N'jsoa ihn zurückhielt. Ganz leise, beinahe tonlos flüsterte er Benni zu: »Weiter als bis hier waren wir auch noch nicht. Wahrscheinlich schlafen sie ganz hinten. Willst du noch weiter gehen? Ab hier wird's langsam wirklich gefährlich, weil die Tür dann zu weit weg ist. Außerdem ist es wohl doch schon zu dunkel, um genug erkennen zu können.«

Und plötzlich musste Benni an die Situation im Keller denken, als er D'nai zum ersten Mal zusammen mit Alex besucht hatte. Das war es also. Sie wollten ihm einen Streich spielen! Seine Angst verflog und er richtete sich auf.

»Alles klar und da hinten sind dann die Zombiekinder und fressen uns!« Er hatte den Satz absichtlich etwas lauter ausgesprochen, um seinen Freunden zu zeigen, dass er nicht auf ihren Streich hereinfallen würde. Doch deren Reaktion war vollkommen anders als erwartet – und Benni verstand schon wenige Augenblicke später, dass das eben mit Abstand das Dümmste war, was er je in seinem bisherigen Leben gemacht hatte.

*

Die folgende Szene dauerte nur Sekunden, doch Benni würde sich sein Leben lang daran erinnern. Es begann mit einem kleinen orangefarbenen Punkt, vielleicht fünfzig Meter vor ihm. Beinahe zeitgleich zum

Erscheinen dieses Punktes hörte er, wie J'naa neben ihm erschrocken die Luft einsog und X'mai ängstlich wimmerte.

Im nächsten Augenblick schrie N'jsoa neben ihm auf und riss Benni mit einem lauten »Runter!« mit sich zu Boden. Dann brach die Hölle los.

Ein ohrenbetäubendes Kreischen dröhnte durch die Scheune, als würde ein Löwe in ein Megafon brüllen, das an einen Stimmverzerrer angeschlossen war. Nur einen Wimpernschlag später wurde es hell. Leuchtend hell. Und enorm heiß.

Benni riss auf dem Boden liegend die Arme vors Gesicht, doch das Bild vor ihm sollte sich von seiner Netzhaut direkt in sein Unterbewusstsein einbrennen. Denn in dem gleißenden Licht erkannte er nur einen Steinwurf entfernt die Quelle des Infernos.

Vor ihnen lag eine gewaltige Gestalt auf dem Boden und reckte den mächtigen Kopf nach oben. Sie war schwarz und von großen, schuppenähnlichen Platten überzogen, deren gezackte Ränder zu glühen schienen. Ihre kurzen, mächtigen Beine endeten in langen Zehen mit spitzen Krallen und entlang der Rückenlinie standen mehrere Reihen armlange dolchartige Stacheln nach oben, die bis zum Ende eines langen, peitschenden Schwanzes reichten.

Die Kreatur musste von der Schwanz- bis zur Nasenspitze eine Länge von mindestens 30 Metern haben und vom Ende des monströsen und mit Hörnern übersäten Kopfes schoss eine gewaltige Stichflamme aus seinem Maul bis unter die Decke.

Vermutlich war es der Schock und das Adrenalin, denn Benni wurde in diesem Moment die ganze Situation vollumfänglich bewusst. Der leise, sich monoton wiederholende Luftzug, den er vorhin bemerkt hatte, war nicht etwa vom Wind verursacht worden. Es waren die Atemzüge dieser schlafenden Monstrosität gewesen. Und ER hatte sie soeben geweckt. Einen schlafenden Drachen!

*

Die Erkenntnis traf ihn wie ein Schlag. Was hatten sich seine Freunde nur dabei gedacht? Und vor allem: Wie hatte er nur so blöd sein können, trotz N'jsoas ausdrücklicher Warnung laut zu sprechen? Der Drache würde sie sicherlich gleich alle zu Asche verbrennen.

Benni verfluchte sich selbst dafür, dass er überhaupt mitgegangen war, dass er den Drachen geweckt hatte, dass seine Freunde ihn hierher gebracht hatten. Doch noch mehr als das verfluchte er sein eigenes Schicksal. Warum mussten alle schlechten Dinge immer ausgerechnet ihm passieren? Der schönste Tag in seinem Leben sollte also mit seinem Tod enden!

Diese Gedanken durchzuckten sein Gehirn wie Blitze, während er seinen Körper auf den dreckigen Boden presste und seinen Kopf mit den Armen zu schützen versuchte.

An dieser Stelle, lieber Leser, kann ich mir eine kurze Bemerkung nicht verkneifen. Solltest du jemals einem Drachen begegnen, der sein Feuer auf dich richtet ... Nun, wie soll ich sagen ...? Glaub mir, es ist völlig egal, welchen Körperteil du mit deinen Händen oder Armen zu schützen versuchst! Doch zurück zu Benni und seinen drei übermütigen Freunden ...

Benni war vor Angst völlig starr und er bekam keine Luft mehr. Dies lag zum einen daran, dass ihm die Panik buchstäblich die Kehle zuschnürte, zum anderen, dass seine Nase gleichzeitig einen extrem beißenden Geruch wahrnahm. Seine Eingeweide krampften sich zusammen. Gleich würde der zweite Feuerstoß kommen und sie würden alle sterben. Oder er würde von einem riesigen Maul voller spitzer Zähne in zwei Hälften gebissen werden.

Er konnte nach dem blendenden Feuerstrahl in der Dunkelheit nun gar nichts mehr sehen, hörte jedoch, wie sich das riesige Tier bewegte. Dann kam ein neues Geräusch dazu, als würde jemand eine gewaltige Plane ausschütteln. Hatte der Drache etwa gerade seine Flügel ausgebreitet? Würde er sich jetzt auf sie stürzen, rasend vor Wut und Hunger?

Da ertönte ein lautes, einzelnes »Flapp«, ein gewaltiger Windstoß riss Benni in die Luft und schleuderte ihn durch den Raum. An den

Schreien seiner Freunde konnte er erkennen, dass es ihnen wohl ebenso ergangen war. Einen Wimpernschlag später prallten sie alle schon wieder auf dem Boden auf und schlitterten noch ein gutes Stück weiter. Der hellste ihrer Schreie erstarb mit einem lauten »Rumms«, dann war es auf einmal wieder still. Er hörte nur noch das Keuchen von J'naa ganz in seiner Nähe.

Kurz darauf wurde es etwas heller, die Lichtquelle schien ganz in seiner Nähe zu sein. Dann hörte er N'jsoa ein Stück vor ihm. »Zur Tür ... Raus ... SCHNELL!« Das letzte Wort hatte er geschrien. Benni erkannte Bewegung um sich herum, schleppte sich selbst auf das Licht zu und taumelte ins Freie.

X'mai lag auf dem staubigen Boden, J'naa kniete neben ihm und N'jsoa warf als letzter hinter ihm die Tür ins Schloss. Sie hatten es wohl tatsächlich überlebt! Doch zu welchem Preis? Benni sah zum Haus hinüber und zu den beiden Gestalten, die im letzten Licht der Dämmerung auf sie zu eilten. Eine mittelgroße, etwas breitere und daneben eine riesige. Und in diesem Moment wusste Benni nicht, welche von beiden bedrohlicher aussah.

*

»Ist euch etwas passiert?« D'nais Stimme klang sehr ernst. Doch bis auf einen gehörigen Schrecken und ein paar Kratzer war die Sache noch einmal gut ausgegangen. Vorerst zumindest. D'nai und N'ray blickten sich kurz an und auf ein Nicken hin verschwand der Hüne in der Scheune. Benni glaubte, ihn dabei »gerade mal einen Tag!« murmeln zu hören.

»Ab ins Haus mit euch! M'oii wird sich eure Wunden ansehen.« Benni konnte nicht erkennen, wie böse D'nai wirklich auf sie war. Wie geprügelte Hunde schlichen sie mit gesenkten Köpfen hinter D'nai her zum Haus. Dort wurden sie sogleich von einer laut fluchenden Hexe in Empfang genommen, die ihnen befahl, sich auf die Couch zu setzen, und losschimpfte. »Euch haben sie wohl in die Hohlschädel geschissen und vergessen umzurühren! So selten dämlich kann man doch gar nicht sein!«

Nachdem sie alle vier kurz inspiziert hatte, wandte sie sich an D'nai.«Diese hirnlose Affenbande hatte mehr Glück als Verstand! Nichts, was nicht mit etwas verdammtem Wasser und ein paar Tagen Geduld wieder erledigt ist.« Leise vor sich hin fluchend, schlurfte sie in die Küche und überließ dem Senser das Feld.

Dieser sagte lange nichts, sondern schaute sie nur unverwandt und schweigend an. Die Stille war unerträglich und Benni wurde schlecht. Gleich würde es losgehen. Ihm wurde bewusst, dass das, wovor er am meisten Angst hatte, die Möglichkeit war, alles hier zu verlieren. X'mai schniefte leise.

Der Moment, in dem sie so mit hängenden Köpfen da saßen, zog sich wie eine Ewigkeit dahin. Benni schluckte und hatte das Gefühl, sich gleich übergeben zu müssen. Was würde D'nai jetzt mit ihnen machen? Als dieser tief Luft holte, zerriss es Benni innerlich beinahe vor Spannung. Dies hier war keine Todesangst, wie eben noch in der Scheune – dies hier war schlimmer für ihn.

»Wer möchte anfangen?« Es waren nur diese drei Worte, ganz ruhig ausgesprochen und doch so unheilvoll. N'jsoa hob den Kopf. Man konnte auch ihm seine Angst ansehen, doch er sah D'nai fest an, als er sagte: »Ich übernehme die volle Verantwortung. Ich wusste, was in der Scheune ist. Ich war schon einmal dort. Und ich hätte Benni und die anderen nicht mit hinein nehmen dürfen. Deswegen … deswegen … übernehme ich die Verantwortung!«

N'jsoa konnte dem Blick des Erwachsenen nicht mehr standhalten, doch Benni bewunderte ihn trotzdem für seinen Mut. Das hätte er sich niemals getraut. Und noch mehr bewunderte er ihn dafür, dass er die Schuld auf sich nahm.

D'nai wartete einen Moment, dann erwiderte er, immer noch mit dieser unheilvollen Ruhe in der Stimme: »Wofür möchtest du die Verantwortung übernehmen? Für das Leben deiner Freunde? Für das Leben deines kleinen Bruders?«

Benni hielt es fast nicht mehr aus. Sein Vater wäre schon lange explodiert vor Wut, gleich würde auch D'nai wütend werden und dann wäre alles vorbei. Er wollte etwas sagen, doch seine Angst war zu stark. Außerdem wusste er auch nicht, was er sagen sollte.

Nun setzte J'naa an. »Eigentlich war es meine Schuld. Ich hab es vorgeschlagen nach dem Abendessen.« Sie hatte nicht aufgeblickt, doch immerhin war es ihr gelungen, zu sprechen. Wieder war die Stimme des Erwachsenen ganz sanft, als dieser antwortete. »Was hast du vorgeschlagen? Ein Abenteuer auf Leben und Tod?«

Es waren nur wenige Worte, die D'nai ihnen antwortete, doch sie trafen genau die wunden Punkte, die sie selbst bereits erkannt hatten. X'mai hatte sich unter dem Arm seines großen Bruders zusammengerollt und sein Gesicht an dessen Brust gedrückt. »Nein!« Ein gedämpftes Wimmern. »Ich hab's zuerst gewollt!« Mehr brachte er nicht heraus und schluchzte heftig.

Benni hielt es nicht mehr aus. »Ich war's. Ich! Ich war so blöd und habe ihn aufgeweckt!« Seine Stimme war immer lauter geworden. Die Worte schossen plötzlich einfach so aus ihm heraus. »Ich habe gedacht, es wäre nur ein Streich, so wie damals mit Alex im Keller und dem Zombiekind!« Dann, beinahe tonlos. »Es ist wie immer alles meine Schuld!«

»Also ist es deine Schuld, dass euch ein launischer Jungdrache beinahe in vier Häufchen Asche verwandelt hat?« Sie schwiegen nun wieder, doch diesmal dauerte es nicht so lange, bis D'nai erneut tief Luft holte.

*

»Also dann fasse ich mal zusammen.« D'nai klang immer noch ruhig und sachlich, während er sich einen Stuhl heranzog und sich gegenüber den vier Freunden darauf niederließ. »Ihr wart also schon vorher mindestens einmal in der Scheune, obwohl ich euch verboten hatte, dort hinein zu gehen.« Die drei Angesprochenen nickten beschämt.

»Und obwohl ihr gewusst habt, was sich dort drin befindet, seid ihr mit Benni heute noch einmal dort hineingegangen. Nur dass ihr nicht damit gerechnet habt, Benni würde das alles für einen Streich halten und dadurch aus Versehen einen der Drachen aufwecken.«

Einen? Benni lief ein Schauer über den Rücken. Es gab also noch mehr von diesen Monstern da drin? Als er bemerkte, dass D'nai nun ihn ansah, nickte auch er schuldbewusst.

»Das war sehr unvorsichtig von euch! Und ich muss zugeben, ich bin auch etwas enttäuscht. Ich hätte euch für klüger gehalten, besonders, da ihr ja schon wusstet, was sich in der Scheune befindet.« Benni bemerkte, dass N'jsoa bei dem Wort »enttäuscht« neben ihm ein wenig zusammen sank. Aber auch er fühlte sich miserabel.

Doch D'nai fuhr fort. »Immerhin steht ihr zu dem, was ihr getan habt und jeder von euch hat seinen Teil der Verantwortung dafür übernommen. Das wiederum macht mich auch ein wenig stolz auf euch.« Benni schöpfte leise Hoffnung bei diesen Worten, doch aus Erfahrung wusste er, dass nach solch einer Aussage meistens ein »aber« folgte.

Doch er irrte sich. Denn was D'nai nun sagte, erstaunte sie alle. »Außerdem war ich noch nicht an der Reihe, meinen Teil der Verantwortung zu übernehmen. Ich bin es, der die beiden Jungdrachen hier hält und ich bin es auch, der es nicht für nötig befunden hat, die Scheune besser zu sichern. Nicht einmal nach eurem ersten Ausflug dorthin.«

Nun sahen alle vier ungläubig auf. Er hatte es gewusst? D'nai schmunzelte jetzt zum ersten Mal. »Ihr solltet mich mittlerweile besser kennen, Kinder! Hier entgeht mir nichts, was wichtig sein könnte. Außerdem würde ich euch nicht ohne Weiteres so einer Gefahr aussetzen.«

Auch X'mai hatte sich jetzt wieder ein wenig aus der Deckung seines großen Bruders gewagt. »Aber ... aber der Drache ...!« Weiter kam er nicht, denn D'nai führte seinen Satz fort. »Der Drache hat nur das getan, was ich nach eurem ersten Ausflug mit ihm besprochen hatte. Er hat euch eine Lehre erteilt!«

Würden herunterfallende Kinnladen ein Geräusch machen, dann hätte es jetzt laut geknallt. So starrten ihn die vier nur mit offen stehenden Mündern ungläubig an. D'nai hingegen lehnte sich genüsslich zurück und verschränkte die Hände über seinem Bauch.

»Nachdem ich bemerkt hatte, dass ihr trotz meines Verbots das erste Mal in die Scheune geschlichen seid, habe ich mir überlegt, wie ich euch am besten eine Lehre erteilen kann. Also habe ich mit den Drachen diesen kleinen Plan besprochen. Solltet ihr es erneut wagen, würden sie euch genügend erschrecken, damit ihr erkennt, wie gefährlich sie sein können.«

Er machte eine kurze Pause, um seine Worte wirken zu lassen, dann fuhr er fort. »Hätten sie euch wirklich angegriffen, wärt ihr niemals lebend aus der Scheune heraus gekommen. Nebenbei bemerkt sind sich Drachen ihrer Stärke durchaus bewusst und greifen Menschen nur an, wenn sie sich wirklich bedroht fühlen und eine Gefahr für sich selbst erkennen.« Er zwinkerte. »Ich will euch nicht zu nahe treten, aber das scheint mir bei euch vieren nicht der Fall zu sein!«

Langsam sickerten die Worte in Bennis Bewusstsein und Erleichterung machte sich in ihm breit. »Ich weiß sehr wohl, wie neugierig Kinder sind und dass ein Verbot erst recht einen besonderen Reiz bei euch auslöst. Außerdem lernt ihr – zu meinem Leidwesen, wie ich gestehen muss – durch Erfahrung viel mehr, als durch Worte.«

Er lächelte nun wirklich versöhnlich. »Also, habt ihr heute etwas gelernt?« Alle vier nickten eifrig und Benni konnte spüren, wie seine Angst von ihm abfiel. D'nai hatte das alles so geplant! Er war ihm wieder einmal ein ganzes Stück voraus gewesen.

»Gut!« Der Erwachsene erhob sich. »Dann hätten wir das ja jetzt geklärt.« N'jsoa blickte immer noch etwas skeptisch. »Wirst du uns bestrafen?« D'nai wirkte amüsiert. »Das habe ich doch schon!« Er zwinkerte ihm zu und fuhr fort. »So, ich denke, für heute habt ihr genug erlebt. Ab nach oben mit euch! Benni, ich komme dann gleich nach. Mein Versprechen gilt nach wie vor.«

*

Nachdem sie sich fertig fürs Bett gemacht hatten, ging jeder auf sein Zimmer. Alle waren sehr still gewesen, denn trotz der großen Erleichterung wirkten die Schrecken des Abends immer noch nach. X'mai umarmte ihn kurz an der Tür und schlüpfte dann hindurch, was Benni, wie er sich eingestand, innerlich sehr freute.

Benni kletterte in sein Schlaflager, setzte sich auf die Decke und lehnte sich mit dem Rücken an die Wand. Würde D'nai ihm trotzdem noch böse sein? N'rays Worte kamen ihm wieder in den Sinn. »Gerade mal einen Tag!«, hatte dieser gemurmelt, als er in die Scheune gegangen war. So, als hätte er erwartet, dass Benni Ärger machen würde.

Da klopfte es, gleich darauf ging die Tür auf und D'nai kam herein. Benni zog den Kopf ein und schlang die Arme um die angezogenen Knie. Er konnte den Gesichtsausdruck des Erwachsenen nicht deuten. Anders als im Wohnzimmer vorhin begann dieser jedoch umgehend freundlich zu lächeln.

»Keine Sorge, Großer! Es wird seine Zeit brauchen, bis du mit solchen Erlebnissen umzugehen lernst. Und auch, wenn du bisher andere Erfahrungen gemacht hast, so glaube mir bitte, dass ein Thema erledigt ist, wenn wir es besprochen haben.«

Benni entspannte sich ein wenig, auch wenn er es immer noch etwas unheimlich fand, wenn D'nai einfach so in seinen Kopf hinein zu blicken schien. Doch als dieser sich neben ihm aufs Bett setzte und ihn ermunternd anlächelte, verflog auch dieses Gefühl wieder. »Also? Was möchtest du wissen?«

Seine brennendste Frage war natürlich die nach N'ray, also stellte er sie zuerst. »Warum hasst N'ray mich?« D'nai zog die Stirn in Falten. »Ich habe mir schon gedacht, dass du nach ihm fragen würdest.« Er seufzte. »Und ich habe mir auch überlegt, wie ich dir diese Frage am besten beantworten soll. Doch am Ende gibt es nur eine Antwort. Gar nicht!«

Verdutzt und auch enttäuscht sah Benni ihn an. »Aber du hast doch versprochen ...« – »Ja, das habe ich. Und ich werde mein Versprechen auch halten,« unterbrach ihn D'nai. »Doch diese Frage solltest du nicht mir, sondern ihm stellen! Es ist viel besser, MIT als ÜBER jemanden zu sprechen. Das gilt ganz besonders, wenn es darum geht, was eine andere Person über dich denkt.«

Es war Benni anzumerken, dass er mit dieser Aussage keineswegs zufrieden war, deshalb ergänzte der Erwachsene: »Schau, Großer, wenn ich dir diese Frage beantworte, dann hörst du nur, was ICH darüber denke. Was du aber eigentlich wissen willst, ist N'rays Grund für sein Verhalten dir gegenüber. Ich kann dir nur soviel verraten: Mit »hassen«, wie du es genannt hast, hat es überhaupt nichts zu tun.«

Einerseits verstand Benni, was D'nai damit meinte – doch letztendlich war er nun genauso weit wie zuvor. Abgesehen davon, dass er sich vermutlich niemals trauen würde, den Hünen direkt zu fragen. Also gab er noch nicht auf.

»Aber er spricht ja nicht mit mir.« D'nai blickte ihn aufmerksam an. »Hast DU denn schon einmal mit IHM gesprochen?« Natürlich hatte er das nicht getan. Er hatte schlicht nicht den Mut dazu gehabt. Also würde er wohl fürs Erste damit leben müssen und so sprach er ein anderes Thema an, das ihn beschäftigte.

»Warum passieren ausgerechnet mir eigentlich immer alle schlimmen Sachen?« Er wollte möglichst gefasst klingen, doch es gelang ihm nicht. Obwohl er sich diese Frage sein ganzes Leben lang immer wieder gestellt hatte, bekam sie noch einmal ein ganz anderes Gewicht, als er sie zum ersten Mal jemand anderem gegenüber aussprach. Tränen sammelten sich in seinen Augen.

D'nai hob den Arm, ließ ihn gleich darauf jedoch wieder sinken, als Benni keine Anstalten machte, unter den Drachenflügel zu kommen. Er wollte diesmal nicht getröstet werden. Er wollte Antworten! So senkte er den Blick und schüttelte nur stumm den Kopf. D'nai nickte verständnisvoll.

»Ich kann nicht abstreiten, dass es das Schicksal bisher nicht besonders gut mit dir gemeint hat, Großer! Und es ist völlig normal, dass man dann genau diese Gedanken bekommt. Nur gibt es zur Frage »Warum ausgerechnet ich?« in der Regel keine Antwort.« Benni sah auf, ernüchtert, und eine der Tränen, gegen die er so tapfer versucht hatte anzukämpfen, rann ihm nun über das Gesicht.

»Aber«, fuhr D'nai daraufhin sogleich fort, »eine Antwort würde dir auch nichts nützen. Denn sie würde dich nur in dem Gefühl bestärken, ein Opfer des Schicksals zu sein. Stattdessen will ich dir lieber eine Lösung, als eine Antwort geben.«

Benni schniefte, blickte den Senser nun jedoch erwartungsvoll an. »Du kannst niemals alles um dich herum beeinflussen oder alles Schlechte im Leben von dir fernhalten. Durch Vor- und Umsicht zwar einen gewissen Teil, aber eben nicht alles. Was du aber ganz alleine in der Hand hast, sind deine Entscheidungen.«

Er machte wieder eine seiner Pausen, dann erklärte er das Gesagte näher. »Du alleine entscheidest, ob dich etwas herunter zieht oder ob du daran wächst. Du alleine hast es in der Hand, ob dich das Negative oder das Positive mehr beeinflusst. Und nur du bestimmst, wann du Opfer und wann du Täter sein willst!«

»Täter?« Benni verstand den letzten Teil nicht ganz. »Nicht im kriminellen Sinn. Sondern im Sinne von ›nichts tun können‹ als Opfer und ›tätig werden, etwas dagegen tun‹ als Täter.«

Nun verstand Benni, was gemeint war. Trotzdem erwiderte er: »Aber ich bin doch noch ein Kind! Was kann ich schon machen?« Er kroch nun doch unter D'nais Arm. Er genoss das wohlige Gefühl, das sich sofort einstellte und das Abfallen seiner Last. »Das ist richtig«, erwiderte der Senser. »Doch erstens kannst du auch als Kind schon so manche Entscheidung diesbezüglich treffen und zweitens stehst du an der

Schwelle zum Erwachsenwerden. Und die Kraft der eigenen Entscheidungen zu erkennen, ist eine der wichtigsten Lektionen dabei.«

Benni schwieg und überlegte, was die Worte bedeuteten. Sie machten ihm Mut, gaben sie ihm doch Hoffnung, selbst Herr seines Schicksals werden zu können. Andererseits bedeuteten sie aber auch, die Verantwortung dafür übernehmen zu müssen, und er fühlte sich dafür einfach nicht bereit. Also wechselte er das Thema.

»Was genau ist das für ein Ort hier? Ich meine nicht nur den Hof, sondern ... sondern ...« Er brach ab, denn er wusste nicht so recht, wie er die Frage formulieren sollte. »Und gibt es hier außer Drachen noch andere ... Dinger?«

Nun zog D'nai die Augenbrauen hoch. »Nenn sie bitte niemals ›Dinger‹, wenn sie in Hörweite sind!« Er schmunzelte. »Aber ich weiß, was du meinst. Dir geht es um diese ganze Welt – mit Hexen, Flüchen, Magie, Drachen ...« Benni nickte zustimmend und so fuhr der Senser fort.

»Dies hier ist, wie ich dir schon gestern erzählt habe, die älteste aller Welten. Alles hat hier seinen Ursprung – auch das, was du als Märchen, Sagen, Fabelwesen und Fantasy kennst. Ist dir eigentlich schon mal aufgefallen, dass überall auf der Erde die unterschiedlichsten Geschichten entstanden sind, es dabei im Grunde jedoch immer wieder um dieselben Wesen geht? Und das, obwohl diese Geschichten teilweise zu einer Zeit entstanden sind, lange bevor sich die verschiedenen Völker über die Kontinente hinweg begegnen konnten?«

Benni überlegte. Er verstand nicht ganz, was das bedeuten sollte, also zuckte er nur mit den Schultern. »Das kommt daher, dass diese Geschichten alle von hier stammen. Menschen, die diese Welt hier besucht haben, haben sie mitgebracht.« D'nai gab ihm Zeit, die Worte sacken zu lassen.

»Du meinst also, hier gibt es wirklich Geister, Feen, Zombies und all so was?« Benni konnte es kaum glauben, doch andererseits hatte er den Drachen vorhin mit eigenen Augen gesehen. Und M'oii war immerhin eine echte Hexe.

»Nun«, fuhr D'nai fort »einiges wurde auch von den Erzählern der Geschichten dazu erfunden oder weiter gesponnen – aber all diese Wesen haben ihren Ursprung hier.« Benni erschauderte. »Hab keine Angst, hier auf dem Hof gibt es nichts, weshalb du dir Sorgen machen müsstest. Dies hier ist der sicherste Ort für dich im gesamten Multiversum.«

Benni kannte den Begriff aus seinen Science-Fiction-Comics. »Es gibt also noch andere Welten, außer meiner und dieser hier?« Der Senser nickte. »Natürlich. Wieso sollte es denn nur eine einzige Welt geben?«

Die Worte faszinierten Benni und ihm gefiel der Gedanke, gleichzeitig versuchte er sich das Multiversum vorzustellen, konnte es aber nicht gänzlich erfassen. Zudem forderte der anstrengende Tag nun seinen Tribut und er gähnte herzhaft. D'nai schmunzelte. »Ich denke, du legst dich jetzt besser schlafen.«

Benni wollte protestieren, musste jedoch erneut gähnen und ließ sich deshalb widerstrebend auf sein Kissen sinken. D'nai deckte ihn zu und strich ihm liebevoll über den Kopf. »Schlaf gut, Großer! Wir haben noch genug Zeit, damit ich dir alles genauer erklären kann.«

Mit diesen letzten Worten dämmerte Benni bereits in einen traumlosen Schlaf hinüber. Er ahnte nicht einmal, dass sich der alte Senser diesmal gewaltig irren sollte.

*

Mitten in der Nacht wachte Benni plötzlich auf. Er konnte sich weder daran erinnern, etwas geträumt zu haben, noch an etwas, das ihn geweckt haben könnte. Er spähte durch das Zimmer, konnte im grauen Mondlicht jedoch nichts erkennen. Auch Samson war nirgends zu entdecken.

Benni kannte solche Nächte von zu Hause und wusste, dass er keinen Schlaf mehr finden würde. Also stand er auf und blickte aus dem

Fenster auf die Wiese und den dahinter liegenden Wald. Die Blumen leuchteten matt in ihren unterschiedlichen Farben und wiegten sich leicht in einer schwachen Brise.

Fasziniert von dem Schauspiel zog Benni sich an, schlich die Treppe hinunter und nach draußen. Wenn er schon nicht mehr schlafen konnte, wollte er sich dieses Phänomen wenigstens aus der Nähe ansehen. Der Hof lag in völliger Stille und der Kies knirschte für seinen Geschmack viel zu laut unter den Sohlen seiner Sneakers.

»Nein! Bleib! Gefährlich!« Benni sah sich nach allen Seiten um. Wie schon am Tag zuvor in der Arena waren es jedoch keine richtigen Worte, die er mit seinen Ohren gehört hatte, sondern vielmehr ein Gefühl mitten in seinem Kopf. Er wischte es beiseite und schob es auf seine Angst. Hatte D'nai nicht selbst gesagt, der Hof sei der sicherste Ort für ihn im ganzen Multiversum?

So schlich er so leise wie möglich den Weg entlang und auf die farbig leuchtende Wiese zu. Der Kies endete und ging in einen Trampelpfad über. Benni hatte nie viel für Blumen übrig gehabt, doch das Leuchten übte eine starke Anziehung auf ihn aus. Vorsichtig streckte er die Hand aus und berührte ganz leicht die glühenden Köpfe. Sie waren weder warm noch kalt. Fast wie die LED-Lampen in Alex' Zimmer, die er auch so gerne gehabt hätte, aber nie bekommen hatte.

Er folgte dem Pfad noch ein ganzes Stück weiter. Immer wieder schien ihn etwas zurückziehen zu wollen, doch er wollte dieser – wie er glaubte – irrationalen Angst nicht nachgeben. So ging er immer weiter auf die dunkle Silhouette des nahen Waldes zu. Er konnte ein leises Rauschen hören, das mit der Zeit immer stärker zu werden schien. Konnten Baumwipfel so laut sein?

Andererseits gab es hier auch leuchtende Blumen, warum sollte es dann keine rauschenden Bäume geben? Also marschierte er, immer neugieriger, auf das Geräusch zu. Den Trampelpfad hatte er mittlerweile verlassen und die Leuchtblumen reichten ihm inzwischen beinahe bis zur Hüfte. Er blickte sich um. Der Hof war nur noch als dunkler

Umriss zu erkennen, doch das Licht um ihn herum reichte aus, die nächsten Meter einigermaßen sehen zu können.

Ein Stück vor ihm wurde das Lichtermeer von einem breiten Band unterbrochen. Vielleicht ein anderer Pfad oder sogar eine Straße? Das Rauschen war nun bereits so laut, dass er sonst nichts mehr hören konnte. Außer der Angst in seinem Kopf. An der Straße würde er umkehren – zu weit weg vom Hof wollte er im Dunklen dann doch nicht alleine gehen.

Als er auf den vermeintlichen Weg hinaustreten wollte, geschah es. Sein Fuß setzte nicht wie erwartet auf festem Boden auf, sondern trat plötzlich ins Leere. Benni verlor das Gleichgewicht und stürzte nach unten. Panisch versuchte er, sich irgendwo festzuhalten, griff jedoch ins Nichts und ruderte hilflos mit den Armen.

Der Sturz dauerte nur einen kurzen Augenblick, der jedoch ausreichte, dass er sich vom Schwung seiner fuchtelnden Arme nach vorne drehte. Im nächsten Moment klatschte er auch schon voll auf die Brust in etwas Nasses und ging unter.

*

Dunkelheit umfing Benni und er spürte, wie etwas heftig an ihm zog. Er hatte keine Orientierung, wusste nicht mehr, wo oben und unten war. Ohne atmen zu können, wurde er herumgewirbelt. Instinktiv versuchte er, die Augen offen zu halten und in eine bestimmte Richtung zu kommen, konnte gegen das heftige Reißen aber nichts ausrichten. Seine Lungen begannen zu brennen und der Wunsch, einatmen zu können, wurde beinahe übermächtig.

Gerade wollte er dem Drang nachgeben – was wohl seinen sicheren Tod bedeutet hätte – als sein Knie heftig gegen etwas Hartes geschleudert wurde. Vor Schmerz schrie er auf und sah vor sich den letzten Rest Sauerstoff in kleinen Blasen aus sich herausquellen. Doch das Schicksal war wohl noch nicht fertig mit ihm.

Denn nach dem Aufprall spürte er, wie der Rest seines Körpers zuerst an etwas gedrückt wurde und dann über eine raue Oberfläche schrammte, bis sein Kopf plötzlich wieder im Freien war. In seiner Panik schnappte er gierig nach Luft und packte gleichzeitig nach dem unbekannten Widerstand. Seine Hände rutschten ab und er spürte ein Brennen an seinen Fingern.

Trotz des Schmerzes verkrampfte er seine Hände zu Klauen und versuchte so, irgendwo an dem harten Etwas Halt zu finden. Und tatsächlich gelang es ihm, sich daran festzukrallen und einen kurzen Moment so zu verharren. Sein Brustkorb hob und senkte sich rasch pumpend, seine Finger brannten und ihm wurde bewusst, wie schwer und kalt seine nasse Kleidung an ihm zog.

»Was bin ich bloß für ein blöder Idiot!«, schoss es ihm durch den Kopf. Die Unterbrechung in der Wiese, das laute Rauschen ... Er war geradewegs in einen Fluss gelatscht. Dabei hatte er gestern doch noch das silberne Band von seinem Fenster aus gesehen. Nur dass es kein kleiner Bach war, wie er vermutet hatte, sondern ein deutlich breiterer und sehr schnell fließender Wasserlauf.

Nach und nach wurde ihm seine Situation bewusst. Er hing mit blutenden Fingern und komplett angezogen an der Rückseite eines Felsens mitten in einem reißenden Fluss. Bis zu den Ufern waren es jeweils nur wenige Meter, aber die Böschung fiel auf beiden Seiten steil ab und die Felswände waren im Laufe der Zeit nahezu glatt poliert worden.

Doch selbst wenn Benni es gelungen wäre, die vielleicht drei Meter hohen Hänge hinauf zu klettern, so konnte er doch nicht einschätzen, ob er bei der starken Strömung überhaupt darauf hätte zu schwimmen können, geschweige denn, lange genug über Wasser zu bleiben. Und niemand wusste, dass er hier war!

Eine zweite Panikwelle überkam ihn. Was sollte er denn jetzt machen? Seine Arme begannen bereits zu schmerzen, lange würde er sich hier nicht mehr halten können. Er zitterte, halb aus Anstrengung, halb aus Angst. Verzweifelt schrie er um Hilfe, doch seine Stimme kam gegen das Tosen der Wellen um ihn herum genauso gut an, wie das Piepsen einer Maus gegen einen startenden Kampfjet.

In einem Video auf seinem Handy hatte einmal jemand erzählt, dass Menschen in großer Panik irgend so einen Stoff im Körper produzierten, der ihnen kurzzeitig mehr Kraft verlieh. So hatte ein Mann es ganz alleine geschafft, einen Kleinwagen so weit anzuheben, dass sein darunter eingeklemmtes Kind herausgezogen werden konnte.

Benni versuchte, sich nach oben zu ziehen, bewegte sich jedoch kaum und gab sofort wieder auf. Er würde damit nur unnötig Kraft verbrauchen, offensichtlich produzierte er gerade keine Superkräfte. Natürlich nicht! In seinem Leben musste ja auch immer alles schief laufen!

Wut stieg in ihm auf, auf sich selbst, auf sein ganzes beschissenes Leben – und auch auf D'nai. Sicherster Ort im Multiversum? Am Arsch! Was für eine Entscheidung sollte er denn jetzt treffen? Aushalten und dann sterben oder loslassen und gleich absaufen? So eine verfickte SCHEISSE!

Doch die Wut verflog ebenso plötzlich, wie sie gekommen war und sein schlechtes Gewissen meldete sich. D'nai hatte vom Hof gesprochen, nicht von allen Orten darum herum – und er hatte ihm auch nicht empfohlen, nachts alleine draußen herum zu stromern. Trotzdem. Welche Entscheidung sollte er denn jetzt treffen können?

Wenn ihn doch nur jemand finden würde. Egal wer, Hauptsache, er würde ihn hier rausholen. Er schwor sich, nie wieder etwas Dummes zu tun, wenn er nur gerettet werden würde. Doch selbstverständlich änderte das nichts an seiner Lage und er wurde immer verzweifelter – bis er schließlich resignierte.

Er würde hier ersaufen und seine Leiche würde wahrscheinlich nie gefunden werden. Ob seine Mutter ihn vermissen würde? Oder würde sie es überhaupt nicht merken? Was hatte J'naa noch mal über die Zeit in den Welten gesagt? Er konnte sich nicht mehr daran erinnern, aber das war jetzt auch egal. Wenn er erst mal tot war, war seine Zeit im wahrsten Sinne des Wortes ohnehin endgültig vorbei, egal, in welcher Welt!

Aber vermutlich war seine Mutter dann sogar froh. Dann konnte sie sich ganz um ihren kleinen Liebling kümmern und hatte keine Probleme mehr mit ihm. Sollte er ihr den Gefallen tun und einfach loslassen? Einen letzten Gefallen, von dem sie nie erfahren würde?

*

Was als Nächstes geschah, dauerte höchstens Sekunden. Noch bevor sich Benni endgültig seinem Selbstmitleid ergeben konnte, sah er aus den Augenwinkeln etwas großes, dunkles neben sich. Ein langer Körper, von dessen Rücken lange Stacheln nach oben ragten. Ein Flussungeheuer? Also würde er nicht ertrinken, sondern gefressen werden.

Dann erkannte er, was es war und sein Herz machte einen Freudensprung. Es war einer der Drachen aus der Scheune! Ganz deutlich sah er noch einmal das Bild des letztendlich doch friedlichen Geschöpfes vor sich, wie er im Feuerschein vor ihm aufgeragt war. Er musste ihm gefolgt sein und kam nun, um ihn zu retten!

Doch es erschien kein Kopf aus den Fluten, der sich ihm zuwandte, keine Klaue, die ihn packte und auch kein Flügel, der ihn anhob. Stattdessen schrammte der lange Körper nur steif an dem Felsen entlang, an den Benni sich geklammert hatte. Da erkannte er seinen Irrtum.

Es war kein Drache, der gekommen war, um ihn zu retten, sondern nur ein langer Baumstamm, der vom Fluss mitgerissen worden war. Was er zunächst für Stacheln auf dem Rücken gehalten hatte, entpuppte sich als dünne Äste, die bisher noch nicht irgendwo gegengeschlagen und abgebrochen waren.

Die Erkenntnis traf ihn wie ein Schlag und er hätte heulen können. Gerade eben dachte er noch, er würde gerettet werden und schon im nächsten Moment stellte sich alles als weiterer höhnischer Scherz des Schicksals heraus. Doch was, wenn …?

Der Baum schien seine einzige Möglichkeit zu sein, von dem Felsen wegzukommen und gleichzeitig nicht unterzugehen. Dies war also die Entscheidung, die er treffen konnte. Festklammern oder Risiko. Opfer oder Täter. Und da er ohnehin keine Zeit hatte zu überlegen, traf er seine Entscheidung.

*

Benni ließ seinen Felsen mit einer Hand los, packte nach einem der Äste und öffnete auch die andere Hand. Sofort wurde er wieder gierig von der Strömung gepackt und sein Kopf unter Wasser gedrückt.

Da er sich aber diesmal an etwas festklammerte, konnte er sich orientieren und so gelang es ihm, schließlich mit beiden Händen zupacken und seinen Kopf wieder über Wasser ziehen zu können.

Er raste über die Stromschnellen und die Gischt spritze ihm ins Gesicht, sodass er die Augen zu schmalen Schlitzen verengte und die Lippen fest aufeinanderpresste. Immerhin konnte er jetzt aber durch die Nase einigermaßen atmen.

Immer wieder schlugen seine Beine und seine Hüfte unter Wasser gegen harte Felsen und es war nur eine Frage der Zeit, bis der erste Knochen brechen oder sogar zertrümmert werden würde. Er musste so schnell wie möglich auf den Stamm!

Und diesmal warf ihm das Schicksal – wohl aus purem Mitleid – eine kleine Portion Glück zu. Denn hinter einer Biegung verbreiterte sich der Flusslauf etwas, sodass die Strömung ein wenig abnahm. Gleichzeitig blieb der Baumstamm kurz so zwischen zwei Felsbrocken hängen, dass Benni sich an einem davon mit den Füßen abstützen konnte, während er sich mit den Händen an den Ästen nach oben zog.

Keuchend kam er bäuchlings auf dem dicken Stamm zu liegen und war nun erstmals seit seinem Sturz vorhin wieder vollständig aus dem Wasser heraus. Sofort begann er zu frieren und seine Kleidung klebte ihm nass und kalt am ganzen Körper. Er zitterte und seine Zähne begannen zu klappern, als der Baum wieder losgerissen und mit seinem Passagier über ein paar Stromschnellen davongetragen wurde.

Benni blickte nach vorne. In allen Filmen, die er bisher gesehen hatte, in denen jemand in einen Fluss gefallen war, kam irgendwann ein riesiger Wasserfall! Und bei seinem Glück … Doch zumindest im Moment konnte er nichts dergleichen vor sich ausmachen.

Trotzdem musste er irgendwie dafür sorgen, dass er nicht von dem Stamm herunterfiel, bis dieser irgendwo angespült werden würde. Dann konnte er am Flussufer gegen die Strömung zurücklaufen. Das war zwar kein besonders ausgeklügelter Plan, aber dafür ein erfolgversprechender. Nur wie sollte er sich hier selbst befestigen?

Ihm fiel die blöde Stoffhose aus dem Discounter ein, die seine Mutter einmal für ihn angeschleppt hatte. »Damit du was Ordentliches hast, wenn wir deine Großmutter besuchen!« Das blöde Ding war nicht nur völlig uncool, sondern ihm auch noch zu groß gewesen, weswegen sie an ihm hing wie ein Sack. Sie kratzte auch wie einer und die umgekrempelten Hosenbeine taten ein Übriges dazu, dass er sich darin endgültig wie ein Clown vorkam – was Philipp ihm den ganzen Nachmittag über feixend unter die Nase rieb.

Er hatte das blöde Ding danach ganz hinten in seinen Schrank gestopft und gehofft, sie niemals wieder anziehen zu müssen. Doch immerhin – sie hatte einen Gürtel gehabt, mit dem er sich nun hätte festschnallen können! Im Gegensatz zu der viel cooleren und bequemeren Jogginghose, die er nun trug. Doch dann kam ihm die rettende Idee.

Vorsichtig krümmte er sich zusammen, ohne loszulassen und das Gleichgewicht zu verlieren. Dann angelte er nach einem seiner Sneakers und fummelte das Schuhband heraus. Dieses diente ohnehin nur zur Zierde, denn die Schuhe waren dehnbar und man konnte einfach so in sie hineinschlüpfen.

Die so gewonnene kurze Schnur band er sich um das linke Handgelenk und einen der stabileren Äste, so gut es ging. Zufrieden betrachtete er sein Werk und öffnete vorsichtig die Faust. Sein Arm blieb, auch ohne festen Griff, verlässlich mit seinem rasenden Gefährt verbunden.

Benni überlegte, ob es nicht sinnvoller gewesen wäre, erst das zweite Schuhband zu holen und sich danach erst festzubinden, als ihm etwas auffiel. Etwas hatte sich verändert. Und zwar genau vor ihm!

Der Fluss rauschte nicht auf einen Wasserfall zu, dafür aber auf eine schwarze Wand! Benni versuchte, genauer zu erkennen, was da vor ihm aufragte, doch er konnte keine Einzelheiten ausmachen. Was immer es war, er konnte nur hoffen, dass nicht nur das Wasser, sondern auch sein improvisiertes Floß darunter durch passen würde.

So presste er sich ängstlich auf den Stamm und versuchte sich noch flacher zu machen, während er weiter unaufhaltsam auf das drohende Hindernis zuraste. Er wurde immer schneller, scheinbar verengte sich der Strom nun auch noch.

Wie ein riesiger Pfeil glitten sie nun dahin und von einem Wimpernschlag auf den nächsten wurde es völlig dunkel um ihn herum. Das Rauschen war nun ohrenbetäubend und er konnte absolut nichts mehr erkennen. Jeden Moment rechnete er damit, irgendwo gegen etwas zu prallen und die Panik schnürte ihm erneut die Kehle zu.

Zur Gefahr des Wassers kam nun auch noch die Dunkelheit und seine Angst steigerte sich direkt auf einen Punkt zu, an dem er die Kontrolle verlieren würde. Er würde unweigerlich durchdrehen und irgendetwas völlig Dummes und wahrscheinlich Tödliches unternehmen. Dann traf ihn etwas am Kopf, er spürte einen stechenden Schmerz durch sein Gehirn zucken – und verlor das Bewusstsein.

*

ZWISCHENWORT

Nun kennst du also die Geheimnisse der Welten. Du weißt jetzt, dass es ein Multiversum gibt, hast von der Existenz der Magie und dem Ursprung eurer Märchen und Sagen erfahren. Ich hatte dich gewarnt. Natürlich kannst du sagen, das wäre doch nur eine Geschichte, die sich jemand ausgedacht hat. Ich würde es dir nicht verübeln.

Ob ich es selbst glauben würde, wenn ich wie du ohne all das aufgewachsen wäre? Schwer zu sagen. Denn für mich sind all diese Dinge so selbstverständlich wie die Tatsache, dass die Sonnen täglich auf- und untergehen – oder wie in deinem Fall, die EINE Sonne. Sei es drum.

Alle, die dies hier nur für eine Geschichte halten, haben sich hoffentlich wenigstens bisher gut unterhalten gefühlt von meiner Erzählung. Ich werde euch nie das Gegenteil beweisen können, denn ihr werdet den Hof und mich niemals kennenlernen. Und auch Benni werdet ihr wohl vermutlich nicht begegnen. Lest weiter oder legt das Buch jetzt weg – wie ihr wollt.

Für alle anderen, die verstehen, dass es mehr gibt, als in euren Schulbüchern steht und die nicht nur an das glauben, was sie sehen können, werde ich auch den Rest von Bennis Geschichte erzählen. Denn natürlich war sie an dieser Stelle noch längst nicht zu Ende. So wundersam Bennis Erlebnisse bisher waren – es war beinahe nichts verglichen mit dem, was noch folgen sollte. Und wer weiß? Vielleicht bist du einmal selbst Besucher auf dem Hof. Denn nur wer wirklich daran glaubt, kann hierherkommen. Und dann wäre es gut für dich, auch alles Weitere zu erfahren.

Aber bevor ich dir auch noch den Rest berichte, verrate ich dir etwas, das nicht einmal Benni zu dieser Zeit wusste. Vermutlich ist dir längst klar, wessen Stimme Benni in seinem Kopf gehört hat, oder?

Du hast richtig vermutet! Natürlich war es niemand Geringere als Yggdrasil selbst, die versucht hat, ihn aufzuhalten. Und sie war es auch, die uns sofort von Bennis nächtlichem Ausflug unterrichtete.

Doch selbst der beste Spürhund ist machtlos, wenn eine Spur plötzlich abreißt. Kein Senser, ja nicht einmal Yggdrasil, kann die Gefühle aller Wesen an allen Orten spüren. Selbst der tapferste Kämpfer kann eine Schlacht nicht gewinnen, die gar nicht stattfindet. Selbst die mächtigste Hexe kann einen Menschen nicht einfach wieder herbeifluchen. Und selbst die besten Freunde können nicht helfen, wenn sie nicht eingeweiht sind.

So herrschte auf dem Hof zwar große Aufregung und bei Bennis Freunden zudem große Angst um ihn – doch wir alle konnten im ersten Moment nur hoffen, dass irgendwie alles gut gehen würde ...

*

TEIL III

Das erste, was Benni bemerkte, war das Pochen an seiner Schläfe. Er versuchte, mit der Hand danach zu tasten, konnte diese aber nicht bewegen. Jemand musste ihn gefesselt haben! Der Schreck sorgte dafür, dass er vollends erwachte und die Augen aufschlug. Um ihn herum war es jetzt hell.

Er lag immer noch auf dem Baumstamm, doch das laute Rauschen war verschwunden. Sein Blick richtete sich nach unten und erleichtert stellte er fest, dass sich unter ihm kein reißender Fluss mehr befand, sondern unzählige faustgroße, dunkelgraue Steine.

Mühsam richtete er sich auf und erkannte, warum er seine Hand nicht hatte bewegen können. Sie war immer noch an den Ast gebunden. Dies war wohl auch der Grund gewesen, warum er während seiner Ohnmacht nicht heruntergefallen war. Der Knoten hatte sich durch die Last ziemlich festgezogen und es kostete ihn einige Mühe, ihn schließlich wieder lösen zu können.

Sein Handgelenk war wundgerieben, doch außer der Beule an seinem Kopf, die er deutlich fühlen konnte, sowie seinen zerschundenen Fingern schien dies die einzige Verletzung zu sein, wie er erleichtert feststellte. Er hatte wohl tatsächlich noch einmal Glück im Unglück gehabt.

Der hintere Teil des Baumstamms, der ihm das Leben gerettet hatte, hing noch im Wasser. Jedoch war es hier kein klarer, schneller Strom mehr, sondern eine grünlich-braune Brühe, die zumindest oberflächlich keinerlei Regung zeigte. So ein Mist! Wie sollte er so erkennen, aus welcher Richtung er gekommen war?

Als er sich umdrehte, bekam er jedoch sogleich die Antwort – und erstarrte vor Schreck.

*

Vor Benni ragte eine steile Felswand auf. Er musste den Kopf ganz in den Nacken legen, um bis an ihr Ende und in den hellgrauen Himmel darüber zu sehen. Ganz oben, auf den Spitzen ihres gezackten Randes, glaubte er sogar Schnee erkennen zu können, war sich dessen jedoch nicht ganz sicher.

Sein Blick wanderte an dem mächtigen Gebilde herab. Auf einer Höhe von vielleicht fünf Metern über der Oberfläche des Sees, an dessen Ufer er stand, wölbte sich der glatte Fels ein wenig nach vorne. Aus der Mitte dieser Wölbung ergoss sich eine dickflüssige braune Brühe. Offensichtlich war dies der Ausgang des unterirdischen Flusses, in den er geraten war.

Der Anblick kam ihm vor, als wäre der Berg ein gewaltiger Riese, der ihm seinen blanken Hintern entgegenstreckte und sich, als hätte er ununterbrochenen Durchfall, in den See erleichterte. Die Vorstellung war einen Moment lang so grotesk real, dass Benni würgen musste.

Und obwohl er wusste, dass Berge keine Verdauungsstörungen hatten, passte das Bild durchaus zu der Situation, in der er sich befand – denn diese war im wahrsten Sinne des Wortes beschissen!

Der Rückweg, den er sich auf dem Baumstamm ausgemalt hatte, war ihm versperrt und er hatte keine Ahnung, wie weit sich das Gebirge vor ihm erstreckte. Weder in der einen, noch in der anderen Richtung konnte er ein Ende ausmachen. Vielmehr zog es sich wie eine mehr oder weniger gerade Linie von einem Horizont zum anderen.

Er blickte sich weiter um. Der See neben ihm war kaum als solcher zu erkennen. Außer an der Stelle, wo sich der braune Strom zähflüssig aus dem Berg in ihn ergoss, bildete eine schleimige Schicht eine fast geschlossene Decke über ihm.

Hatte Benni vorhin noch den Eindruck gehabt, diese Oberfläche wäre nahezu unbewegt, erkannte er nun bei genauerem Hinsehen immer wieder Bewegungen darin. Schaudernd wandte er sich ab und mochte sich gar nicht vorstellen, welche Wesen sich in so einer Dreckbrühe aufhalten mochten.

Auf der anderen Seite des kleinen Kiesstrandes, an dem er angeschwemmt worden war, bildeten große Dornbüsche eine schier undurchdringliche Hecke aus ineinandergeschlungenen Ranken und spitzen, teils fingerlangen Stacheln.

Wäre dies hier ein neues Dungeon in Dragon Clash gewesen, hätte sich vor ihm nun ein geschlungener Weg erstreckt, der ihm den einzigen Zugang zu einem neuen Level aufzeigte. Doch dies hier war kein Game, sondern bitterer Ernst.

Seine Verzweiflung und Angst wuchsen. Wo sollte er nur hin? Seine Kleidung war zwar nicht mehr triefend nass, klebte aber immer noch feucht, kalt und unangenehm auf seiner Haut. Er fröstelte und nun fiel ihm auch auf, dass es hier deutlich kühler war als auf dem Hof.

War das vorhin gewesen? Oder gestern? Und wie weit war er weggetrieben worden? Selbst wenn er einen Weg hier herausfand – wie sollte er jemals wieder zum Hof zurückkommen? Würden die anderen ihn suchen? Würden sie ihn finden können?

Benni drehte sich langsam im Kreis, nur um abwechselnd die verschiedenen Hindernisse vor sich zu sehen – eine riesige Felswand, ein ekliger See mit unbekannten Bewohnern und eine Mauer aus stacheligen Pflanzen. Seine Knie wurden weich und erneut stiegen ihm Tränen der Verzweiflung in die Augen, als er plötzlich ein Geräusch aus der Hecke hörte.

Gespannt hielt Benni den Atem an und lauschte. Doch außer dem Plätschern des Bergdurchfalls war nun nichts mehr zu hören. Hatte er sich das eben nur eingebildet? Er war sich sicher gewesen, dass es in der Hecke laut geknackt hatte. Vielleicht ein Tier?

Nachdem er einige Sekunden reglos so dagestanden hatte, atmete er leise aus und entspannte sich wieder ein wenig. Vielleicht hatte er sich ja doch nur getäuscht. Als es weiterhin ruhig blieb, drehte er sich vorsichtig zum See um.

Scheinbar war dies seine einzige Option. Er würde hindurch schwimmen müssen und darauf hoffen, dass die Wesen im Wasser in ihm weder Futter noch einen Feind, den man angreifen musste, erkannten. Benni schätzte die Entfernung zum gegenüberliegenden Ufer ab. Es schien ihm als reine Schwimmdistanz nicht unüberwindbar, vielleicht zehn oder zwölf Fußballfelder weit.

Plötzlich knackte es erneut hinter ihm und er zuckte so heftig zusammen, dass er beim Umdrehen beinahe auf den nassen Steinen ausgerutscht wäre. Sein Herz raste wie wild und wie immer, wenn er panische Angst bekam, fühlten sich seine Arme und Beine kraftlos und taub an.

Mit keuchendem Atem starrte er auf das Dickicht ein paar Meter vor sich, konnte in dem wirren Geflecht aus Ästen, Ranken und Stacheln aber nichts erkennen. Was war da drinnen? Ein gefährliches Raubtier? Ihm wurde schlagartig wieder bewusst, wie fremd die Welt, in der er sich befand, für ihn war. Und damit auch unberechenbar.

Er wollte schreien, um Hilfe rufen, in der Hoffnung, dass ihn entweder jemand hören oder er das Wesen in der Dornenmauer damit vielleicht verjagen würde. Doch wie in einem Albtraum brachte er keinen Laut aus sich heraus, so sehr er sich auch bemühte. Seine Kehle war wie zugeschnürt. Gleich würde es passieren. Gleich würde irgendetwas Fürchterliches aus den Büschen brechen und ...

Das dritte Knacken hörte sich für Bennis gespannte Nerven wie ein Peitschenhieb an und er glaubte, fühlen zu können, wie sein Herz stehen blieb, als der Verursacher der Geräusche zu ihm durchbrach und auf das kleine Kiesbett hinaustrat.

*

So sehr Benni im ersten Moment erschrak, als er die Kreatur sah, so sehr staunte er auch, als er das Wesen zu Gesicht bekam.

Das Geschöpf war ein gutes Stück kleiner als er und so grotesk, als hätte Gott versucht, sich aus einer Kiste mit Ersatzteilen die Zeit zu vertreiben.

Es stand auf zwei kräftigen, leicht gebogenen kurzen Hinterbeinen, die in eine Art Klauen endeten, eine Mischung aus Füßen und Händen, beinahe wie bei einem Affen. Der dürre Oberkörper war mit kleinen, glitschig aussehenden Schuppen bedeckt.

Seine Arme baumelten schlaff und dürr von zwei hängenden Schultern herab und waren irgendwie zu lang im Vergleich zum Rest. Sie endeten in denselben klauenbesetzten Hand-Füssen wie an seinen Beinen. Alle Extremitäten wurden von einem struppigen, kurzen Fell überzogen, das wie die Borsten eines Wildschweins aussah.

Der Kopf erinnerte Benni an ein Nagetier, weil er nach vorne in einer spitzen Schnauze auslief. Oben befanden sich jedoch keine kleinen runden Ohren, sondern stattdessen zwei senkrecht nach oben abstehende Fühler, die wiederum denen einer Schnecke glichen. Die Augen befanden sich allerdings nicht an deren Enden, sondern vorne im Gesicht.

Es waren drei – zwei nebeneinander, das andere darüber – tiefschwarz und so groß, dass sie beinahe die gesamte obere Hälfte des unbehaarten Gesichts einnahmen. Die Haut war bleich und schorfig, wie von einer Art Schuppenflechte überzogen.

Insgesamt war es das mit Abstand hässlichste Wesen, das Benni jemals zu Gesicht bekommen hatte. Nur die großen, beinahe treuherzig dreinblickenden Augen verliehen der ansonsten abscheulich anmutenden Kreatur etwas beinahe Niedliches.

Als wäre die absonderliche Zusammensetzung seiner Erscheinung nicht schon komisch genug gewesen, fiel Benni zudem auf, dass das Wesen die Überreste einer weißen Sporthose mit kurzen Beinen trug. Zumindest vermutete Benni, dass dieses nur noch als Fetzen zu bezeichnende Kleidungsstück einmal weiß gewesen war, bevor es all die erdfarbenen Flecken und Streifen abbekommen hatte. Nun sah es aus wie die Hose einer Kinderfußballmannschaft, die ein Spiel an einem verregnetem Novembertag auf dem nächsten Dorfacker gerade so überlebt hatte.

Das Ding machte einen vorsichtigen Schritt auf Benni zu und hinter ihm kam ein langer dünner Schwanz zum Vorschein, ebenfalls nackt und mit derselben ekligen Haut wie im Gesicht überzogen. Es reckte die triefende Nase schnüffelnd nach vorne, hielt inne und legte den Kopf schräg. Die großen Augen glotzen Benni dabei unverwandt an.

Er hatte immer noch Angst, denn er wusste nichts über dieses Ding und damit auch nicht, ob es gefährlich war. Gleichzeitig ekelte er sich aber auch davor, während ein anderer Teil von ihm immer noch verblüfft staunte. Was zum Geier war das?

*

Das Wesen schnüffelte erneut in seine Richtung und verzog dann angeekelt das Gesicht. »Du stinkst aber ganz schön doll! Hast du etwa da drin gebadet?« Es zeigte mit seinem dürren Arm auf den See hinter Benni. »Oder stinkst du immer so eklig?«

Benni wusste nicht, ob er lachen oder wütend werden sollte. Das seltsame Ding sprach mit einer hohen Stimme und stellte geradeheraus dreiste Fragen wie ein kleines Kind. Vielleicht war es das ja auch? Allerdings wollte Benni dann nicht Mama oder Papa Kreatur kennenlernen.

»Dafür, dass du nur zwei Augen hast, kannst du ganz schön doof glotzen!« Es grinste. »Kannst du nicht sprechen oder bist du ein bisschen dumm?« Wieder legte es den Kopf etwas schräg, als würde es abschätzen, was wohl eher zutraf.

Das reichte, um Benni seine Fassung wiederzugeben. Er ballte wütend die Fäuste neben den Hüften, machte einen Schritt nach vorne und sagte, etwas lauter vor Wut: »Natürlich kann ich sprechen und nein, ich stinke nicht immer so! Außerdem kann von baden keine Rede sein, ich bin hier angeschwemmt worden, und zwar nicht freiwillig!«

Die ohnehin schon großen Augen des Wesens schienen noch etwas größer zu werden, es duckte sich und als Benni den Schritt nach vorne machte, verschwand es mit einer schnellen Bewegung in der Lücke der Hecke, aus der es gekommen war. Benni schrie ihm die letzten Worte quasi hinterher.

Einen Moment blieb es ruhig und Benni vermutete schon, er hätte es verjagt, als eine hohe Stimme aus den Dornenbüschen ertönte. »Bist du immer so gemein, wenn man dich was fragt?« Es klang ängstlich und Benni war es ein wenig unangenehm, dass er dem Ding offensichtlich Angst eingejagt hatte.

Andererseits gab ihm die Situation auch etwas Sicherheit, immerhin war jetzt geklärt, wer hier der Stärkere war. Zumindest dachte er das in diesem Moment. Und vielleicht konnte ihm der Kleine ja nützlich sein.

»Tut mir leid!«, schob er daher in entschuldigendem Tonfall hinterher. »Ich habe keine Ahnung, wo ich bin! Weißt du, wie ich hier herauskomme?«

Ein Kopf erschien in der Lücke. Dann, ganz langsam, kam auch der Rest des Wesens wieder zum Vorschein und sah ihn an. »Passiert dir das öfter?« Seine Stimme klang nicht höhnisch, sondern ehrlich interessiert.

»Nein, natürlich nicht! Also, hilfst du mir jetzt?« Benni war etwas genervt von den blöden Fragen, hoffte aber gleichzeitig, durch die Kreatur einen Ausweg aus der eben noch aussichtslosen Situation zu finden. Er sah gespannt zu ihr hinüber. Diese kam nun vorsichtig etwas näher und beäugte Benni von oben bis unten.

»Das wird aber ein bisschen wehtun. Du siehst nicht so aus, als würdest du besonders viel aushalten!« Wieder grinste ihn der Kleine frech an. Benni wurde etwas mulmig, aber was bleib ihm schon übrig. Etwas weniger selbstbewusst, als er gerne geklungen hätte, sagte er daher: »Finden wir's heraus!«

Und so folgte Benni dem Wesen zu der kleinen Lücke in der Hecke. Dieses zwängte sich mühelos hinein und arbeitete sich geschickt mit seinen Klauen durch eine enge Schneise, die es wohl selbst auf dem Hinweg verursacht hatte. An seinen schleimigen Schuppen glitten die Stacheln einfach ab und das borstige Fell schützte seine Arme und Beine beinahe ebenso gut.

Benni dagegen, der etwa eineinhalbmal so groß war und über keine derartig gut geschützten Körperflächen verfügte, zog sich bereits auf den ersten Metern sehr viele und teilweise auch tiefe Kratzer zu. Ohne die Vorarbeit des Wesens wäre es ihm vollkommen unmöglich gewesen, hier auch nur einen Schritt weiterzukommen.

Schon nach kurzer Zeit blutete er aus vielen Wunden und jeder weitere Schritt brachte ihm neue ein. »Wie weit ist es denn noch?«, stöhnte er und blickte nach vorne. Er erkannte den langen Stachel vor seinem linken Auge gerade noch rechtzeitig und zog hastig den Kopf zurück. Das brachte ihm zwar einen sehr tiefen und schmerzhaften langen Riss im Nacken ein, rettete aber immerhin seinen Augapfel davor, einmal quer durch die Mitte aufgespießt zu werden.

»Wir sind gleich auf der anderen Seite. Jammerst du immer so schnell?« Benni ignorierte den zweiten Teil der Antwort einfach, weil er nicht riskieren wollte, hier mitten in dem Dickicht aus Ranken und Stacheln alleine zurückgelassen zu werden. Außerdem wurde es auch immer dunkler um ihn herum. Er mochte sich gar nicht vorstellen, wie es wohl wäre, hier im Finsteren ganz alleine festzuhängen. Also kämpfte er sich verbissen weiter.

Dass ihm seine feuchte Kleidung immer noch so am Körper klebte, war noch sein einziger Vorteil. Sein Sweatshirt und die Jogginghose blieben auch so noch ab und an irgendwo hängen, aber vermutlich nicht ganz so oft, wie wenn sie trocken gewesen wären.

Dann, mit einem Mal, knackte es laut vor ihm, als das Wesen durch die letzten Zweige und Ranken brach und einen kurzen Augenblick später war auch Benni endlich wieder im Freien. Zitternd begutachtete er seine Hände und Arme, die am meisten abbekommen hatten und griff sich auch an den tiefen Schnitt im Nacken. Seine Hände waren blutig und auch seine Kleidung hatte einige Risse und Löcher davongetragen.

Benni streckte sich und sah sich um. Was er erkannte, ließ seine Laune allerdings nicht merklich besser werden.

*

Sie befanden sich in einem dunklen Wald, in dem die Bäume so dicht an dicht standen, dass man zwar noch gut dazwischen hindurchgehen konnte, jedoch kaum noch Licht durch ihre dichten Kronen fiel. Durch die fehlende Sonne war alles kalt und feucht. Und irgendwie unheimlich.

Die merkwürdige Kreatur, die Benni zwar von der Kiesbank gerettet, ihn dafür aber in diese beklemmende Düsternis geführt hatte, stand nun vor ihm und blickte ihn erwartungsvoll an. »Danke!« So erleichtert Benni auch war, so unangenehm waren ihm sowohl dieser Wald als auch die Situation.

»Ich … ich …« Das Wesen legte wieder den Kopf schräg. »Ich habe leider nichts, was ich dir geben kann!« Er drehte seine leeren Handflächen wie zur Bestätigung nach vorne. Doch das Wesen schien nicht im mindesten enttäuscht, blickte ihn aber weiterhin unverwandt an. Benni wurde etwas nervös.

»Wie … wie heißt du eigentlich?« Ein breites Lächeln erschien unter der spitzen Schnauze. Offensichtlich gefiel es ihm, nach seinem Namen gefragt zu werden. Es streckte sich sogar etwas, als es stolz antwortete: »M'rtislay!«

Benni waren die merkwürdigen Namen hier mittlerweile nicht mehr ganz so fremd, doch dieser hier übertraf die bisher gehörten bei Weitem. »M …, Mirr …«, versuchte er zu wiederholen, wurde jedoch schnell unterbrochen. »Mrrrr-tisss-läiii!«, wiederholte es betont lange und überdeutlich. »Ganz einfach, so wie man's schreibt!«

Wieder der schräg gelegte Kopf, wieder der erwartungsvolle Blick. Benni musste trotz seiner Situation lächeln. »Ich werde dich einfach Myrt nennen, das ist einfacher!« Das Wesen schien zu überlegen, dann erhellte sich seine Miene. »Das gefällt mir!«

Doch kurz darauf verflog sein Grinsen auch schon wieder und es blickte sich nervös um. Benni bemerkte den plötzlichen Stimmungswechsel sofort und Myrts Verhalten versetzte ihn in Alarmbereitschaft. »Was ist los?«

»Nichts. Aber wir sollten hier nicht so lange bleiben!« Benni wusste nicht, was damit gemeint war. »Wieso denn nicht?« Drei Augen glotzten ihn verständnislos an. »Weißt du denn nicht, wo wir sind?« Benni schüttelte den Kopf. »Das hab ich dir doch vorhin schon gesagt.«

Myrt kam einen Schritt auf ihn zu und sagte mit ängstlichem Flüsterton, als könnte er das Gesagte dadurch abmildern: »Wir sind im Gruulwald!«

*

»Was ist denn ein Gruulwald?«, entgegnete Benni mit fragendem Blick. Myrts Augen schienen noch eine Spur größer zu werden, gleichzeitig machte er mit seinen Pfoten eine beschwichtigende Geste. »Nicht so laut!«, zischte er. »Nicht EIN, sondern DER Gruulwald! Weißt du eigentlich überhaupt nichts?«

Angesteckt von der Furcht in Myrts Stimme schüttelte Benni zur Erwiderung nur den Kopf. »Dann hoffe ich, dass du es nicht ausgerechnet heute heraus findest. Los jetzt, ich will hier wieder weg!« Er griff mit seiner schorfigen Pfote nach Bennis Hand, der diese bei der Berührung sofort angeekelt zurückzog.

Myrts und sein Blick trafen sich und für einen kurzen Moment glaubte Benni, als wären die Augen des Wesens eine Spur glänzender und seine Mundwinkel würden leicht vibrieren. Doch bevor er es genauer erkennen konnte, war der Moment auch schon wieder vorbei, Myrt wandte sich von ihm ab und hastete voraus in die Dunkelheit.

Benni hatte Mühe, mit ihm mitzuhalten, so geschickt wie er über Hindernisse kletterte oder sich manchmal einfach von einem Ast zum nächsten schwang. Doch er wollte auf keinen Fall alleine hier in diesem unheimlichen dunklen Wald sein.

Was zum Teufel waren Gruule? Benni bemerkte, dass es ungleich schlimmer war, vor etwas unbekanntem Angst zu haben, als vor einer bekannten Gefahr. D'nai hatte ihm einmal gesagt, die schlimmste Angst sei die Angst vor der Angst selbst. Offensichtlich hatte er dabei nicht bedacht, dass nicht alle die Welten so gut kannten, wie er.

Doch neben der Angst machte Benni auch ein wenig sein schlechtes Gewissen zu schaffen. Hatte Myrt vorhin bemerkt, dass er sich vor ihm geekelt hatte? Und hatte er daraufhin tatsächlich beinahe zu weinen begonnen? Benni fand das Wesen zwar immer noch scheußlich, andererseits hatte es ihn auch aus seiner misslichen Lage gerettet. Außerdem schien es freundlich zu sein und für sein Äußeres konnte es ja nichts.

Die Luft um sie herum war stickig und trotz der dichten Bäume mittlerweile ziemlich warm. Benni begann zu schwitzen. Er zog sein Sweatshirt aus und band es sich um die Hüften. Das T-Shirt, das er darunter trug, reichte hier völlig aus.

Sie waren schon eine ganze Weile so durch den Wald geeilt, ohne dass Benni nah genug zu Myrt hätte aufschließen können, um mit ein bisschen Smalltalk herauszufinden, wie es wirklich um ihn stand, als dieser abrupt stehen blieb. Nachdem er einen Moment wie erstarrt war, dreht er sich hektisch um und lief mit panischem Blick zu Benni zurück.

»Schnell, auf den Baum!« Mit seinen langen Fingern deutete er auf einen der knorrigen Stämme, schob sich an Benni vorbei und kletterte scheinbar mühelos an ihm hinauf. Was auch immer Myrt in der Dunkelheit vor ihnen erschreckt hatte, es versetzte auch Benni erneut in Panik und so versuchte er hastig, seinem kleinen Begleiter zu folgen.

Doch am unteren Teil des Stammes waren keine Äste, die sein Gewicht trugen und auch keine erkennbaren Stellen, die einen festen Griff oder gar Tritt ermöglicht hätten. So nahm Benni zwei Schritte Anlauf, sprang gegen den Baum und drückte sich daran mit seinem Fuß nach oben ab. Allerdings reichte weder sein Schwung noch seine Sprungkraft aus, den untersten der dickeren Äste zu fassen zu bekommen.

Über ihm raschelte es und das angstverzerrte Gesicht Myrts tauchte über ihm auf. »Mach schon! Er kommt!«, zischte er ihm mit hochrotem Kopf aufgeregt zu. »Ich schaff's nicht!«, wimmerte Benni zurück und warf einen schnellen Blick über die Schulter. War da hinten eine Bewegung gewesen? Myrt gab ein undefinierbares Jaulen von sich, hängte sich dann kopfüber an den Ast und streckte seine Klaue aus.

Diesmal hatte Benni keine Zeit sich zu ekeln, also sprang er erneut nach oben und irgendwie schafften sie es, dass Benni sich mit Myrts Hilfe auf das Geäst ziehen konnte. Von da an war es deutlich leichter, weiter nach oben zu gelangen. Doch Myrt deutete ihm schon bald an, sich auf einen breiten Auswuchs neben dem Stamm zu setzen, und nahm ihm gegenüber auf der anderen Seite Platz. Er legte den Finger auf die Lippen und deutete nach unten.

Benni richtete seinen Blick zum Boden und konnte nur in allerletzter Sekunde einen lauten Aufschrei unterdrücken.

*

Das Wesen, das etwa fünf Meter unter ihnen am Fuße des Baums aufgetaucht war, musste aus einem finsteren Albtraum entlaufen sein. Es sah aus wie die Kreuzung aus einer verwesenden Leiche und einem hell schimmernden Gespenst. Sein Körper hatte die grundsätzliche Form eines Menschen, doch die dürre Haut war milchig weiß und an einigen Stellen durchsichtig, sodass Benni das darunter liegende Skelett erkennen konnte.

Nur an der Vorderseite war es im Brustbereich deutlich dunkler und auch seine zu Klauen verkrümmten Hände schimmerten nicht wie der restliche Körper. Es bewegte sich hektisch hin und her und schien dabei immer wieder in alle Richtungen zu schnüffeln. Sein kahler Totenschädel ruckte alle paar Sekunden in eine andere Richtung, wie bei einem Raubtier, das die Fährte zu verloren haben schien.

Benni pochte das Herz bis zum Hals und er wagte nicht einmal zu atmen. Hoffentlich bemerkte sie das Wesen hier oben nicht. Ob es klettern konnte? Er blickte zu Myrt, der ebenfalls ganz steif da saß und zu dem Monster hinab starrte.

Plötzlich riss das Wesen den Kopf in den Nacken und stieß einen markerschütternden Schrei aus. Dabei bleckte es ihnen ein schauriges, verfaulendes Gebiss entgegen, dessen lange, spitze – und zum Teil abgebrochene – Zähne gierig in ihre Richtung schnappten. Immer wieder krachten die Kiefer aufeinander und klangen dabei wie zuschnappende Fallen. Außerdem erkannte Benni nun auch den Grund für die dunklen Flecken auf dessen Brust – es war getrocknetes Blut, das dem Monster aus dem Maul troff.

»Scheiße!« Benni zuckte so heftig zusammen, dass er beinahe rücklings vom Baum gefallen wäre. »Spinnst du?«, zischte er Myrt, dem Verursacher seines Erschreckens, panisch zu. Dieser blickte ihn überrascht an. »Jetzt brauchst du nicht mehr zu flüstern, der Gruul hat uns doch schon entdeckt.«

Zu Bennis Überraschung war Myrts Stimme wesentlich weniger panisch, als sie in Anbetracht der Situation hätte sein sollen. »Aber keine Angst, die Dinger können noch schlechter klettern als du!« Eigentlich hätte Benni darüber erleichtert sein sollen, doch er zitterte immer noch am ganzen Leib. Außerdem ... »Und wie sollen wir hier wieder runter kommen, so lange dieses ... dieses ... DING da unten ist?«

»Wenn wir nacheinander runter steigen, hat der Zweite eine gute Chance. Du zuerst!« Myrt grinste ihn breit an. »Das ist nicht witzig!«, blaffte Benni zurück. Dennoch wunderte er sich über Myrts neuerliche Gelassenheit. Er drängte seine Angst zurück und fragte stattdessen: »Was sind Gruule überhaupt?«

Myrt legte wieder einmal den Kopf schief und glotzte ihn mit seinen drei dunklen Augen an. »Du weißt echt gar nichts, hm?« In Benni begann es wütend zu brodeln, doch er verkniff sich eine Entgegnung und starrte einfach stur zurück, während unter ihnen der Gruul weiter heulte und schnappte.

Es funktionierte, denn Myrt sprach weiter. »Weißt du, wer die Dunklen waren?« Benni erinnerte sich an D'nais Erzählungen und nickte stumm. So fuhr Myrt fort. »Alle, die sich nicht rechtzeitig selbst umgebracht haben, sind mit der Zeit wahnsinnig geworden. Einige hatten das Glück, in irgendeiner Welt in einem Gefängnis oder einer Irrenanstalt zu landen, wo sie nach den dortigen Naturgesetzen irgendwann eines natürlichen Todes oder durch eine Hinrichtung starben. Aber den Restlichen war das Schicksal nicht so gnädig.«

Er machte eine dramatische Pause. »Manche waren hier, als die Senser verschwanden und das magische Gleichgewicht sie all ihrer Kräfte beraubte. Zurück blieben ihr Wahnsinn und ihre langsam zerfallenden Körper. Doch nach all dem Bösen, das sie in die Welten gebracht hatten, war es ihnen nicht gestattet zu sterben. Stattdessen sind sie dazu verdammt, auf ewig hier in diesem Wald zu verrotten.«

Benni lief bei der bloßen Vorstellung ein eiskalter Schauer über den Rücken. Hätten sie nicht in akuter Gefahr geschwebt, hätte er beinahe Mitleid empfunden. Doch ein Blick nach unten auf den sich immer wilder gebärdenden Gruul machte ihm jäh ihre Lage erneut bewusst.

»Und warum dreht der da unten so durch?« Er hatte versucht, ebenso lässig wie Myrt zu klingen, doch seine Stimme zitterte genauso stark wie der Rest von ihm. »Gehen die einfach auf alles los, was noch lebt, oder wie?« Er lachte hysterisch.

»Du bist scheinbar doch nicht ganz so dumm, wie du aussiehst!«, sagte Myrt grinsend. »Gruule können ihren eigenen Verfall dadurch ein wenig aufhalten, dass sie Blut trinken und frisches Fleisch fressen – lebendes Fleisch!« Benni wurde übel. »Du meinst, der will uns lebendig auffressen?«

»Klar!«, entgegnete Myrt. »Das weiß doch jedes Kind! Gruule fressen andere Lebewesen bei lebendigem Leibe auf. So wild sie auch sind, sie achten sehr genau darauf, dass ihre Beute möglichst lange überlebt. Nur dann nützt ihnen ihr Fleisch etwas.«

All das war für Benni eigentlich schon längst zu viel gewesen und er musste sehr konzentriert gegen seinen Brechreiz ankämpfen. Doch die nächsten Worte von Myrt trafen ihn wie ein Faustschlag in den Magen und die Erkenntnis ob ihrer Bedeutung explodierte förmlich in seinem Kopf. »Sie sind die einzigen Wesen, die hier überhaupt Fleisch fressen!«

*

Deswegen hatten die anderen beim Essen also so merkwürdig reagiert, als Benni nach dem »Fleisch« gefragt hatte, das M'oii zubereitet und das sich später als Pilz herausgestellt hatte. Aber sie hatten doch wohl nicht gedacht, dass er ein Gruul wäre? Irgendetwas fehlte hier noch und da sie für den Moment ohnehin auf dem Baum festsaßen, fragte er nach.

»Es gibt hier auf der ganzen Welt also keine anderen Lebewesen, die Fleisch essen?« Myrt glotzte ihn wieder mit dem schon gewohnten schiefgelegten Kopf an. »Du stellst echt komische Fragen! Natürlich nicht. Die Letzten, die das gemacht haben, waren die Dunklen – und jetzt eben das, was von ihnen übrig geblieben ist.«

Benni war nicht ganz klar, ob das ein Hinweis war, der ihn weiter brachte, doch er schob den Gedanken zunächst noch beiseite. Erst einmal war es wichtiger, dass sie hier lebend davon kamen – und zwar an einem Stück! »Und was machen wir jetzt? Geht der irgendwann von alleine wieder weg?« Leise Hoffnung keimte in Benni auf. Vielleicht war Myrt deswegen so gelassen. Weil er wusste, dass sie nur zu warten brauchten.

Doch zu Bennis Enttäuschung schüttelte dieser nur den Kopf. »Nein. Wenn ein Gruul erst einmal eine Beute entdeckt hat, dann will er sie auch unbedingt haben – ist ja nicht so, als hätte er irgendwann was Besseres zu tun.« Myrt ließ seine Beine baumeln und schaute beinahe interessiert nach unten.

»Und was sollen wir jetzt machen?« Benni schaffte es, dass seine Stimme immerhin nicht so weinerlich klang, wie er sich gerade fühlte. Wenn es stimmte, was Myrt gesagt hatte, dann würde der Gruul dort unten warten, bis einer von ihnen so erschöpft war, dass er einfach herunter fiel. Benni konnte sich nicht vorstellen, wie er hier oben schlafen sollte, geschweige denn, woher sie etwas zu essen oder trinken bekommen könnten.

Und plötzlich begriff er, warum Myrt so entspannt war – er rechnete damit, dass er, Benni, zuerst herunterfallen würde, sodass er selbst dann flüchten konnte. Panisch starrte er Myrt an. »Du weißt, dass du es länger hier oben aushältst als ich, richtig? Deswegen bist du so entspannt, oder? Gib's zu!« Seine Angst ließ ihn zunehmend wütend werden.

Myrt blickte ihn mit seinen großen Kulleraugen an und diesmal konnte Benni deutlich erkennen, dass sie sich mit Tränen füllten. Doch der Kleine wandte sich nicht ab, stattdessen schluchzte er nur und sah ihn weiter direkt an. »Warum bist du immer so fies zu mir?«

Schlagartig tat es Benni leid, dass er Myrt so angegangen war und er spürte seine Backen und Ohren glühen. »Tut mir leid!«, murmelte er deshalb. »Ich hab doch genauso Angst wie du vor dem Gruul! Aber irgendwas wird schon passieren, das uns hilft.« Myrt zog laut vernehmlich die Nase hoch. »Und wenn ich gewollt hätte, dass er dich erwischt, hätte ich dich ja gleich unten lassen können.«

Sie saßen eine ganze Weile schweigend da und Benni kam sich richtig dumm vor. Natürlich hatte Myrt vollkommen Recht und seine Unterstellung ihm gegenüber war ebenso unlogisch wie gemein gewesen. Er musste sich eingestehen, dass er sich in der kurzen Zeit, seit er das kleine hässliche Wesen kennengelernt hatte, nun schon das dritte Mal gehörig daneben benommen hatte. Bis auf ein paar freche Fragen und Bemerkungen hatte es ihm nichts getan, dafür aber schon zweimal das Leben gerettet. War er zu anderen manchmal auch so?

Dann ging auf einmal alles ganz schnell.

*

Ein lautes »Klonk« unterbrach das Gezeter des Gruuls unter ihnen und auf einmal war es wieder vollkommen still. Benni sah irritiert nach unten. Dort stand der Gruul mit der Stirn an den Baum gelehnt und vollkommen reglos da. Seine dürren Arme baumelten noch ein wenig an seinen Seiten hin und her, doch ansonsten regte er sich nicht mehr.

Benni begriff nicht, was passiert war und so wandte er sich zu Myrt, der mit offenem Maul nach unten starrte. »Was ist denn jetzt los? Ist sein Akku leer?« Die unerwartete Wendung der Ereignisse ließ ein neues Hochgefühl in ihm aufsteigen.

Myrt hingegen beurteilte die Situation offenbar völlig anders, denn er bedeutete ihm mit hektischen Handbewegungen, leise zu sein, und deutete dann mit der rechten Klaue in das Zwielicht vor ihnen. Bennis Blick folgte dem Hinweis und er kniff die Augen zusammen, um besser erkennen zu können, was sein Begleiter ihm zeigen wollte.

In einiger Entfernung bewegte sich ein schwarzer Schatten zwischen den Bäumen. Kam er auf sie zu? Es war schwer zu erkennen und eine neue Angst stieg in Benni auf. Was zur Hölle war DAS nun schon wieder? Angestrengt versuchte er, Einzelheiten auszumachen, doch scheinbar war es zu dunkel und was auch immer dort war einfach zu weit weg.

Plötzlich blitzten zwei lilafarbene, nebeneinanderliegende Punkte fast ganz oben in dem Schatten auf, dann war er in der Dunkelheit verschwunden. Bennis Hände zitterten leicht. »Was zum Geier war das?« Seine Stimme war nur ein Flüstern.

Myrt hingegen schien seine gute Laune zurückgewonnen zu haben. »Ist doch egal, Hauptsache, wir können hier wieder runter.« Er deutete auf den stummen Gruul am Boden und erst jetzt bemerkte Benni, dass etwas aus dessen Hinterkopf ragte. Es war länglich und etwa eine Handbreit lang, mehr konnte er nicht erkennen.

Neben ihm hatte Myrt schon mit dem Abstieg begonnen und Benni folgte ihm mit weichen Knien. Unten angekommen traten sie etwas näher an den Gruul heran und Benni erkannte nun, warum dieser so plötzlich verstummt war.

Aus dem Hinterkopf dieses Albtraumwesens ragte der schwarze Griff eines Messers, dessen anderes Ende im Baum steckte. Es war so tief eingedrungen, dass die Klinge nicht mehr zu sehen war. Der Kopf war dadurch gespalten worden und an der Hinterseite war ein Teil des Schädelknochens herausgeplatzt, sodass man in dem Loch eine glibberige, graue Masse sehen konnte. Der Anblick war abstoßend, doch gleichzeitig erleichterte er Benni auch ungemein. Sie waren nicht nur den Gruul losgeworden, sie hatten jetzt sogar eine Waffe.

Er streckte die Hand aus, um danach zu greifen, als zwei Dinge gleichzeitig geschahen.

*

Das Eine war ein lang gezogener, panischer Aufschrei, der nur aus einem einzigen Wort bestand. Direkt in der Mitte dieses Wortes jedoch passierte etwas weitaus Schlimmeres.

Als Bennis Hand nur noch Zentimeter vom Griff des schwarzen Messers entfernt war und Myrts Schrei gerade bei »Niiii …« angekommen war, schnellte auf einmal die zuvor reglose Klaue des Gruuls nach oben und passend zu Myrts »…chtttt!« erwischte sie Bennis Handgelenk.

Ein stechender Schmerz schoss durch seinen rechten Arm, weiter über die Schulter und den Nacken und explodierte schließlich in seinem Hinterkopf. Vermutlich war es genau das, was ihn instinktiv zurückprallen ließ, sodass er den beiden weiteren Schlägen entkam, bevor der Gruul wieder in sich zusammensank.

Benni betrachtete panisch seinen Unterarm. Eine dunkelrote Linie zog sich von seinem Handgelenk knapp unter dem Daumenansatz leicht schräg bis gut über die Hälfte des Weges zur Armbeuge hin. Dickes Blut quoll daraus hervor. Die Ränder der Wunde waren – anders als beim glatten Schnitt eines Messers – uneben und gezackt, wie die Küstenlinie auf einer Landkarte.

Tränen des Schmerzes und der Panik stiegen ihm in die Augen. Myrt trat in sein verschleiertes Blickfeld, kam dicht an ihn heran und besah sich mit schräg gelegtem Kopf den Schaden. »Scheiße! Du bist echt hart dämlich. Tut's weh?« Sein drittes Auge blickte Benni direkt an.

»Klar! Höllisch«, war alles, was Benni hervorpressen konnte. Auf die Beleidigung ging er aus zwei Gründen nicht weiter ein. Zum einen war er vor Schmerzen gar nicht fähig dazu – zum anderen musste er Myrt leider recht geben. Das war tatsächlich extrem dämlich gewesen. Wie konnte er in dieser fremden und gefährlichen Welt nur so unvorsichtig sein?

»Mein Arm!«, war das Einzige, was er wimmernd hervorbrachte. Das heftige Stechen war in seinem Bewusstsein nun ein wenig nach hinten gerückt und überließ die Bühne nackter Angst. Was sollte er jetzt machen? Er würde bestimmt verbluten!

»Sieht schon krass aus!« Myrt begutachtete den Schaden weiter interessiert. »Aber du hast auch Glück gehabt – er hat keine größere Ader erwischt!« Und tatsächlich bemerkte Benni nun bei genauerem Hinsehen die beiden hellen, grünlich schimmernden Linien, die sich links und rechts beinahe parallel zu der Wunde durch seine helle Haut abzeichneten. Trotzdem musste er es irgendwie schaffen, die Blutung zu stoppen. Doch womit?

»Red nicht, mach irgendwas!«, blaffte er Myrt durch zusammenge-
presste Zähne hindurch an, während er seinen Arm immer noch von
sich streckte und ihn mit großen Augen anstarrte. Myrt richtete nun
alle drei Augen auf Bennis Gesicht. »Und was?« Es klang ehrlich interessiert, allerdings ohne jegliche Anteilnahme oder Aufregung. »Keine
Ahnung!« Benni wusste es nicht und Myrt sah ihn nur erwartungsvoll
an. Von ihm war offensichtlich keine Lösung zu erwarten.

Also tat Benni das Einzige, was ihm übrig blieb – er riss sich zusammen. Er straffte sich, wischte sich mit dem linken Arm die Tränen
vom Gesicht und sein Verstand übernahm die Kontrolle. Der Rest war
ebenso naheliegend, wie logisch.

Es war etwas umständlich, mit der linken Hand den Knoten des
Sweatshirts an seinem Bauch zu lösen, doch schließlich schaffte er es.
Auf dem Waldboden kniend breitete er das mittlerweile schon reichlich
dreckige Kleidungsstück aus, legte seinen verletzten Arm darauf und
wickelte ihn darin ein. Myrt verstand, was er vorhatte und half ihm,
den provisorischen Verband mit den Ärmeln zu verknoten.

Benni besah sich das Werk einigermaßen zufrieden. Die Lösung
war nicht besonders stabil und viel zu klobig, abgesehen davon war
sie weit davon entfernt, steril zu sein, aber es war das Beste, was er
im Moment zur Verfügung hatte. Er hielt sich den Arm mit seiner
linken Hand an den Bauch gepresst, stand auf und sah Myrt an. »Und
jetzt?«

*

Myrt glotzte ihn mit seinen drei Augen fragend an. »Wie meinst du
das?« Benni erkannte, dass er etwas deutlicher werden musste. »Ich
meine, wohin gehen wir jetzt? Wie kommen wir aus diesem Wald
raus?« Das verstand Myrt offensichtlich besser, denn er wandte sich um
und schlug die Richtung ein, in der vorhin der unheimliche Schatten
verschwunden war. »Komm mit!«

Sie setzten ihren Weg fort und nun war es nicht mehr die Angst vor dem Unbekannten, sondern vor Gruulen und dunklen Schatten, die Benni plagte. Dazu kam der Schmerz in seinem Arm, der in ein auf- und abschwellendes Pochen übergegangen war. Mit seinem Handicap war es noch schwerer, Myrt zu folgen. Der Kleine wartete zwar immer wieder geduldig auf ihn, lief jedoch stets weiter, sobald Benni aufgeholt hatte, und gönnte ihm damit keine Verschnaufpause.

Hinterher wusste Benni nicht mehr, wie lange sie so durch den Gruulwald gewandert waren, doch es kam ihm wie eine Ewigkeit vor. Er war erschöpft, sein Arm pochte immer schlimmer und doch wagte er es nicht, sich auszuruhen. Doch irgendwann, Benni taumelte bereits mehr, als er lief, bemerkte er, dass die Bäume nun nicht mehr ganz so dicht beieinanderstanden und der Boden unter seinen Füßen zunehmend matschiger wurde.

Als er das nächste Mal zu Myrt aufgeschlossen hatte, blieb dieser ausnahmsweise stehen und beäugte ihn interessiert. »Was ist?« Obwohl Benni froh über die kleine Pause war, beunruhigte ihn das Verhalten des kleinen Wesens. »Und was stinkt hier eigentlich so erbärmlich?«

Myrt neigte seinen kleinen Kopf zur anderen Seite. »Das sind die Muchel. Sie wohnen am Rand des Gruulwalds. Kennst du die etwa auch nicht?« Als Benni nur mit den Schultern zuckte, fuhr der Kleinere fort. »Die Muchel sind zwar eklig, aber eigentlich ganz harmlos. Kannst du gut von Baum zu Baum springen?«

Benni sah nach oben, dann auf seinen schmerzenden Arm und schließlich zu Myrt. »Wohl kaum«, seufzte er. »Aber wenn diese Muchel so harmlos sind, warum gehen wir dann nicht einfach an ihnen vorbei?«

Sein kleiner Begleiter quittierte die Frage mit einem keckernden Lachen. »DAS könnte lustig werden!« Benni wurde zunehmend unsicherer. Wer oder was waren diese Muchel? Und was könnte dabei lustig werden, einfach an ihnen vorbei zu gehen? Sein fragender Gesichtsausdruck war wohl Aufforderung genug für Myrt, ihm weitere Details zu erklären.

»Die Muchel leben am ganzen Rand vom Gruulwald. Drum herum gehen funktioniert also nicht. Es gibt nur oben drüber, von Baum zu Baum – oder eben mitten durch. Das ist nicht besonders schwer, die Muchel sind nämlich komplett blind. Allerdings …« Er zögerte.

»Was?« Benni war es langsam leid, immer alles erst nach und nach zu erfahren. Sein Tonfall war daher ziemlich schroff, doch Myrt sprach einfach mit einem breiten Grinsen weiter. »Sie können dafür ziemlich gut hören und riechen. Und sie haben … sagen wir mal … einen sehr eigenen Humor. Sie schubsen, schlagen und treten sich gerne gegenseitig, wenn sie sich erwischen.«

Diese Information gefiel Benni natürlich gar nicht und eine Mischung aus Angst und Nervosität stieg in ihm auf. »Was kann ich dann machen, dass sie mich nicht kriegen?« Myrts Grinsen wurde jetzt sogar noch eine Spur breiter. »Ganz einfach: Du musst sehr leise sein – und so riechen wie sie!«

*

Nachdem Benni realisiert hatte, was Myrt genau damit meinte, weigerte er sich zunächst kategorisch, dessen Rat in die Tat umzusetzen. Erst die freche Frage, wie viele Schläge und Tritte er denn meine, so im Allgemeinen aushalten zu können, bewegte ihn zum Umdenken.

Benni überlegte kurz, was er mit seiner Kleidung anstellen sollte, entschied sich dann jedoch dafür, diese für sein Vorhaben lieber anzubehalten. Sie war danach dann zwar wohl weitestgehend hinüber, doch das war ihm immer noch lieber als …

»Mach schon! Oder willst du lieber auf den nächsten Gruul warten?« In Myrts immer noch unübersehbare Schadenfreude mischte sich nun deutlich erkennbare Ungeduld. Und die Erwähnung eines weiteren fleischfressenden Zombiewesens beschleunigte Bennis Überwindung deutlich.

Also ließ er sich erst auf die Knie sinken und schließlich ganz in den Matsch zu seinen Füßen fallen. Der Boden schmatzte regelrecht, als er begann, sich darin zu wälzen, beinahe so, als wollten ihn Dutzende ekliger alter Tanten gleichzeitig küssen. Nur dass der atemberaubende Gestank unendlich schlimmer war als jedes Tantenparfüm der Welt.

Unter dem ausgelassenen Lachen Myrts wälzte er sich wie ein junges Ferkel im Dreck und konnte spüren, wie die halbflüssige Brühe durch jede Öffnung seiner Kleidung und über seine blanke Haut kroch. Als er wieder aufstand und an sich herabsah, bedeckte eine durchgehende Schlammschicht seine ganze Körperoberfläche. Die ganze, bis auf …

»Deinen Kopf und dein Gesicht auch, sonst riechen sie dich sofort!« Myrt deutete, immer noch sichtlich belustigt von Bennis Prozedur, mit seinem dürren langen Arm nach oben über dessen Hals.

Resigniert ging Benni in die Hocke, schöpfte angewidert mit beiden Händen eine Ladung Matsch vom Boden auf und rieb sich diese mit angehaltenem Atem über den Kopf. Dies wiederholte er so lange, bis auch sein Gesicht und Nacken vollständig verschlammt waren und er dünne Rinnsale auf seinem Rücken spüren konnte, die sich kitzelnd einen Weg in tiefere Regionen bahnten.

Da die Quelle des üblen Geruchs nun direkt unter seiner Nase war und er notgedrungen immer wieder Luft holen musste, glaubte er nun, seine Nase würde von innen verätzt werden und er musste mehrmals heftig würgen. Myrt begutachtete ihn prüfend von allen Seiten und nach ein paar Korrekturen durch weitere Matschladungen, die er einfach auf Benni warf, schien er zufrieden mit dem Ergebnis zu sein.

So machten sie sich auf den Weg und schon nach kurzer Zeit stießen sie auf die Muchel. Myrt beeilte sich, auf einen der Bäume zu klettern, und hangelte sich geschickt über die Äste zum jeweils nächsten. Er blickte zu Benni zurück und bedeutete ihm mit einer Geste, ihm auf dem Boden zu folgen.

Beim Näherkommen – Benni versuchte, so leise wie möglich zu sein, doch der schmatzende Schlammboden machte ihm dies nicht gerade einfach – besah er sich die Muchel genauer und ihm fiel auf, dass er vor lauter Ekel vor Myrts Plan gar nicht weiter nach deren Aussehen gefragt hatte. Doch dies war wohl auch ganz gut gewesen, sonst hätte er sich die Sorgen, die ihn jetzt beschlichen, nur schon vorher gemacht.

Die Muchel standen in Gruppen zusammen, schlenderten scheinbar ziel- und planlos umher oder verprügelten einen ihrer Artgenossen. Sie waren annähernd menschlich, jedoch auf eine sehr primitive Art und erinnerten an eine Zwischenstufe von großen Affen und Höhlenmenschen.

Ihre Körperhaltung war leicht nach vorne gebeugt, von der Statur her waren sie jedoch insgesamt sehr muskulös und kräftig. Die Stirn ihrer großen Schädel war überdimensional groß und ebenfalls nach vorne gewölbt. Ihre Haut war, wo sie nicht von tropfendem Schlamm oder Haaren bedeckt war, von olivgrüner Farbe und stand in starkem Kontrast zu den milchigen, hellgrauen Augäpfeln in ihren tief liegenden Höhlen. Platte, breite Nasen und große Mäuler rundeten die Gesichter ab.

Wie die Primaten im Zoo, den Benni mit seiner Familie in einer gefühlt längst vergangenen Zeit einmal besucht hatte, damals, als die Welt und sein Leben noch in Ordnung waren, gab es auch hier männliche und weibliche Exemplare, Erwachsene und Kinder. Bei allen Schlägen und Tritten wurde darauf jedoch keine Rücksicht genommen und gerade die Kleineren bekamen oft heftige Stöße an die empfindlichsten Stellen ab. Ein Junges bleib nach einem heftigen Kopftritt sogar bewusstlos am Boden liegen, während der Verursacher anschließend nur darüber hinweg latschte.

Sie schienen in einer Art primitiven Sprache zu kommunizieren, eine Mischung aus Grunzen, Schreien und Räuspern, immer wieder unterbrochen von einer Art tiefem Lachen – und ständigen Rangeleien. Wohin Benni auch sah, er konnte keinen Weg ausmachen, der nicht von ihnen versperrt oder zumindest permanent gekreuzt wurde. Unschlüssig stand er da und sah nach oben zu Myrt, doch dieser wedelte nur immer wieder mit seinem Arm.

Mit weichen Knien machte er sich daher auf den Weg und versuchte, in einem Zickzackkurs um die Muchel herumzukommen. Der Gestank war hier noch schlimmer als vorhin und Benni musste erneut würgen, doch was er dann sah, drehte ihm buchstäblich den Magen um.

*

Beim Näherkommen konnte er nämlich beobachten, dass er sich geirrt hatte, als er vorhin dachte, an manchen von ihnen würde von Zeit zu Zeit der Schlamm herabtropfen. Denn er tropfte nicht von ihnen herab, sondern aus ihnen heraus. Und zwar aus einer ganz bestimmten Körperöffnung. Es war auch kein Schlamm, sondern …

Benni übergab sich mit einem Schwall in die Brühe zu seinen Füßen, als ihm bewusst wurde, warum es hier so stank und womit er sich vorhin genau eingerieben hatte. Was ihm unter die Kleider geronnen war. Was er sich in die Haare und sogar in sein Gesicht geschmiert hatte. MUCHELSCHEISSE!

Ein paar Köpfe ruckten in seine Richtung und er beeilte sich, von der Stelle wegzukommen, bevor einer von ihnen auf die Idee kam, die Quelle dieses neuen Geruchs zu untersuchen, der sich da auf dem Boden mit ihren Exkrementen vermischte.

Die ersten Meter ging noch alles gut und Benni schöpfte die leise Hoffnung, wenigstens im Weiteren unbeschadet durch dieses Rudel – nannte man das so? – hindurch zu kommen. Doch plötzlich hörte er hinter sich ein lautes, panisches Kreischen und kaum hatte er sich umgedreht, wurde er auch schon von einem auf ihn zu rennenden Mucheljungen, etwa so groß wie Benni selbst, über den Haufen gerannt und stürzte rücklings in den Matsch.

Der Junge rannte einfach panisch kreischend weiter, gefolgt von einem ausgewachsenen Exemplar. Benni konnte nicht mehr erkennen, ob es vielleicht dessen Vater oder Mutter war, denn er warf sich reflexartig herum und landete bäuchlings im Dreck, um dem Verfolger auszuweichen. Und so schmerzhaft es auch gleich für ihn werden würde, es war definitiv eine gute Entscheidung gewesen.

Der große Muchel bremste seine Jagd nämlich bei Benni ab, trat mit seinem linken Fuß direkt auf Bennis linke Kniekehle und verharrte darauf. Es tat höllisch weh, war aber nichts im Vergleich zu dem weit ausholenden Tritt, der kurz darauf mit voller Wucht in seinen schutzlos präsentierten Allerwertesten folgte. Sein ganzer Hintern fühlte sich an, als würde er explodieren und sein Steißbein in lauter kleine Knochensplitter zertrümmert werden.

Ein zufriedenes Brüllen ertönte ganz weit weg von ihm am Rande seines Bewusstseins. Dann spürte er einen erneuten heftigen Schmerz in der linken Kniekehle, als sich der Muchel darauf abdrückte, mit dem anderen Fuß auf Bennis Hinterkopf trat und davon ging.

Benni wurde mit dem Gesicht in die Brühe unter ihm gedrückt und sein vom Schreien weit aufstehender Mund füllte sich bis zum Hals. Würgend drückte er sich mit seinem unverletzten Arm vom Boden hoch, spuckte aus und würgte erneut. Er hatte panische Angst und sein Ekel lieferte sich ein hitziges Duell mit seinem schmerzenden Hinterteil und seinem pochenden Arm und die Vorherrschaft in seinem Bewusstsein.

Mit Tränen in den Augen und immer wieder ausspuckend taumelte er weiter. Dabei sah er sich ständig panisch in alle Richtungen um und legte so manchen Umweg ein, um den Mucheln ja nicht mehr zu nahe zu kommen. Er erschauderte bei dem Gedanken, was wohl passiert wäre, hätte er sich gerade eben nicht mehr rechtzeitig umgedreht. Der Muchel hätte ihm wahrscheinlich die Kniescheibe zertreten und mit dem anderen Fuß …

Benni dachte den Gedanken lieber nicht zu Ende, sondern beeilte sich, diesen Ort so schnell wie möglich zu verlassen, ohne weitere Bekanntschaft mit diesen merkwürdigen und aggressiven Wesen zu machen. Myrt dirigierte ihn nun – nach dem Vorfall von eben gar nicht mehr grinsend – von oben immer wieder in eine andere Richtung, doch endlich entfernten sie sich von den Mucheln, ohne dass es weitere schmerzhafte Zusammenstöße gab.

Die kleine Kreatur war wieder zu ihm auf den Boden zurückgekehrt, der nun wieder fester wurde, und schweigend hatten sie so den weiteren Weg zurückgelegt, bis sie endlich den Rand des Gruulwalds erreichten. Doch welche Gefahren mochten jenseits der Baumgrenze noch auf sie warten?

*

Benni trat aus dem Schatten in eine weite graue Ebene hinaus und schleppte sich noch ein paar Meter vom Waldrand weg, um einen – hoffentlich! – ausreichenden Sicherheitsabstand zu haben, dann ließ er sich entkräftet auf einen Felsbrocken sinken und legte sich auf den Rücken. Er spürte die Erschöpfung in seinen Gliedern und sein Arm tobte ob der Anstrengungen. Am liebsten hätte er die Augen geschlossen, nur ganz kurz, doch er wollte nicht noch einmal so unvorsichtig sein wie vorhin mit dem Messer.

Also richtete er sich stöhnend wieder auf und sah sich um. Abgesehen von dem Wald, aus dem sie gerade herausgekommen waren, sah er in den anderen Richtungen bis zum Horizont nur graue Steine und Felsen in allen möglichen Größen – vom Staub zu seinen Füßen bis hin zu beachtlichen Felsbrocken von der Größe kleiner Häuser. Die Sonnen standen bereits tief, sodass die Landschaft von langen, dunklen Schatten durchzogen wurde. Zudem fiel Benni auf, dass es hier noch einmal deutlich wärmer war als in der modrigen Schwüle des Waldes.

Myrt, der schon ein ganzes Stück weiter gelaufen war, kam zu ihm zurück getrottet. »Wo sind wir jetzt?«, fragte Benni ihn erschöpft. Offenbar war auch Myrts schier unerschöpfliche Energie etwas aufgebraucht, denn er setzte sich vor ihn auf den Boden und blickte zu ihm auf. Die Antwort auf seine Frage ließ Benni ein weiteres Mal erschauern. »In der unendlichen Wüste.«

Was sollte das denn nun schon wieder? Eine unendliche Wüste? Das war so was von typisch für sein Leben! Warum konnte es nicht einmal »der Park der Süßigkeiten« oder »das Regenbogenland der Wünsche« sein? Aber zurück in den Gruulwald wollte er auch auf keinen Fall.

»Müssen wir da durch?« Die Resignation in Bennis Stimme musste deutlich zu hören sein, doch Myrt hatte für so etwas wohl kein besonderes Feingefühl. »Du weißt schon, was unendlich bedeutet, oder?« Drei glotzende Augen, ein schief gelegter Kopf.

»Natürlich weiß ich das, aber sie ist doch nicht wirklich unendlich!« Bennis leise Hoffnung schwand immer mehr, je länger ihn Myrt nur schweigend anglotzte. »Oder?«

Die kleine Kreatur lehnte sich nun zurück und stützte sich auf die Ellbogen. Im Plauderton begann sie zu erklären. »Die unendliche Wüste ist komplett rund und …« Triumphierend schrie Benni auf. Er war zwar wirklich keine Leuchte in Mathe, aber dass jeder Kreis einen Mittelpunkt, einen Radius und damit auch einen Durchmesser hatte, das wusste auch er. Und ein Durchmesser hatte immer einen Anfang und ein Ende, war also eine Strecke – und Strecken konnten nicht unendlich sein!

Merkwürdig, dass er sich gerade jetzt so genau daran erinnerte … Er musste für den Bruchteil einer Sekunde an die Mathenachhilfestunden mit Andi denken und wie viel lieber er jetzt mit seinen Schulsachen an seinem Schreibtisch sitzen würde. Doch sein Triumphgefühl überwog diesen kurzen Augenblick des Bedauerns.

»Ha! Wenn sie rund ist, dann kann sie gar nicht unendlich sein!« Er blickte überlegen auf Myrt hinab. Doch dieser glotzte völlig ungerührt zurück. »Wieso?« Benni erklärte es ihm. Allerdings schien Myrt dies nicht im Geringsten zu beeindrucken.

»Keine Ahnung, was du da alles laberst!«, entgegnete er schulterzuckend. »Aber sie würde ja nicht so heißen, wenn sie es nicht wäre! Ist doch logisch. Außerdem weiß doch jeder, dass man ewig in die Wüste hinein laufen könnte, und trotzdem würde man niemals auch nur bis zur Mitte kommen.«

Benni hatte zwar keine Ahnung, wie das funktionieren sollte – andererseits war er sich auf einmal gar nicht mehr so sicher, ob Mathematik in einer Welt voller merkwürdiger Kreaturen, Hexen und Magie wirklich eine verlässliche Argumentationsbasis war. »Und wie sollen wir dann da durch kommen?«

Myrt legte wieder den Kopf schräg. In den immer länger werdenden Schatten der Abenddämmerung waren die Einzelheiten seines Gesichts nun weniger zu erkennen und Benni fand, dass er eigentlich gar nicht sooo hässlich aussah. Zumindest nicht, wenn man nicht alles so genau erkennen konnte, fügte er in Gedanken hinzu.

»Wo willst du denn eigentlich hin?« Erst jetzt bemerkte Benni, dass er dies seinem merkwürdigen Begleiter bisher noch gar nicht erzählt hatte. »Ich muss zurück zum Hof.« Er wollte gerade fortfahren, wurde jedoch jäh von Myrt unterbrochen, der sich abrupt aufsetzte und laut hörbar die Luft einsog. »Du warst auf dem Hof? Auf der anderen Seite? Wie ist es da?«

Mit der »anderen Seite« meinte Myrt scheinbar die Berge und so nickte Benni nur, bevor er zu erzählen begann. Sein kleiner Begleiter hörte ihm aufmerksam zu, lediglich unterbrochen von so manchen »Echt?« und »Wow!«.

Schließlich versank auch die zweite Sonne beinahe am Horizont und so beschlossen sie, die Nacht gleich hier im Schutze der Felsen zu verbringen. Benni versuchte, auf dem staubigen, harten Boden irgendwie eine bequemere Position zu finden, doch es gelang ihm nicht und so wälzte er sich unruhig hin und her, bis er schließlich entnervt auf der Seite liegen blieb. Sein Arm pochte nun nicht mehr ganz so fest, jedoch unaufhörlich weiter.

»Ist ganz schön unbequem hier!« Er sagte es mehr, um überhaupt irgendetwas zu sagen, denn nicht nur die Dunkelheit und der immer noch nahe Wald jagten ihm Angst ein – die absolute Stille hier machte es noch schlimmer. Doch Myrts Reaktion war anders, als er erwartet hatte. »Tut mir leid!« Es klang aufrichtig bedrückt, so als fühle er sich für ihren Schlafplatz verantwortlich.

Benni wollte gerade etwas Entsprechendes erwidern, als er bemerkte, dass Myrt aufgestanden und zu ihm herüber gekommen war. Er spürte, wie er sich neben ihn legte und vorsichtig an ihn kuschelte, sodass sie nun Rücken an Rücken lagen. Im Gegensatz zu vorhin ekelte sich Benni diesmal jedoch nicht dabei, sondern empfand es vielmehr als tröstlich. Nicht ganz so wie unter dem Drachenflügel, aber dennoch half es ein wenig gegen die Angst.

»Ist doch nicht deine Schuld!«, flüsterte er ihm zu. »Hast du auch so Hunger und Durst?« Benni hatte schon vorhin beim Erzählen das Rumoren in seinem leeren Magen gespürt und nun wurde es immer deutlicher. »Geht!«, war die knappe Antwort.

»Wie komme ich denn jetzt wieder zurück? Also, auf die andere Seite, zum Hof, meine ich.« Er lauschte gespannt in die Stille, doch er bekam keine Antwort. »Myrt?« – »Ich glaube …«, setzte dieser an, stockte dann aber. »Ja?« –«Ich glaube … gar nicht!«

*

Die Nacht hatte mit Schlaf und Erholung nicht viel zu tun. Benni kam es vor, als hätte er überhaupt nicht geschlafen, als sie am nächsten Morgen aufwachten. Die Mischung aus hartem Steinboden, Angst, Hunger, Durst und Schmerzen hatten es ihm lediglich gestattet, ein wenig zu dösen – richtig eingeschlafen war er aber nicht.

In seinem Kopf kreisten dabei die unterschiedlichsten Gedanken. Zum ersten Mal, seit er hier in dieser Welt war, hatte er über längere Zeit wirklich schlimmes Heimweh und sehnte sich zurück nach seinem

Zimmer und seinem Bett. Er vermisste seine Mutter und ein ganz kleines bisschen sogar seinen Bruder. Ob sie überhaupt merken würden, dass er fort war?

Dann musste er an den Hof denken, wo er so einen wunderschönen Tag verbracht und zum ersten Mal im Leben richtige Freunde gefunden hatte. Er dachte an M'oii. Würde die alte Hexe ihn finden können? Was war mit D'nai? Konnte er auf diese große Entfernung spüren, wie es ihm ging und ihn so vielleicht finden?

Und N'jsoa und X'mai? Vermissten sie ihn auch? Und J'naa …? Er sah sie jetzt ganz deutlich vor sich, wie sie nach dem Schwimmen neben ihm im Gras gelegen hatte, mit ihrer makellosen, hellen Haut und den rötlichen Haaren. Wie er sie angesehen hatte, so wunderschön in ihrem knappen Bikini, beinahe kein Kind mehr und doch noch keine Frau … Würde er sich jemals trauen, ihr zu sagen, wie hübsch er sie fand?

Seine Gedanken trieben weiter zu Samson, den er sich jetzt als Beschützer herbei wünschte und an dessen weichem Fell er so beruhigt eingeschlafen war. Und dann weiter zu seinem Besitzer … N'ray, der starke junge Krieger, der ihn offensichtlich nicht leiden konnte und bei dem er nicht wusste, wieso. Es musste etwas mit dem Fleischessen zu tun haben. »Siehst du! Ich hab es dir doch gesagt!« Genau das hatte er D'nai zugeraunt, als Benni beim Essen seine peinliche Frage gestellt hatte. Und die Einzigen, die hier Fleisch essen, waren die Dunklen, wie Myrt ihm erklärt hatte. Aber N'ray musste doch wissen, dass er kein Dunkler war! Oder dachte er das wirklich? Irgendetwas fehlte hier noch …

So krochen die Stunden dahin und seine engsten Vertrauten, die Angst und die Traurigkeit, kämpften wie so oft in seinem Unterbewusstsein um die Vorherrschaft über seine Gedanken.

Das einzig Tröstliche an dieser Nacht war Myrt gewesen, der sich offenbar weit weniger Sorgen machte als er selbst und friedlich leise vor sich hin schnarchte. Trotzdem hatte er immer irgendwie Körperkontakt zu Benni gehalten, was dieser, wie er sich selbst eingestand, nur zu gerne geschehen ließ.

Dementsprechend schlapp fühlte sich Benni auch, als sie sich beide am nächsten Morgen beim Aufgang der ersten Sonne aufgerappelt hatten. Myrt sah ihn erwartungsvoll und wie immer mit schräg gelegtem Kopf an. »Wie hast du das gestern gemeint? Also, das mit dem Zurückkommen, meine ich«, fragte Benni nun nach. Er war gestern Abend einfach zu erschöpft für dieses Gespräch gewesen.

Myrt neigte den Kopf in die andere Richtung. »Ich weiß es nicht genau. Aber ich glaube nicht, dass du auf die andere Seite zurückkommen kannst. Zumindest weiß ich nicht, wie.« Nun, das klang zwar nicht gerade aufschlussreich, aber immerhin nicht mehr ganz so düster. Der nächste Satz gab Benni jedoch richtigen Auftrieb – vermutlich, weil er sich nicht bewusst war, wie viel Unheil er bedeutete.

»Aber die … meine Herrin wird es wissen!« Myrt streckte sich und sah Benni stolz an. Seine … Herrin? Egal, diese Erklärung konnte warten, wichtig war jetzt nur, dass sie ihm helfen konnte und wie er zu ihr kam. »Wie kommen wir da hin?«

Myrt strahlte ihn an. »Ich kann dich zu ihr bringen. Es ist ganz einfach. Wir müssen nur durch die Wüste, am ängstlichen Riesen vorbei und dann durchs Tor.«

Benni starrte die kleine Kreatur entgeistert an. »DURCH die Wüste. Am RIESEN vorbei. EINFACH.« Er wiederholte Myrts Aussage, jedoch mit einer entsprechend sarkastischen Betonung bestimmter Worte. Doch dieser glotzte ihn weiterhin aus drei stolzen Augen an. »Genau! Und dann durch das Tor.«

Kaum Schlaf, ein leerer Magen und das Pochen in seinem Arm ließen Benni keine andere Wahl. »SAG MAL, SPINNST DU EIGENTLICH?!« Sein wütender Ausbruch kam so unerwartet, dass Myrt sich weder duckte noch versteckte. Er stand völlig erstarrt da und nur eine Sekunde später kullerten zwei dicke Tränen aus den beiden unteren Augen.

Über sich selbst erschrocken trat Benni einen Schritt auf das kleine Wesen zu und begann zu stottern. »Tut … Tut mir … Entschuldige bitte! Das war nicht so gemeint!« Doch Myrt regte sich nicht und eine weitere Träne floss aus dem dritten Auge.

Ohne zu überlegen, machte Benni einen weiteren Schritt und nahm ihn kurz entschlossen in die Arme. Da erst entspannte sich der Kleine wieder und drückte sich nun seinerseits fest an ihn. »Ich will doch nur helfen!«, schluchzte er. »Das weiß ich«, entgegnete Benni leise und schob ihn sanft auf Armeslänge von sich, um ihn ansehen zu können. »Aber du hast doch gesagt, man kann nicht durch die Wüste hindurch, weil sie unendlich ist.«

Myrt zog laut vernehmlich die Nase hoch, schluckte und sammelte sich kurz. »Doch nicht ganz durch. Nur bis zum Tor.« Wieder dieses Tor. Doch der andere Aspekt ihres Weges erschien Benni wichtiger. »Und was ist mit dem Riesen?« Nun erhellte sich Myrts Miene wieder sichtlich. »Dem ÄNGSTLICHEN Riesen!« Er grinste. Und auch Benni musste nun lächeln. Hätte er geahnt, was es damit auf sich hatte, wäre ihm die gute Laune jedoch schlagartig wieder vergangen.

*

Immer noch hungrig und durstig, aber mit deutlich besserer Stimmung machten sie sich also auf den Weg. Wie bereits tags zuvor im Wald übernahm Myrt die Führung und wählte in einem undefinierbaren Zickzackkurs einen Weg, den Benni nicht wirklich erkennen konnte. Doch das kleine Wesen schien sich seiner Sache sehr sicher zu sein und so folgte ihm Benni einfach. Was hätte er auch sonst tun sollen?

Die Sonnen stiegen immer höher am Himmel empor und es wurde zunehmend heißer. Immer wieder machten sie daher kurze Pausen im Schatten der großen Felsen, was auch das immer stärker werdende Pulsieren in Bennis Arm zumindest kurzzeitig ein wenig abmilderte. Zumindest der Schlamm – Benni mochte ihn immer noch nicht anders nennen – war zwischenzeitlich getrocknet und bröselte immer wieder in kleinen Mengen von ihm ab.

Sie waren bereits eine ganze Weile so dahingewandert – Myrt wie bereits im Wald immer ein Stück voraus – als Benni ein Geräusch hörte. Es klang wie das noch weit entfernte Donnern eines herannahenden Gewitters. Er sah nach oben, doch der Himmel war wolkenlos und strahlend blau. Die Sonnen brannten jetzt unbarmherzig auf sie herab und die Schatten waren auf ein Minimum geschrumpft.

Je weiter sie gingen, desto lauter wurden die Geräusche, die in unregelmäßigen Abständen zu vernehmen waren. Was war das? Bei der nächsten Pause fragte er Myrt und dieser bestätigte ihm seine schlimmste Vermutung. »Das ist nur der ängstliche Riese.« NUR! Benni versuchte, sich auszumalen, wie er dieses Donnern wohl verursachen würde, kam jedoch zu keiner schlüssigen Antwort.

Gerade als er nachfragen wollte, sprang Myrt jedoch schon wieder auf, bedeutete ihm zu folgen und setzte den Weg fort. »Der Kleine hat wirklich Energie für drei«, dachte Benni und beeilte sich, den Anschluss nicht zu verlieren. Er hätte sich und seinem Arm lieber noch ein wenig mehr Pause gegönnt. Andererseits hoffte er, schon bald ein paar Antworten, einen anständigen Verband und vor allem etwas zu Essen und Trinken zu bekommen, wenn sie ihr Ziel erreichten.

Benni bemerkte, dass sich die Umgebung langsam verändert hatte. Aus dem vornehmlich losen Geröll am Rand der unendlichen Wüste waren nun zunehmend große Felsbrocken und kleinere Schluchten geworden. Immerhin spendeten diese wenigstens ab und zu ein bisschen Schatten. Der Wald war längst hinter ihnen zurückgeblieben und nicht mehr zu sehen. Nur das riesige Gebirge war in der Ferne immer noch gut zu erkennen.

Das Donnern war mittlerweile sehr laut geworden und Benni machte sich immer mehr Sorgen darüber, was es wohl zu bedeuten hätte, aber Myrt eilte immer zu weit voraus, als dass er ihn hätte fragen können. Doch nach einiger Zeit machte die Schlucht, die sie gerade durchwanderten, eine scharfe Biegung nach rechts. Der Lärm war jetzt buchstäblich ohrenbetäubend.

Myrt war aus seinem Sichtfeld verschwunden und Benni beeilte sich, dies wieder zu ändern. Er hastete um die Ecke, doch was er dort sah, versetzte ihm einen derartigen Schrecken, dass er sofort wieder dahinter zurückwich.

*

Ganz langsam, mit weichen Knien und zitternden Händen, spähte er vorsichtig erneut um die Ecke. Er hatte es sich nicht eingebildet. Vor ihm öffnete sich die Schlucht zu einer nahezu runden, von hohen Felswänden umgebenen Arena. Sie war so riesig, dass in ihr Inneres – so schätzte Benni – locker vier Fußballplätze hineingepasst hätten. Die Wände an den Seiten ragten senkrecht nach oben wie dicht aneinander gebaute, zehnstöckige Hochhäuser.

Das Furchtbare an dieser Arena aber befand sich ziemlich genau in ihrer Mitte. Ein gigantischer, kahlköpfiger Koloss stand brüllend dort und reckte gerade seine beiden muskulösen Arme zum Himmel. Sein Kopf befand sich nur wenig unterhalb der oberen Felskante.

Er war unbekleidet, doch sein Körper war so voller krauser Haare, dass Benni der Blick auf bestimmte Körperteile zum Glück erspart blieb. Nur sein Kopf sowie seine Arme und Beine waren nahezu unbehaart, sodass er wie ein gigantischer Höhlenmensch aussah, der tausend Jahre lang extremes Krafttraining absolviert hatte.

Erst jetzt bemerkte Benni, dass Myrt lässig am Ausgang der Schlucht lehnte und ihn zu sich winkte. Immer noch zitternd folgte Benni der Aufforderung. Vielleicht war Myrt besonders mutig, vielleicht aber auch einfach nur zu dumm oder zu jung, um die Gefahr richtig einschätzen zu können. Dennoch wollte Benni natürlich nicht als Feigling dastehen und bemühte sich daher, betont lässig zu wirken.

»Besonders ängstlich sieht der ja nicht gerade aus!« Er wollte cool klingen, aber seine Stimme war mindestens eine Oktave höher als sonst. »Guck hin!«, forderte ihn Myrt auf und Bennis Blick folgte dessen ausgestrecktem Arm. Was dann geschah, war ebenso faszinierend wie beängstigend.

Der Riese bückte sich, hob einen Felsbrocken von der Größe eines Wohnwagens mühelos vom Boden auf und warf diesen wie einen Handball gegen die Felswand zu ihrer Linken. Der Aufprall war so heftig, dass der Felsen in mehrere Teile zersprang, die weit durch das Rund zurückprallten und als steinerner Trümmerhaufen zu Boden prasselten. Wieder riss der Gigant die Hände nach oben und brüllte.

»Was zum Geier macht er da?« Benni sah fragend zu Myrt hinunter. »Schau genau hin!«, antwortete ihm dieser, was Benni auch tat. Da erst bemerkte er, dass die Felswände voller dunkler Löcher waren. Etwas bewegte sich dazwischen. Er konzentrierte sich noch mehr und voller Ekel erkannte er, was es war.

Sie sahen aus wie das spinnenähnliche Ding, das ihm in der Scheune kurz vor ihrer Begegnung mit den Drachen über den Fuß gelaufen war. Die Kreaturen waren ebenso grau wie der Fels und daher nicht auf den ersten Blick zu erkennen. Mit ihren unzähligen langen, dürren Beinen huschten sie lautlos über die Wände. Aus Sicht des Riesen waren sie wohl kaum größer als sein Daumen, für Benni jedoch waren diese Viecher, im Durchmesser immerhin ungefähr so groß wie Myrt, die größten und ekligsten Spinnen, die er je gesehen hatte. Und er war sich nicht sicher, welches der beiden Hindernisse beim Durchqueren der Arena ihm mehr Angst machte – sie oder der Riese.

*

»Und wie kommen wir da jetzt durch?« Benni versuchte weiterhin, sich seine Angst nicht anmerken zu lassen – mit eher mäßigem Erfolg, wie er selbst fand. Myrt glotzte ihn jedoch nur verständnislos an. »Durch? Das ist keine gute Idee. Wegen des Riesen, weißt du?«

Benni musste trotz aller Furcht innerlich schmunzeln. Er gewöhnte sich langsam an Myrts naive und direkte Art. Außerdem erleichterte es ihn, dass es wohl einen anderen Weg zu ihrem Ziel gab. »Und wo gehen wir dann lang?« Seine Stimme war jetzt wieder etwas fester. »Natürlich oben rum!«

Benni war für einen Moment fasziniert und beeindruckt, wie schnell Myrt an der Felswand hinauf kletterte. Geschickt nutzte dieser dabei die zahlreichen Risse und Vorsprünge der Wand und erklomm diese scheinbar mühelos. Doch Benni besann sich sofort wieder und rief dem kleinen Wesen hinterher. »Myrt!« Dieser drehte den Kopf nach unten. »Komm mit, ist ganz einfach!« Und schon begann er weiter zu klettern. »MYRT!« Benni schrie ihm jetzt hinterher und tatsächlich hielt dieser inne und sah sich wieder zu ihm um.

»Was ist?« Er hörte sich ungeduldig an. Benni hielt ihm den verletzten Arm entgegen und dieser quittierte mit einem heftigen Pochen die Einschätzung seines Besitzers. Abgesehen davon hätte Benni auch mit gesunden Gliedmaßen nicht im Traum daran gedacht, dort hinauf zu klettern. Schon gar nicht ohne entsprechende Ausrüstung wie Haken und Sicherungsseil, und selbst dann hielt er es für unwahrscheinlich. Der Zehnmeterturm im Freibad? Okay. Dreimal so hoch in einer Steinwüste? Nicht okay! Unten Wasser? Gut! Unten Steine? Nicht gut! Aber diese Überlegung erübrigte sich ohnehin.

Myrt kam zu ihm herunter geklettert und glotzte Benni wieder mit seinen drei großen Augen an. »Scheiße!«, war alles, was er zunächst sagte. Dann, nach einer kurzen Pause: »Ich habe ganz vergessen, dass du ja diesen kleinen Kratzer hast.« Er legte wieder den Kopf schief und wartete auf eine Reaktion.

»Das hier ist ein Kratzer!« Benni drehte sich schnaubend nach links und beugte sich, auf seinen eigenen Nacken zeigend, zu Myrt hinunter. »Das hier« – er deutete nun auf seinen Arm – »ist zufällig eine krasse Wunde und tut außerdem schon die ganze Zeit höllisch weh!« Er schrie Myrt nicht an, dennoch bahnte sich ein Gefühlsmix aus Panik und Selbstvorwürfen den Weg in sein Bewusstsein. Wie hatte er nur so dumm sein können, diesem Zwerg einfach so, ohne nachzufragen, das Kommando zu überlassen? Doch er versuchte, sich zu beherrschen.

»Wir müssen auf die andere Seite, richtig?« Myrt nickte zur Bestätigung. »Gibt es noch einen anderen Weg außer oben herum oder mitten durch?« Kopfschütteln. Na großartig! Er konnte sich also aussuchen, von einer Felswand herunter zu stürzen, von einem Riesen zermalmt zu werden oder hier zu warten und zu verhungern. Oder verdurstete man zuerst? Er war sich nicht mehr ganz sicher, doch das war nun auch egal.

Er überlegte kurz. »Wie hoch ist die Chance, dass ich an diesem Riesen vorbeikomme?« Myrt glotzte ihn jetzt mit aufgerissenen Augen an – diesmal OHNE den Kopf schräg zu halten. Sein Maul stand dabei etwas offen. »Myrt! Wie hoch?«, setzte er energischer nach. Der Kleine senkte den Blick. »Das wäre Selbstmord, Benni!«

*

Es war das erste Mal, dass Myrt ihn mit seinem Namen ansprach. Doch Benni achtete nicht weiter darauf. Er war schockiert von der Antwort auf seine Frage, gleichzeitig hatte er beinahe damit gerechnet. Doch ihm blieb keine andere Wahl.

»Warum nennst du ihn eigentlich den ÄNGSTLICHEN Riesen?« Wenn er sich schon auf ein Selbstmordkommando begab, dann wollte er wenigstens vorher noch ein paar Informationen haben. Myrt glotzte ihn jetzt wieder direkt an und Benni glaubte große Furcht in seinem Blick zu erkennen.

»Weil er so heißt«, war die knappe Antwort. Benni wartete geduldig ab, ob Myrt noch mehr erzählen würde. Er hatte einen Entschluss gefasst, aber er hatte auch große Angst vor der Umsetzung, daher hatte er es nicht besonders eilig. Doch Myrt schien nichts weiter ergänzen zu wollen, vielleicht wusste er es auch nicht besser.

Nachdem sie sich eine Weile so angesehen hatten, nahm Benni das Wenige an Mut zusammen, das er besaß. »Wünsch mir Glück! Wir sehen uns drüben. Hoffentlich ...« Damit riss er sich los und betrat zitternd die Arena.

*

Er musste an Dragon Clash denken. Wäre dies hier ein Computerspiel, dann wäre der Riese sicherlich ein Bosskampf und der Ausgang würde davon abhängen, wie weit er seinen Charakter bis dahin mit Waffen und Rüstungen aufgelevelt hatte, beziehungsweise wie geschickt er mittlerweile die Steuerung beherrschte – und natürlich vom eingestellten Schwierigkeitsgrad. Doch dies hier war kein Spiel, es gab keinen zweiten Versuch und bei einem Scheitern wäre nicht sein Controller in Gefahr, sondern nichts weniger als sein eigenes Leben.

Andererseits war der Riese ja vielleicht vollkommen damit beschäftigt, Felsbrocken auf die Spinnen zu werfen. Er beobachtete ihn bei seinen nächstem Versuch, während er schlotternd vor Angst einen Fuß vor den anderen setzte. Wieder bückte sich der Gigant nach einem Felsen und schleuderte ihn unter wütendem Brüllen an eine der Felswände.

Der Boden erbebte und Benni musste sich enorm zusammenreißen, um nicht auf der Stelle kehrt zu machen und in die schützende Deckung der Schlucht zurückzulaufen. Er zwang sich, stetig einen Fuß vor den anderen zu setzen und den Blick nicht vom Geschehen abzuwenden. Dabei fiel ihm auf, dass die Spinnen – oder was auch immer das für grässliche Geschöpfe waren – immer rechtzeitig ausweichen und in irgendwelche Nischen verschwinden konnten, sodass sie nicht getroffen wurden. Und jedes Mal, wenn dies geschah, riss der Riese wütend seine Hände nach oben und tobte vor Zorn.

Während Benni sich noch immer unbemerkt, dafür zunehmend ängstlicher, dem Riesen näherte, überlegte er, warum er nicht WÜTENDER

Riese genannt wurde. Da fiel ihm etwas ein, das D'nai ihm einmal erklärt hatte. »Wut entsteht oft aus Angst, Benni. Wer wütend wird, hat meistens Angst, eine Situation nicht unter Kontrolle zu haben.«

Niemals zuvor hatte Benni diese Erklärung besser verstanden als jetzt. Der Riese hatte wohl aus irgendeinem Grund Angst vor diesen Viechern und brachte die Situation nicht unter Kontrolle, weil er sie mit seinen Geschossen weder töten noch vertreiben konnte. Vielleicht hatte er ja Glück und der Riese bemerkte ihn deshalb gar nicht – oder hatte wenigstens keine Angst vor ihm. ANGST vor IHM! Wäre die Situation nicht so ernst gewesen, hätte Benni wahrscheinlich nur verächtlich über diese Möglichkeit gelacht.

Er hatte zwischenzeitlich den halben Weg bis zum Riesen, also etwa ein Viertel der Arena, hinter sich gebracht. Immerhin. Und er war noch am Leben, das war doch schon mal etwas, versuchte er sich selbst Mut zu machen, während ihm sein Herz bis zum Hals hinauf hämmerte.

Trotz des Giganten hatte er sich dazu entschieden, den direkten Weg zu wählen und nicht etwa am Rand entlang zu gehen. Zum einen hatte er dafür zu große Angst vor den riesigen Spinnentieren, zum anderen wollte er nicht von den Bruchstücken der geworfenen Felsbrocken getroffen werden, die der Riese mal in die eine, mal in die andere Richtung schleuderte. Mit etwas – nein, mit extrem viel Glück – konnte er vielleicht unbemerkt unter dem Koloss hindurch schleichen.

Je näher er dem Riesen jedoch kam, umso weniger glaubte er an diese Chance und umso größer wurde seine Angst. Was hatte er sich nur dabei gedacht? Sollte er vielleicht doch besser umkehren? Doch was dann? Also ging er weiter und er glaubte, sein Herz gegen seine Rippen schlagen zu spüren. Doch er hatte keine Wahl.

Als er fast bei dem Riesen angelangt war, machte er einen leichten Bogen um dessen Rückseite, als es kam, wie es kommen musste.

*

Der Riese hatte gerade einen weiteren seiner Fehlversuche beendet und wütend zum Himmel getobt, als er sich in Bennis Richtung drehte. Entsetzt und voller Panik hechtete sich dieser hinter den nächsten Felsbrocken. Wimmernd vor Angst presste er sich in die Schatten, kniff die Augen zusammen und hielt sich den linken Arm über den Kopf, voller Erwartung, im nächsten Augenblick zermalmt zu werden. Doch nichts passierte. Zumindest für diesen Moment.

Blinzelnd wagte er, die Augen wieder zu öffnen. Da spürte er einen Luftzug. Im nächsten Moment wurde der Felsen, hinter dem er sich versteckt hatte, in die Höhe gerissen und er blickte direkt in das Gesicht des hinabgebeugten Riesen.

Für einen Augenblick erstarrte er in Panik und hätte er etwas gegessen oder getrunken gehabt, er hätte sich vor Angst sicherlich in die Hosen gemacht. Der Gigant schien ebenso überrascht zu sein wie Benni, denn er gaffte nur mit leicht geöffnetem Mund auf den ihm unbekannten Neuankömmling hinunter.

Der Riese schnaubte und allein das reichte aus, dass Benni von dem Luftstoß ein Stück über das Geröll gepustet wurde. Der Atem war das Furchtbarste, das Benni jemals in seinem Leben gerochen hatte. Im Gegensatz dazu war die Stinkbombe, die irgendein Witzbold einmal in seiner Schule losgelassen hatte, ein lieblicher Duft gewesen.

Schlitternd und würgend prallte Benni gegen einen größeren Stein und wurde dadurch unsanft gebremst. Dann übernahm sein Überlebensinstinkt die Kontrolle. Er sprang auf und rannte einfach los. Ein donnerndes Brüllen erklang über ihm und er nahm aus den Augenwinkeln wahr, wie der Riese sich aufrichtete.

Benni glaubte, nun endgültig sterben zu müssen, doch das Adrenalin in seinem Körper verschaffte ihm noch nie erlebte Kraft. Er spurtete nach vorne, direkt zwischen den immensen Beinen des Giganten hindurch und immer weiter in Richtung der gegenüberliegenden Felswand.

Hinter ihm brüllte der Riese, doch Benni lief weiter, immer weiter und schon nach einigen Sekunden konnte er sein Ziel vor sich erkennen – eine deutliche Lücke zwischen den Felsen, mittendrin die hektisch winkende kleine Gestalt Myrts.

Hinter Benni krachte etwas, der Riese heulte – vor Wut? – laut auf und Benni spurtete um sein Leben rennend mit brennenden Lungen auf die rettende Schlucht zu. Unter Aufbietung seiner letzten Kräfte hetzte er hindurch, ein paar Meter an dem jubelnden Myrt vorbei – und direkt auf einen dunklen Schatten mit unheimlich leuchtenden, lila Augen zu. Dann wurde alles dunkel.

*

Als Benni wieder zu sich kam, sah er direkt in Myrts Gesicht, das nur wenige Zentimeter über dem seinen schwebte. »Bist du wieder wach?« Sein kleiner Begleiter schien ehrlich besorgt zu sein. Benni blinzelte ein paar Mal und richtete sich dann an Myrt vorbei auf. »Scheint so. Wo ist er?« Ängstlich sah er sich um.

Myrt legte wieder den Kopf schräg. »Wer?« – »Na, dieses Ding, dieser dunkle Schatten mit den lila Augen aus dem Wald. Hast du ihn nicht gesehen? Er stand direkt hinter dir.« Benni erhob sich taumelnd auf die Füße. Ihm war schwindlig und zu dem Pochen in seinem Arm waren nun auch noch hämmernde Kopfschmerzen hinzugekommen. Um nicht gleich wieder umzukippen, stützte er sich mit seiner freien Hand an der Felswand ab, dann lehnte er sich mit dem Rücken dagegen. Das Schwindelgefühl wurde zum Glück etwas leichter, doch die Kopfschmerzen blieben.

Verständnislos glotzte Myrt ihn an. »Da war niemand. Das musst du geträumt haben. Geht's wieder?« Benni war sich fast sicher, etwas gesehen zu haben, doch vielleicht war es wirklich nur ein Streich seiner überreizten Nerven gewesen. Auf jeden Fall waren sie jetzt alleine, von diesem unheimlichen Schatten fehlte jede Spur. Doch etwas war merkwürdig.

Benni konnte zunächst nicht erfassen, was es war. Irgendetwas war anders als vorhin. Vorsichtig blickte er sich um, darauf bedacht, seinen

Kopf lieber nicht zu schnell zu bewegen. Da erst fiel es ihm auf. Es war still! Kein Donnern und Krachen mehr, kein tobender Riese. Er wandte den Blick zur Arena zurück.

Der Gigant war immer noch da, jedoch stand er nun nicht mehr und warf Felsbrocken, sondern saß mit dem Rücken zu ihnen auf dem Boden. Was war da passiert? Er stellte Myrt eine entsprechende Frage, die dieser sofort aufgeregt beantwortete.

»Du hast so ein Glück gehabt, weißt du das?« Offensichtlich hatte er das, immerhin war er am Leben. Doch das kleine Wesen plapperte schon weiter. »Als du unter dem großen Trottel durchgelaufen bist, hat er mit dem Felsen ausgeholt, um ihn nach dir zu werfen.« Benni erinnerte sich schaudernd an die Szene. »Aber als er seine Hand ganz oben hatte, ist ihm der Felsen abgerutscht, deswegen hat er dich nicht getroffen, sondern sich das Teil mit voller Wucht auf den eigenen Fuß gedonnert!«

Mit diesen Worten ließ Myrt sich einfach auf sein Hinterteil plumpsen, nahm seine eigenen Zehen in die Pfoten und lachte keckernd aus vollem Halse. »Der ist noch doofer als du!« Gackernd ließ er sich auf die Seite fallen. Die Szene war so komisch, dass Benni mitlachen musste, gleichzeitig merkte er, wie eine immense Anspannung von ihm abfiel. Lachend und weinend zugleich ließ er sich rücklings an der Felswand herunter rutschen, zog die Knie an und versuchte, sich wieder zu sammeln. Doch die Tränen ließen sich nicht mehr aufhalten und zeichneten dünne Linien auf sein staubiges Gesicht.

Myrt bemerkte es und sein Gegacker verstummte schlagartig. Besorgt glotzte er Benni an. »Was ist denn? Tut dir der Tollpatsch etwa leid?« Benni konnte nur den Kopf schütteln und rang nach Luft. Beinahe beneidete er Myrt um dessen Unbekümmertheit. Er schluckte, wurde noch mal kurz von einem Weinkrampf geschüttelt, dann konnte er endlich wieder tief einatmen. »Schon okay, geht schon wieder. War einfach ein bisschen viel!«

Es war ungewohnt für Benni, seine Gefühle so offen zu äußern, doch irgendwie hatte er den Eindruck, sich vor Myrt nicht mehr verstellen zu müssen. Unglaublich hässlich oder nicht – der Kleine war ihm ans Herz gewachsen und es fühlte sich richtig an, offen und ehrlich zu ihm zu sein. »Ich bin echt fertig, mein Arm tut höllisch weh und mein Kopf platzt gleich.«

Myrt, inzwischen wieder stehend, wich instinktiv einen Schritt zurück. Dann schien er zu verstehen, denn er verzog das Gesicht und kam wieder näher. »Du siehst auch ganz schön scheiße aus! Noch käsiger als vorher.« Benni nahm es ihm nicht übel, vermutlich hatte der Kleine recht. Er erhob sich wieder. »Wie weit ist es denn noch bis zu diesem Tor?«, fragte er daher, inständig hoffend, dass sie es nun bald geschafft hätten.

Myrt deutete in die Schlucht hinein. »Nicht mehr weit. Das schaffst sogar du!« Damit drehte er sich um und ging wieder einmal voraus. Benni taumelte hinterher. Was auch immer ihn dort erwarten würde, alles war besser als das hier. Ob er mit seiner Einschätzung richtig lag, sollte sich schon alsbald herausstellen.

*

Es dauerte tatsächlich nur wenige Minuten, bis Myrt vor einer Felswand stehen blieb und Benni kurz darauf völlig entkräftet fast bis zu ihm aufschloss. Mit jedem Schritt war ihm noch schwindliger geworden und auch die Kopfschmerzen hatten sich von einem pochenden Hämmern zu einem stechenden Schmerz hinter seiner Stirn gesteigert.

Benni lehnte sich mit der Schulter wieder an der Wand an und schloss die Augen. Wie gerne hätte er sich jetzt einfach hingelegt und geschlafen, doch noch hielt ihn die Angst, vielleicht nie mehr aufzuwachen, davon ab. Auf der Innenseite seiner geschlossenen Lider tanzten rote Punkte wie wild hin und her. Er zwang sich, seine Augen wieder zu öffnen und sah zu Myrt, wobei ihm das helle Licht spitze Nadeln durch seine Augäpfel hindurch direkt in sein Gehirn zu jagen schien.

Der Kleine stand vor einer Stelle, die sich für Benni durch nichts von allen anderen Felswänden unterschied. Weder die Form noch die Farbe ihrer Oberfläche wiesen irgendwelche Besonderheiten auf. Und doch schien Myrt sich seiner Sache absolut sicher zu sein, denn er hatte beide Arme nach vorne gestreckt, die Innenflächen seiner Klauen an die Wand gestützt und seine Schnauze bewegte sich. Benni konnte nicht verstehen, was er sagte, doch das war auch nebensächlich.

Denn schon im nächsten Moment begann der Fels von Myrts Pfoten aus zu leuchten. Die beiden Lichter wurden größer, verschmolzen in der Mitte miteinander und spannten schließlich eine ovale Fläche auf, vielleicht zwei Meter hoch und etwa einen Meter breit. Es war kein grelles Strahlen, vielmehr ein mattes Schimmern.

Myrt winkte Benni zu sich heran, doch diesem war es kaum noch möglich, sich überhaupt auf den Beinen zu halten, geschweige denn, noch einen Fuß vor den anderen zu setzen. Als er nicht reagierte, kam Myrt zu ihm zurück, stützte ihn an der Seite ab und schob ihn mit erstaunlicher Kraft in Richtung des soeben entstandenen Tors.

Benni mobilisierte seine letzten Kraftreserven und mit Myrts Hilfe gelang es ihm, wenn auch nur noch sehr langsam, auf das magische Portal zu zu schlurfen. Im Näherkommen dachte er darüber nach, ob es gefährlich wäre, dort hindurch zu gehen. Ob es wehtun würde oder ihn sogar töten könnte. Zu seinem eigenen Erstaunen fühlte er dabei jedoch – nichts! Es war, als würde er eine andere Person dabei beobachten, deren Schicksal ihm völlig gleichgültig war, ja die ihn nicht einmal sonderlich interessierte und die er nur aus purer Langeweile betrachtete.

»Vielleicht bin ich ja schon tot und sehe meinem Körper dabei zu, wie er noch ein Stückchen weitergeht, weil er es noch nicht gemerkt hat.« Keine Emotion. Einfach nur ein Gedanke. »Oder ich bin verrückt geworden und jetzt ist mir alles egal«, sinnierte er weiter.

Als er schließlich, immer noch gestützt von Myrt, durch das Tor trat, änderte sich schlagartig ihre Umgebung. Doch dies bemerkte Benni kaum. Wohl aber das, was unmittelbar vor ihnen lag.

»Interessant!«, war alles, was Benni durch den Kopf ging. »Warum steht er da?« Er spürte, wie Myrt ihn behutsam zu Boden gleiten ließ, ihn schließlich ganz ablegte und beiseitetrat. »Ob er uns jetzt töten wird?« Keine Angst, nicht einmal wirkliches Interesse, nur noch ein fahler Gedankenschimmer. Und dann, bevor sich sein Selbst endgültig abschaltete, ein letzter Sinneseindruck. »Wirklich merkwürdige Augen. Wie das Tor. Genauso lila!«

*

Benni öffnete ganz behutsam das rechte Auge einen kleinen Spalt breit. Es war hell um ihn herum, doch erstaunlicherweise war das Licht auf seiner Pupille nicht so unangenehm, wie er erwartet hätte. Wenn er zu Hause von seiner Mutter geweckt wurde – Tür aufreißen, laut anschreien, Deckenlicht anschalten – presste er seine Lider immer reflexartig zusammen und zog sich die Decke über den Kopf, um das grelle Leuchten von oben abzuwehren. Da seine Mutter ihm daraufhin meistens unter lautem Zetern die Decke wegriss, war dieser Schutz zwar stets nur von sehr kurzer Dauer, aber morgens zählte schließlich jede Sekunde.

Doch jetzt war es komplett anders. Er setzte auch das zweite Lid auf Halbmast, dann öffnete er die Augen schließlich ganz. Als Nächstes registrierte er erleichtert, dass seine Kopfschmerzen verschwunden waren. Auch sein Arm tat nicht mehr weh. Er zog ihn unter der Decke, die jemand über ihm ausgebreitet haben musste, hervor und besah ihn sich. Nichts war zu sehen, keine Wunde, keine Narbe, nicht einmal ein Kratzer. Seine Hände und Arme waren ebenso unversehrt. Seltsam! Wie lange hatte er denn bitte geschlafen?

Immer mehr zu sich kommend, nahm er auch seine Umgebung zunehmend wahr. Er lag in einem großen, weichen Bett. Der Raum um ihn herum war mittelgroß, ebenso wie das Bett völlig weiß und hätte aus einem Science-Fiction-Film stammen können. Kahle und weiße

Wände, ein steriler, ebenso weißer Fußboden, ein Tisch mit einem futuristischen Stuhl davor, ein riesiger Monitor an der Wand und gegenüber des Bettes eine große Schiebetür – sonst nichts.

Benni setzte sich auf, erschrak darüber, wie es sich anfühlte, schlug entsetzt die Bettdecke zurück – und sofort wieder über sich. Einer seiner schlimmsten Albträume war Wirklichkeit geworden! Er musste nicht noch mal unter die Decke sehen, um sich der Gewissheit seiner Lage zu stellen. Er war nackt!

Irgendjemand hatte ihm während seiner Ohnmacht seine alten Sachen ausgezogen, ihn wie ein Baby gewaschen und wohl auch seine Wunden versorgt. Er brauchte keinen Spiegel, um zu wissen, dass sein ganzes Gesicht vor Scham rot glühte! Gehetzt sah er sich in dem Raum um und erblickte zu seiner Erleichterung etwas über der Lehne des Stuhls hängen, das nach einer Hose aussah. Mehr konnte er nicht erkennen, die Innenseite der Sitzschale war von ihm abgewandt.

Hastig sprang er aus dem Bett und war gerade auf halbem Weg zum Stuhl, als die Türflügel wie bei einem Raumschiff zur Seite glitten und in der Wand verschwanden. Benni bedeckte seine Körpermitte blitzschnell mit beiden Händen und hopste mehr, als er lief, hinter den Stuhl, den Blick panisch auf die offene Tür und den eintretenden Besucher gerichtet.

Wobei ... »eintreten« hier nicht ganz das richtige Wort war. Vielmehr »einfahren«. Denn das, was da auf ihn zukam, passte komplett zur restlichen Szenerie. Ebenfalls nahezu komplett weiß, aufrecht, etwa zwei Meter groß und auf einer Art Ketten fahrend, die jedoch nicht das geringste Geräusch verursachten. Die insgesamt vier sichtbaren Arme – zwei an jeder Seite des Rumpfes – und das kopfähnliche obere Bauteil mit dem Monitor auf der Vorderseite rundeten den beinahe humanoiden Roboter ab.

»RAUS HIER!«, schrie Benni dem Ding entgegen – allerdings nur in seinem Kopf, denn der Schreck und seine Angst vor den unbekannten Absichten des Bots schnürten ihm die Kehle zu, sodass er keinen Ton heraus brachte. Seltsamerweise reagierte der Eindringling trotzdem, ließ ein Gesicht auf dem Display erscheinen – und antwortete.

»Es besteht kein Grund zur Beunruhigung, junger Herr! Ihre körperliche Oberflächenbeschaffenheit ist für mich nur zum Zwecke ihrer Reinigung und Erhaltung oder Wiederherstellung Ihrer Unversehrtheit relevant. Da ich beides bereits erledigt habe, sind sämtliche Details zwischenzeitlich in meiner Datenbank abgespeichert, wodurch ein Verbergen derselben als irrational betrachtet werden darf. Seien Sie also versichert, dass die aktuelle Ausschüttung von Stresshormonen, die Anspannung Ihrer gesamten Körpermuskulatur sowie die beträchtliche Erhöhung Ihres Blutdrucks keinem zielgerichteten Zwecke dienlich ist.«

Benni starrte den Roboter mit offenem Mund an, bewegte sich jedoch keinen Millimeter. So geschwollen die Sätze auch formuliert waren, so klar war ihm ihre Botschaft. Nach und nach realisierte er deren ganze Bedeutung. Also hatte ihn immerhin nicht »jemand« ausgezogen und gewaschen, sondern nur »etwas«. Das machte es ein bisschen weniger peinlich, trotzdem blieb ein gewisser Rest an Scham zurück. Und dieser Bot war offensichtlich so etwas wie ein Diener, zumindest sprach er wie die britischen Butler aus den alten Filmen, die sie zu Hause manchmal mit ihrer Großmutter ansehen mussten.

Als er sich weiterhin nicht bewegte und in der – zumindest blickdichten – Sicherheit des Schalensitzes verharrte, verzog der Bot halb pikiert, halb amüsiert das Gesicht auf seinem Kopfdisplay, hob die linke Augenbraue und dreht sich auf der Stelle um 180 Grad. »Ich warte dann draußen auf den jungen Herrn.«

Benni sah noch etwas verdutzt auf die sich schließende Tür, dann entspannte er sich wieder und drehte die Innenseite des Stuhls zu sich herum. Vor ihm lagen ein komplettes Set frischer Kleidung, alles ebenfalls in Weiß, von den Boxershorts über Socken, T-Shirt und Hose bis zu den nagelneuen Sneakern. Schnell schlüpfte Benni in die Sachen und war extrem erleichtert, sich endlich wieder bedecken zu können.

Schon als er diese in die Hand nahm, konnte er den Qualitätsunterschied zu seinen eigenen Kleidern fühlen. Alles war extrem weich, perfekt verarbeitet und ungewohnt angenehm auf seiner Haut. Zudem passte es wie angegossen, alles saß lässig genug, um cool auszusehen, war aber nicht so groß, dass es albern gewirkt hätte.

Benni suchte nach einem Markenlogo, konnte aber nirgendwo eines finden. Dann schlüpfte er in die Sneaker und war sich sicher, dass sich Wolken genau so anfühlen würden, wenn man auf ihnen laufen könnte. Außerdem waren es die coolsten Schuhe, die er je gesehen hatte, sogar noch besser als die Boots der besonders coolen älteren Jungs an seiner Schule.

Zu gerne hätte er sich jetzt in einem Spiegel gesehen, musste jedoch enttäuscht feststellen, dass es keinen gab und auch der große Monitor über dem Tisch sich nicht als solcher eignete. Also sah er noch mal zufrieden an sich herab und fuhr mit den Fingern über den elastischen Bund seiner neuen Hose, die sich in einer perfekten Mischung aus fest und bequem an die Haut über seinen Hüften schmiegte.

Doch kaum hatte sein Lächeln auch sein Innerstes erreicht, war der kurze Moment des Glücklichseins auch schon wieder vorbei und zurück blieb ein dumpfes, nicht ganz ungewohntes Gefühl der Leere in seinem Inneren. Er blickte zur Tür und entschloss sich, dass es an der Zeit war, herauszufinden, wo er war und wem er seinen runderneuerten Zustand verdankte. Und vor allem, wie er endlich wieder zurück zum Hof kommen konnte.

*

Hinter der Tür erwartete Benni eine völlig andere Umgebung, als er erwartet hatte. Der Boden war aus einem dunkelgrauen, vollkommen glatten Stein, während die Wände des langen Flurs aus grobem, schwarzen Felsen bestanden, der immer wieder von etwas durchzogen wurde, das bläulich schimmerte.

Er trat darauf zu und besah sich die beinahe durchsichtigen Stellen, von denen eine gewisse Kälte ausging. Überhaupt war es hier deutlich kühler als in dem Zimmer, in dem er eben aufgewacht war. Und noch etwas fiel ihm jetzt auf: Es gab hier nirgendwo Fenster. Doch die hellen blauen Kristalle in den Wänden spendeten genug Helligkeit, um alles in ein mattes Zwielicht zu tauchen.

Ein ungeduldiges Räuspern ertönte neben ihm und das Gesicht des Bots leuchtete auf. »Wenn der junge Herr mir nun bitte folgen würde!« Er drehte sich wieder auf der Stelle und glitt den Flur hinunter. Als Benni sich nicht ebenfalls sofort in Bewegung setzte, um ihm zu folgen, hielt er an und wandte sich wieder zurück.

Das Gesicht, in das Benni nun blickte, ließ deutlich die Ungeduld erkennen, die Benni erwartet hatte. Doch genau diese wollte er sich zunutze machen, um ein paar Antworten zu bekommen. »Wo bin ich hier? Und wie lange habe ich geschlafen?« Er zitterte etwas, was wohl zum einem an der Kälte, zum anderen an der unberechenbaren Reaktion des Butler-Bots lag – und nicht zuletzt daran, dass er nicht wusste, was er wohl erfahren würde.

»Wenn es dem jungen Herren bitte belieben würde, seine Fragen noch ein wenig aufzusparen, so würde er sicherlich deutlich eher die ersehnten Antworten erhalten!« Unabhängig davon, dass Benni nicht ganz verstand, wie das funktionieren sollte, blieb er einfach stehen und bemühte sich, den hochnäsigen Diener weiter anzustarren, ohne nachzugeben.

Nach einem Augenblick glitt der Bot mit einem verächtlichen Nerviges-Kind-Seufzen, das Benni unter anderen Umständen zur Weißglut gebracht hätte, auf ihn zu. Es kostete Benni all seinen Mut, nicht zurückzuweichen, doch er hielt der Versuchung stand und bemerkte kurz aufflackernden Stolz, der jedoch sofort wieder verschwand.

Der Roboter war jetzt auf wenige Meter herangekommen und sah merklich verächtlich auf Benni herab. Dann gab er ihm tatsächlich eine Antwort. »Der junge Herr beliebten insgesamt 11 Stunden, 23

Minuten und 17 Sekunden zu ruhen, davon 5 Minuten und 12 Sekunden bis zu seinem Gemach, exakt 3 Minuten zum Ausgleich seiner fortgeschrittenen Dehydrierung, 31 Minuten und 4 Sekunden bei seiner längst überfälligen Reinigung sowie 10 Stunden, 44 Minuten und eine Sekunde in dem ihm zur Verfügung gestellten Bett.«

Die Erwähnung seiner »längst überfälligen Reinigung« erzielte die wohl beabsichtigte Wirkung und Benni spürte, wie er wieder einmal rot anlief. Doch er kämpfte den Drang nieder, beschämt den Kopf zu senken und zu schweigen. Stattdessen hakte er, kurzzeitig erleichtert über den doch überschaubaren Zeitraum, nach. »Und wie kann es dann sein, dass alle meine Wunden so schnell vollkommen verheilt sind?«

Der Bot seufzte erneut schwer. »Die Wissbegierde des jungen Herren ist beträchtlich, doch Erklärungen dieser Art obliegen nicht mir. Ich betone nochmals, dass der junge Herr sicherlich deutlich eher die ersehnten Antworten erhalten würde, wenn es ihm beliebte, seine Fragen noch ein wenig aufzusparen. Würden Sie mir dann BITTE folgen?«

Das »Bitte« war derart nachdrücklich betont, dass Benni unsicher wurde, wie der genervte Butler wohl reagieren würde, wenn er sich seiner Aufforderung weiter widersetzte. Wahrscheinlich würde er ihn einfach packen und irgendwo hintragen. Und Benni war sich ziemlich sicher, dass er bei einem Kräftemessen den Kürzeren ziehen würde.

Also ahmte er das herablassende Seufzen des Bots nach und ging langsam auf ihn zu. Dieser schnaubte entrüstet, wandte sich wieder ab und beschleunigte so stark den Flur hinunter, dass Benni Schwierigkeiten hatte, mit ihm mitzuhalten. Hätte er gewusst, was ihn erwartete, er hätte sich ganz bestimmt mehr Zeit gelassen.

*

Ihr Weg führte durch ein wahres Labyrinth an Gängen und vorbei an Dutzenden von Türen, die alle gleich aussahen, sodass Benni schon nach kurzer Zeit die Orientierung verlor. Allerdings brauchte er ja nur dem Roboter zu folgen, der wohl nicht besonders nachtragend war und seine Geschwindigkeit schon bald auf ein für Benni angenehmeres Tempo angepasst hatte.

Hinter einer weiteren Biegung begegneten sie dann dem ersten lebendigen Wesen, das Benni hier seit seinem Erwachen zu Gesicht bekam. Auf den ersten Blick hätte man es für eine sehr große Hauskatze oder einen kleinen Luchs halten können. Es war komplett schwarz und war Benni vor den dunklen Felswänden wohl nur deshalb aufgefallen, weil es ihnen entgegenkam und sich somit immer wieder an den blauen Stellen vorbei bewegte, von denen es sich deutlich abhob.

Sein Fell glänzte im blauen Schimmer des Lichts und obwohl es weich und flauschig aussah, wirkte sein ganzer Körper dennoch sehr geschmeidig. Lautlos huschte es auf sie zu, blieb direkt vor Benni stehen und musterte ihn. Es war doch größer als zunächst angenommen. Sein Kopf reichte Benni bis zum Oberschenkel und sein buschiger, aufgerichteter Schwanz überragten diesen sogar noch.

Das Auffälligste waren jedoch die Augen der Riesenkatze. Sie schimmerten in allen Blautönen und es war Benni unmöglich, direkt hinein zu sehen, ohne dass ihm dabei schwindlig wurde, so schnell veränderte sich das Muster in fließenden Bewegungen auf der Oberfläche ihrer Pupillen. Darüber hinaus waren sie überproportional groß, wie bei einem Stofftier, das besonders niedlich wirken sollte.

Benni waren Katzen immer noch nicht ganz geheuer, doch die riesigen Kulleraugen und das faszinierende Fell dieses Exemplars verleiteten ihn dazu, seine Hand nach ihrem Kopf auszustrecken, um sie zu streicheln. Vielleicht war sie ja auch so lieb wie Samson.

Doch als Bennis Hand nur noch ein kurzes Stück von den zuckenden Ohren des Tieres entfernt war, geschah das Unfassbare. Mit einem lauten Fauchen sträubte die Kreatur ihr Fell, das nun gar nicht mehr flauschig war, sondern wie die spitzen Stacheln eines Igels in alle Richtungen von ihr abstand. Viel erschreckender war jedoch ihr Kopf.

Sie hatte das Maul so weit aufgerissen, dass sich im wahrsten Sinne des Wortes das Innere nach außen stülpte und sich der komplette Kopf umkrempelte. Zum Vorschein kam hellgraues Fleisch, übersäht mit einer Unmenge kleinerer und größerer nadelspitzer Zähne, die nun die ganze sichtbare Fläche bedeckten. Wie ein hässliches und lebendig gewordenes Nadelkissen oder ein pulsierender Kaktus mit einem großen Schlund in der Mitte fauchte es ihm entgegen und selbst bis in den Rachen hinab waren unzählige Zähne zu sehen.

Mit einem erschrockenen Aufschrei prallte Benni zurück und augenblicklich stülpte sich der Katzenkopf wieder in seine ursprüngliche Form. Als wäre nichts gewesen, glotzte ihn das Wesen noch einen Moment lang aus seinen niedlichen blauen Augen an, dann huschte es an ihm vorbei und verschwand um die nächste Ecke.

»Was zur Hölle …?« Benni konnte nicht fassen, was er da soeben gesehen hatte. Er würde ganz sicher nie wieder versuchen, eine Katze anzufassen, ganz gleich, wie niedlich sie aussehen mochte. Ob der komische Robo-Butler seine Hand auch so schnell wieder hinbekommen hätte, wenn sie von diesem Ding da zerfetzt worden wäre? Sein Zittern wurde etwas stärker.

Sein maschineller Begleiter jedoch würdigte die Szene keines Kommentares, obwohl er sich bereits rechtzeitig umgedreht hatte, um alles beobachten zu können. »Hier entlang, junger Herr!« Damit wandte er sich wieder nach vorne und setzte den zuvor eingeschlagenen Weg fort. Diesmal folgte ihm Benni, ohne zu zögern. Es war wohl besser, wenn sie jetzt endlich an ihr Ziel kamen – dachte er zumindest.

*

Nur zwei Abzweigungen später machte der Bot endlich vor einer der Türen halt und bedeutete Benni, hindurchzutreten. Der Raum entsprach demselben Stil wie das Zimmer, in dem er aufgewacht war. Weiß, steril und auf eine ganz eigene Art kalt. Nicht die Raumtemperatur selbst, vielmehr die Atmosphäre darin machten es abweisend und fremdartig.

Anders als in dem anderen Zimmer gab es hier jedoch nur einen großen Tisch, um den sich insgesamt acht Stühle gruppierten, so exakt angeordnet, als entstamme die Szene einem Bild in einem Möbelhauskatalog. Der Roboter bedeutete ihm, sich zu setzen und Benni nahm auf dem Sitz Platz, von dem aus er die beiden Türen des Raums gut sehen konnte.

Der Butler verschwand und beinahe im selben Augenblick öffnete sich die andere automatische Schiebetür und ein weiterer Butler-Bot fuhr herein. Er trug etwas vor sich, das silbern strahlte und kam damit direkt auf ihn zu. Sein Gesichtsmonitor war schwarz und zeigte nichts an.

Beim Näherkommen erkannte Benni, dass es sich bei dem Gegenstand um ein Tablett mit einer silbernen Haube darüber handelte. Der Roboter setzte es vor ihm ab, hob den prunkvollen Deckel hoch und verschwand damit ohne einen einzigen Kommentar wieder durch die Tür, aus der er soeben gekommen war.

Bennis Herz – oder vielmehr sein Magen – machte wahre Freudensprünge und quittierte diese mit einem lauten Knurren. Er hatte verdrängt, wie hungrig er gewesen war und jetzt lag ein wahres Festmahl vor ihm. Mehrere große Burger, Dutzende Chicken Nuggets, Pommes frites, Schälchen mit Ketchup, Mayonnaise und weiteren Soßen, ein Riesenbecher Cola sowie ein ganzer Schokoladenkuchen.

Gierig und ohne zu überlegen stürzte er sich auf das Essen und schlang minutenlang in sich hinein, spülte immer wieder mit der Cola nach und schlang weiter. Als er schließlich satt war, kam es ihm so vor, als würde auf der Platte vor ihm kaum etwas fehlen, obwohl er so viel auf einmal gegessen hatte wie noch nie. Zufrieden wischte er sich seinen Mund und die Hände an einer Serviette ab, lehnte sich zurück und genoss einen Moment das satte, zufriedene Gefühl.

Doch nur Augenblicke später verschwand es ganz plötzlich wieder und zurück bleib ein voller Magen, leichte Übelkeit und das Aufkommen eines furchtbar schlechten Gewissens. Er starrte die vor ihm liegenden Sachen an und erst jetzt wurde ihm bewusst, was er in alter Gewohnheit hier gerade gegessen hatte: Fleisch.

Sofort musste er an den Hof und ganz besonders an Samson denken und die Übelkeit wurde stärker. Beschämt schob er das Tablett von sich und sah zwischen den beiden Türen hin und her. Wie auf Kommando öffnete sich die erste davon und der Roboter mit dem Butlergesicht fuhr herein.

»Eine bemerkenswerte und vermutlich auch äußerst geschmackvolle Kombination aus Rot- und Gelbtönen, junger Herr!« Benni blickte an sich herab und sah zu seinem Entsetzen einige Spuren von Ketchup, Senf und Süß-Sauer-Sauce auf seinem vormals blütenweißen T-Shirt. So besudelt hatte er sich schon lange nicht mehr – allerdings konnte er sich auch nicht erinnern, wann er zuletzt so ausgehungert gewesen war.

»Wenn der kleine Künstler mir dann bitte folgen möchte? Die Herrin erwartet ihn.«

*

»Aber die … meine Herrin wird es wissen!« Benni erinnerte sich an Myrts Worte am Rand der Steinwüste. Schuldbewusst fiel ihm auf, dass er die ganze Zeit, seitdem er aufgewacht war, kein einziges Mal an das kleine Wesen gedacht hatte. Und das, obwohl er ohne ihn sicher niemals den Weg hierher gefunden hätte – wo auch immer »hier« eigentlich war.

Benni hoffte inständig, dass es Myrt gut ging und er ihn schon bald wieder sehen würde. Vielleicht war er ja bereits bei seiner »Herrin«. Wer das wohl sein mochte? Ihm wurde mit jedem Schritt zunehmend mulmiger. Ob sie nett war? Immerhin hatte sie wohl dafür gesorgt, dass er versorgt wurde, sich ausschlafen konnte und zu essen bekam. Dazu die neuen Klamotten … Wenn sie böse wäre, hätte sie ihn doch wahrscheinlich in einen Kerker geworfen. Oder?

Als sie nach einigen weiteren Abzweigungen schließlich auf einen breiten Gang hinaustraten, schlug Bennis Nervosität langsam in Angst um. Irgendetwas stimmte mit diesem Ort hier nicht, das konnte er fühlen. Und jetzt bemerkte Benni auch, dass sich seine Umgebung verändert hatte. Die blauen Stellen in den schwarzen Felswänden waren deutlich mehr geworden, sodass sie nun einen Großteil der Seiten um ihn herum ausmachten und nur noch gelegentlich von Felsgestein unterbrochen wurden.

Der Roboter steuerte auf ein großes Portal am Ende des Flurs zu. Dahinter würde wohl die »Herrin« warten. Wieder dachte er an Myrt und freute sich darauf, ihn hoffentlich gleich wieder zu sehen. Doch schon im nächsten Moment war die Angst wieder da, noch ein wenig mehr als zuvor und seine Knie wurden weich.

Das große Tor öffnete sich vor ihnen, als sie es erreichten und Benni staunte nicht schlecht bei dem Anblick, der sich ihm bot. Der Raum dahinter war riesig, weder das gegenüberliegende Ende noch die Decke waren direkt auszumachen. Allerdings mochte dies auch daran liegen, dass alles um ihn herum nun ausschließlich aus dem blauen Kristall bestand, sogar der Boden.

Der Butler-Bot fuhr mit seinem Kettenantrieb einfach weiter ins Innere der gewaltigen Halle hinein, während Benni ein wenig Mühe hatte, auf dem unebenen und rutschigen Untergrund sein bisheriges Tempo beizubehalten. Dafür gewöhnten sich Bennis Augen etwas besser an die Umgebung und es fiel ihm leichter, klare Konturen in seiner Umgebung zu erkennen.

Sie steuerten auf die Mitte des riesigen Doms zu. Dort befand sich eine Art Tisch, der ebenfalls vollständig aus dem blauen Kristall bestand und wie aus dem Boden gewachsen aussah. Benni trat darauf zu und besah sich die Oberflächen des Objekts genauer. Es hatte eine merkwürdige Form, alle Kanten und Winkel dieses Blocks schienen nicht wirklich zueinander zu passen und störten seine Augen dabei, ihn vollständig zu erfassen.

Das Ding flößte ihm Angst ein. Was war das? Ein Sarg? Ein Altar? Oder vielleicht sogar ein Alien-Artefakt? Es strömte auf unheilvolle Weise eine merkwürdige Kälte aus und Benni wagte es nicht, seine Oberfläche zu berühren. Die Kälte schien auch nicht davon abzustrahlen, sondern vielmehr aus seinem eigenen Inneren zu kommen, je näher er herangekommen war.

»Was ist das?«, flüsterte er ehrfurchtsvoll, ohne den Blick abzuwenden. Trotz seiner bedrohlichen Andersartigkeit erzeugte es nicht nur große Angst in Benni, es hatte auch eine ungeheure Anziehungskraft auf ihn. Da ertönte hinter ihm eine merkwürdig verzerrte Stimme. »Er ist wunderschön, nicht wahr?«

*

Erschrocken fuhr Benni herum. Hinter ihm ragte eine hoch aufgewachsene, augenscheinlich menschliche Gestalt auf, die ganz in eine bodenlange, schwarze Robe gehüllt war. Ihr Kopf war von einer Kapuze bedeckt, die so weit nach vorne überhing, dass kein Gesicht darunter zu erkennen war. Neben der unheimlichen Erscheinung stand – Myrt.

»Jetzt stinkst du wenigstens nicht mehr so schlimm, du Schlafmütze!«, feixte er. »Aber auf saubere Klamotten stehst du scheinbar nicht besonders, oder?« Benni war erleichtert, das kleine Wesen zu sehen und der leicht zur Seite geneigte Kopf sowie das freche Grinsen in seiner Schnauze stellten zumindest kleine Vertrautheiten in dieser merkwürdigen Umgebung dar.

Er wollte gerade etwas Passendes über Myrts verdreckte Hose erwidern, da entglitt ihm der fröhliche Spruch wieder und er begann stattdessen, sich über den Kleinen zu ärgern. Was bildete der sich eigentlich ein? Doch dieser nahm Bennis Zorn gar nicht wahr, sondern drehte sich, aufgeregt hopsend, zu seiner »Herrin« um.

»Siehst du! Da ist er. Ich hab dir doch gesagt, dass ich es schaffe, ihn zu dir zu bringen. Machst du es jetzt? Bitte!« Benni versuchte zu begreifen, was er da soeben von Myrt gehört hatte. Er wunderte sich nicht nur darüber, dass er seine »Herrin« einfach duzte, sondern auch über das Gesagte an sich. Was hatte das zu bedeuten? Und was sollte sie machen?

Die Angesprochene wies ihn jedoch nicht zurecht, sondern gebot ihm lediglich mit erhobener Hand zu schweigen und Myrt verstummte augenblicklich. Allerdings glotzte er sie weiter bittend aus seinen drei Glupschaugen an. Dann begann die schwarze Gestalt erneut zu sprechen.

»Es wurde Zeit, dass du nun endlich hier bist, Benni. Auch wenn ich es anders geplant hatte, so zählt am Ende nur das Ergebnis. Der fette Tölpel hätte beinahe wie immer alles verdorben, doch auch er kann sich nicht gegen das Schicksal stellen. Er wird es versuchen, aber er wird scheitern!«

Ihre Stimme war Benni auf eine unerklärliche Weise unangenehm und doch irgendwie vertraut, obwohl er hätte schwören können, sie noch nie in seinem Leben gehört zu haben. Was ging hier vor sich? Was bedeutete, sie hatte es »geplant«? Und wen meinte sie mit »der fette Tölpel«? Den ängstlichen Riesen? Aber warum sollte sich dieser gegen das Schicksal stellen? Und was hatte das mit ihm zu tun? Das ergab alles keinen Sinn! Er war gleichzeitig ebenso verunsichert wie verärgert, aber auch zu ängstlich, um zu fragen.

Die »Herrin« stand weiter unbeweglich da und obwohl Benni ihr Gesicht nicht sah, konnte er fühlen, wie sie ihn musterte. »Ich spüre deine Verunsicherung und deinen Zorn, Benni! Das ist gut.« Benni erschauderte. Woher konnte sie das wissen? Und was sollte daran gut sein? Was sollte das Geschwafel?

Nun wandte sie sich von ihm ab und zu Myrt herum. »Du hast es tatsächlich geschafft, Kleiner!« Sofern in ihrer Stimme überhaupt so etwas wie Emotionen zu finden waren, dann bestenfalls eine Art herablassendes Erstaunen. Ansonsten waren ihre Sätze völlig sachlich. »Nun denn, wir hatten eine Abmachung und wie ich sehe, hast du deinen Teil erfüllt. Stell dich rauf!«

Benni beobachtete ein wenig besorgt, wie Myrt auf den unheimlichen Altar kletterte. Er wirkte nun aufgeregt, beinahe nervös auf ihn. Komisch, sonst war er doch meistens so frech und unbekümmert. Was würde jetzt passieren?

Doch ausnahmsweise musste Benni diesmal nicht lange auf die Antwort warten. Denn kaum hatte sich Myrt mit dem Gesicht zu ihnen inmitten des Blocks hingehockt, breitete die »Herrin« ihre Arme seitlich aus und begann etwas zu murmeln, das Benni nicht verstand. Zunächst passierte gar nichts, doch dann geschah das Unfassbare. Ein hellblaues Leuchten stieg aus dem Altar auf und noch während es Myrts kleine Gestalt vollständig umhüllte, änderte sich die Farbe zu einem gleißenden Lila und wurde schließlich so hell, dass Benni die Augen schließen musste.

Als er sie wieder öffnete, dachte er zunächst, seine Sinne würden ihm einen bösen Streich spielen. Dann, einen unendlichen Augenblick später, bahnte sich die von seinen Augen aufgenommene Information einen Weg von den Pupillen über die Nervenbahnen in sein Gehirn und erreichte seinen Verstand. Dort explodierte sie regelrecht und als Benni die grausame Wahrheit erkannte, konnte er nur noch laut und verzweifelt aufschreien.

*

Benni konnte seine Augen nicht von dem Altar abwenden, während die Bedeutung dessen, was er dort sah, nach und nach in sein Bewusstsein sickerte und das endgültige und unwiederbringliche Ende seines bisherigen Lebens einläutete. Myrt war verschwunden und Benni zweifelte nicht daran, dass es ein Abschied für immer war. Denn Myrt war tot, für immer fort – oder hatte vielmehr wohl niemals existiert.

Das, was nun vor ihm auf dem Altar lag, befreit von seinem hässlichen Fluch und nun wieder in seiner ursprünglichen Gestalt, hatte so gar nichts mehr von dem scheußlichen kleinen Wesen, von dem er gedacht hatte, dass es sein Freund geworden war und der ihn doch nur belogen und hierher gelockt hatte. Der ihn verraten hatte. Dem er niemals gefolgt wäre, wenn er gewusst hätte, wer er wirklich war. Und der überhaupt nicht hier sein dürfte.

»DU DRECKIGE MISSGEBURT!« Diesmal schrie Benni es tatsächlich lauthals heraus und seine Angst und Unsicherheit waren auf einmal vergessen. Er blendete in diesem Moment alles um sich herum aus und sein Fokus war voll auf die Niederträchtigkeit vor ihm gerichtet. Der Angesprochene sah ihn aus zwei großen Augen an, die vor Entsetzen schreckgeweitet waren. Er zitterte am ganzen Leib, was nicht nur daran lag, dass er außer der dreckigen, kurzen Sporthose immer noch unbekleidet war.

Benni hatte noch nie so eine große Wut und so einen Hass auf einen Menschen verspürt, doch nun braute sich etwas Gewaltiges und Unaufhaltsames in ihm auf. Er sprühte regelrecht vor Zorn. »WAS SOLL DIE VERDAMMTE SCHEISSE?« Er spannte alle Muskeln im Körper an, bereit, sich auf den Verräter zu stürzen und in seinem Kopf explodierten gleichzeitig die Erkenntnisse wie Blitze.

Er hätte es merken müssen! Myrt, der einfach ganz »zufällig« aufgetaucht war, als er keinen Ausweg von der Kiesbank gefunden hatte. Myrt, der auf dem Baum plötzlich keine Angst mehr vor dem Gruul gehabt hatte. Myrt, der sich keine Sorgen um den Schatten im Gruulwald gemacht hatte. Myrt, der ihn beim ängstlichen Riesen auf einmal mit seinem Namen angesprochen hatte. Myrt, der gar nicht M'rtislay war, sondern …

»ICH BRINGE DICH UM!!!« Benni stürmte nach vorne auf die erschrockene Gestalt zu, deren Augen sich mit Tränen füllten. Er hatte bei Weitem noch nicht alles verstanden, was hier vor sich ging, aber er wusste, wem er es zu verdanken hatte und wer jetzt gleich dafür bezahlen würde. Und er wusste jetzt, was der Begriff »blinde Wut« bedeutete.

Doch kurz bevor er den Verräter erreichen konnte, um ihm ein für alle Mal den Hals umzudrehen, packte ihn jemand von der Seite, verdrehte ihm in einer fließenden Bewegung den Arm auf den Rücken und umfasste mit der anderen Hand seine Brust. Benni spürte, wie er hochgehoben und zurückgerissen wurde. Er strampelte und wand sich, was jedoch nur zur Folge hatte, dass sich der Griff um ihn verstärkte und sein Arm noch schmerzhafter verdreht wurde.

Obwohl sein Gegner übermächtig war, verspürte Benni in diesem Moment keine Angst. Nicht vor dem Schmerz, nicht vor der unheimlichen, schattenhaften schwarzen Hand und auch nicht vor den furchterregenden lila Augen, die er noch kurz vor seiner Gefangennahme erkennen konnte. Er wollte nur seine Rache. Er wollte ihn töten! Den Spion. Den Verräter. Seinen Bruder.

*

»BENNIIIII!« Philipps Schrei war schrill und flehend. Er heulte jetzt, Tränen und Rotz liefen ihm über das Gesicht. Man sah ihm an, dass er verzweifelt war, unbedingt etwas sagen wollte, doch weder die richtigen Worte fand noch die Luft dafür hatte. Wie ein Häufchen Elend saß er starr vor Schreck auf dem Altar, seine blonden Haare hingen ihm wirr in sein stark gerötetes Gesicht, die dünnen Arme hatte er um seinen schmächtigen kleinen Oberkörper geschlungen.

Viele Leute behaupteten, die beiden Brüder würden sich so sehr gleichen und auch wenn Benni es nie wahrhaben wollte, so sah er nun doch eine jüngere und nur wenig kleinere Ausgabe seiner selbst vor sich. Einen zehnjährigen Jungen, äußerlich so ähnlich und doch so völlig anders als er selbst.

Bennis Hass auf den kleinen Verräter wurde davon nur noch weiter angefacht, doch er sollte zumindest heute keine Gelegenheit mehr bekommen, ihm nachzugeben. Der schwarze Schatten, dessen Umrisse mit bloßen Auge nicht zu fassen waren, der aber zu Bennis Leidwesen durchaus äußerst körperlich war, hielt ihn weiter mühelos fest umklammert.

»Ausgezeichnet!« Es war nur dieses eine Wort, das an sein Ohr drang, doch es gefror ihm das Blut in den Adern, bevor die Wogen seiner Wut wieder über ihm zusammen schwappten und alle anderen Gefühle ertränkten. Er wurde von dem Altar weggetragen, zurück zu dem großen Portal, das er noch vor wenigen Minuten selbst durchschritten hatte.

Sie hatten das Tor fast erreicht, als Philipp wohl endlich doch genug Luft geholt hatte, um aus Leibeskräften hinter Benni nochmals seinen Namen zu brüllen. »BENNIIIII!« Und dann, nach einem herzzerreißenden Schluchzen, gefolgt von einem tiefen Luftholen: »SIE HAT ES VERSPROCHEN, BENNI! SIE HAT'S DOCH VERSPROCHEN! SIE HAT GESAGT, DASS DU … ICH WOLLTE DOCH IMMER NUR …«

Der Satz brach abrupt ab, als ein lautes Klatschen ertönte, unmittelbar gefolgt von Philipps spitzem Schrei und einem lauten Plumpsen, ganz so, als wäre der schlaffe Körper eines Kindes aus ungefähr einem Meter Höhe auf einen harten Boden aufgeprallt. Es folgte jedoch kein weiterer Schrei, auch kein Jammern oder gar Heulen – sondern nur Stille. Und Bennis rasende Wut wurde schlagartig von einem einzigen Gedanken ersetzt. Ein Gedanke, der wunderschön war, zu schön, um wahr zu sein, und doch so nah, so greifbar, so wahrscheinlich, dass er Bennis Inneres mit reiner Glückseligkeit erfüllte: »Hoffentlich hat sie dem kleinen Pisser das Genick gebrochen!«

Dann griff die schwarze Schattenhand seines Wächters an seinen Hals und alles wurde dunkel.

*

Benni schrak hoch und sah sich hektisch um. Er lag wieder im Bett desselben Raumes, in dem er auch schon vorhin – oder wann auch immer – aufgewacht war. Ohne Fenster fehlte ihm jegliches Zeitgefühl. Und war es wirklich dasselbe Zimmer? Träumte er das alles hier oder war das die Wirklichkeit? Nein, für einen Traum fühlte sich das alles zu real an.

Ein Blick unter die Bettdecke verriet ihm, dass er diesmal bekleidet war und die Flecken auf seinem T-Shirt zeugten deutlich davon, dass er auch alles, was zuvor passiert war, nicht geträumt hatte. Er zitterte. Was war in dieser komischen Höhle passiert? Warum war er so unglaublich wütend gewesen?

Er erinnerte sich an jedes Detail und das Erlebte machte ihm Angst. Das war nicht er selbst gewesen, das konnte einfach nicht sein. Sicher, er hatte ein gutes Recht darauf, sauer auf Philipp zu sein, der ihn belogen und hierher gelockt hatte. Aber doch nicht so! Was war mit seinem Bruder passiert? Und was hatte er ihm noch sagen wollen, bevor …

Benni machte sich Sorgen. Er wollte nicht wirklich, dass seinem Bruder etwas Schlimmes zustieß. Das war es doch sicher auch nicht. Oder doch? Nervös stieg er aus dem Bett und ging mit wackligen Knien auf die Tür zu. Doch anders als beim letzten Mal blieb sie verschlossen, als er sich ihr näherte. War er eingesperrt? Was sollte das alles hier?

Er hämmerte gegen die Tür. »Hey, lasst mich hier raus!« Keine Reaktion. Unschlüssig, was er jetzt tun sollte, ging er im Zimmer auf und ab. Er musste hier weg. Aber wie? Und was hatte das »Ausgezeichnet!« zu bedeuten, dass die »Herrin« ausgestoßen hatte, bevor ihn der unheimliche Schatten aus der Höhle getragen hatte. Die Höhle …

Ihm schwante Übles. Eine riesige Höhle. Böse Gedanken. Blaue, kalte Kristalle. Eiskalte Kristalle. Eis … Nein, das durfte einfach nicht sein. Das hier durfte nicht die Eishöhle sein, von der D'nai ihm erzählt hatte. Doch was sollte es sonst sein? Die Angst über diese Erkenntnis schnürte ihm die Kehle zu. Da er nichts anderes tun konnte, setzte er sich auf das Bett und schlang die Arme um seine angezogenen Knie.

Es dauerte jedoch nicht lange und die Tür glitt auf. Benni rechnete damit, dass der Roboter wieder angefahren käme, doch er irrte sich. Denn aus dem Halbdunkel des Flures trat eine große, schlanke Gestalt in einer schwarzen Robe herein. Die »Herrin«. Benni zog den Kopf ein. Was würde jetzt passieren?

Zunächst blieb sie einen Moment in der Tür stehen und blickte ihn an – zumindest vermutete Benni das, ihr Gesicht war immer noch von der großen Kapuze verborgen. Dann trat sie näher, hob die Hand und der Stuhl glitt über den Boden zu ihr hin. Sie setzte sich elegant, sagte jedoch weiterhin kein Wort. Benni fand die Spannung unerträglich.

Nach endlosen Sekunden begann sie schließlich mit ihrer kalten, verzerrten Stimme zu sprechen. »Du bist wach«, stellte sie ganz sachlich fest. Benni nickte überflüssigerweise. Ohne ihr Gesicht sehen zu können, vermochte er keine Reaktionen auszumachen, was ihn nur umso mehr verunsicherte. »Was hat er dir schon alles erzählt?«

Benni verstand nicht, wen sie mit »er« meinte. Philipp? »N … Nur, dass sie seine Herrin sind«, stammelte er. Schweigen. Sie wartete. Doch Benni wusste nicht, was er sonst noch sagen sollte. Nach weiteren Sekunden, in denen Benni immer nervöser wurde, sprach sie wieder. »Das meine ich nicht. Du warst auf dem Hof. Was hat dir der fette Tölpel erzählt?« Nun verstand Benni, wen sie meinte. Sie sprach von D'nai und seine schlimmen Befürchtungen wuchsen. Also schwieg er lieber.

Sie schien zu bemerken, dass er nicht antworten würde, und änderte ihre Taktik. »Es besteht kein Grund, sich zu fürchten, Benni.« Ihm fiel auf, dass sie seinen Namen ganz normal aussprach. »Du bist hier nicht in Gefahr. Ganz im Gegenteil. Aber vielleicht musst du erst etwas mehr erfahren, um das zu erkennen.« Sie hob die Hände und Benni rutschte reflexartig ganz in die Ecke zur Wand hin. Doch was immer er befürchtet hatte, es geschah nicht.

Stattdessen hob sie ihre Hände weiter nach oben und griff an den Rand ihrer Kapuze. Benni fiel die faltige Haut auf, sowie lange, dürre Finger, die in spitzen Fingernägeln ausliefen. Dann schob sie ihre Kopfbedeckung langsam zurück und was Benni daraufhin zu sehen bekam, übertraf seine schlimmsten Erwartungen.

*

»Ich sehe an deiner Reaktion, dass er dir zumindest die wichtigsten Dinge noch nicht verraten hat.« Ein leichtes Lächeln durchzuckte die Mundwinkel seiner Großmutter, doch Benni erkannte an ihren Augen, dass es kein fröhliches Lächeln war. Er erschauderte. Ihre Stimme war nun ganz normal, so wie er sie kannte, und das machte es noch unheimlicher. »Das sieht ihm ähnlich, diesem unverbesserlichen Idioten.« Sie spie das letzte Wort förmlich aus und es lag pure Verachtung darin.

»Wahrscheinlich wollte er es dir ganz behutsam und schonend beibringen, damit du ja nicht zu schnell zu viel erfährst. Weil er dich für zu klein hält, um die ganze Wahrheit zu vertragen.« Der letzte Satz löste, ohne dass Benni es verhindern konnte, wieder leichte Wut in ihm aus. Was sollte das, dass die Erwachsenen immer dachten, er wäre zu klein für irgendetwas? Doch die »Herrin« sprach weiter.

»Um so besser. Dann erfährst du es eben von mir. Du weißt, wer ich bin?« Benni nickte und die Zusammenhänge wurden ihm langsam klar. Sie sah ihn mit ihrem durchdringenden Blick an und er wusste, dass sie es aus seinem Mund hören wollte. »Du … Du bist … Du bist die schwarze Eishexe, Yggdrasils Schwester.«

Sie nickte. »So ist es. Und?« Benni verstand die Frage nicht. »Und … Und meine … unsere … unsere Großmutter.« Abermals nickte sie. »Auch das ist korrekt. Doch das meine ich nicht.« Weiterhin der durchdringende Blick, als könnte sie tief in seine Seele hineinsehen. »Du weißt es wirklich nicht.« Sie machte eine bedeutungsvolle Pause.

»Ich weiß noch, dass D'nai der letzte Senser ist!« Benni hoffte, jetzt kein wichtiges Geheimnis verraten zu haben, doch seine Großmutter zog nur eine Augenbraue nach oben und musterte ihn. »Das hat er dir erzählt? Interessant. Nun, ich muss zugeben, er hat dich nicht gänzlich belogen, aber …« Sie ließ den Satz bedeutungsschwer in der Luft hängen.

»Aber was?« Die Worte platzten einfach so aus Benni heraus und sogleich zuckte er zusammen, selbst erschrocken über seinen forschen

Ton. Doch die Eishexe war nicht im mindesten erbost über den frechen Vorstoß, es schien ihr beinahe zu gefallen, ihm die nächste Enthüllung zu offenbaren. »Wie gesagt, es stimmt, dass er der letzte Senser ist. Aber er ist nicht nur der letzte. Er war auch der erste!«

Der erste Senser? Benni verstand immer noch nicht ganz. Wenn D'nai der erste Senser war, dann bedeutete das, dass er uralt war, viel älter als Benni bisher geglaubt hatte. Ebenso wie seine Großmutter. Aber wenn D'nai der erste Senser war, dann ... War dann M'oii ...?

Das kalte Lächeln umspielte wieder die Mundwinkel der alten Eishexe. »Ich sehe, du verstehst langsam!« Ihre Augen funkelten wieder. »Ganz recht! Die kleine Wichtigtuerin M'oii ist meine andere Schwester, D'nais Mutter.« Sie schien Bennis entgeistertes Gesicht zu genießen.

»Dann ... Dann ist ... D'nai mein ... mein ... Onkel?«, stammelte er. »Dein Großcousin, um genau zu sein. Aber das ist so etwas Ähnliches. Sei es drum, ich werfe es dir nicht vor, man kann sich seine Verwandtschaft nicht aussuchen! Ich weiß, wovon ich spreche. Bah!« Das letzte Wort spie sie ihm wieder entgegen.

»Und Mama?« Benni konnte das alles noch nicht ganz fassen. Er sollte direkt von den ältesten und vielleicht mächtigsten Wesen des Multiversums abstammen? Das konnte doch alles nicht sein! Doch nicht er, der ewige Loser! »Deine Mutter ist eine meiner Töchter, ja.« Benni schwirrte langsam der Kopf. »Du hast mehrere?« Seine Großmutter seufzte. »Hatte! Nicht »habe«, sie sind bereits alle längst tot. Vergiss nicht, dass ich beinahe so alt bin wie die Zeit selbst. Und keine von ihnen war eine Hexe, auch deine Mutter nicht.«

Benni setzte nach. »Und Papa? Wissen sie von ... von ...?« – »Dein Vater ist ein nichtsnutziger Mensch und nein, sie wissen beide nichts von der ganzen Wahrheit. Umso erstaunter war ich zugegebenermaßen, dass gerade DU es sein solltest!« Bei dem Wort »du« zeigte sie mit ihrem spitzen Zeigefinger auf Benni, als ob sie ihn damit durchbohren wollte und beinahe rechnete er damit, dass sie gleich einen Fluch auf ihn abfeuern würde. Doch sie senkte die Hand wieder.

Dann erst realisierte Benni, was sie zuletzt gesagt hatte. »Was meinst du damit?« Er sah sie fragend an, doch er ahnte nichts Gutes. Sie lachte nur höhnisch auf. »Ha! Ich wusste es. Er hat dir also GAR NICHTS erzählt. GAR! NICHTS! HA!« Sie steigerte sich regelrecht in ihre eigenen Worte hinein. »Und du vertraust diesem fetten Weltverbesserer? ER vertraut DIR nämlich offensichtlich nicht. Sieh her!« Ihr rechter Arm beschrieb einen Halbkreis, dann erschien ein dickes Buch auf ihrem Schoß, größer als Bennis ganzer Oberkörper. Der braune, lederne Einband war alt und rissig, die Seiten vergilbt und Benni hatte das Gefühl, das Gebinde würde jeden Moment auseinanderfallen. »Komm her!«, befahl sie ihm gebieterisch und Benni trat nervös, aber auch neugierig neben sie und schaute auf die Seite, auf die sie deutete. »Dies ist die alte Prophezeiung, eine der wenigen Dinge, die noch älter sind als ich selbst.« Lag da etwa so etwas wie Ehrfurcht in ihrer Stimme?

»Lies!« kommandierte sie. Benni hatte es bereits versucht, aber er konnte nur merkwürdige Symbole sehen, die überhaupt keinen Sinn für ihn ergaben. Doch schon strich sie mit ihrer linken Hand über die Seite und Benni offenbarte sich ein kurzer Text, nur wenige Zeilen lang.

Und so wird dereinst der Eine kommen
Kind zweier Welten
Träger eines Namens und vom selben Blute
Zu beenden was geschaffen aus Zorn

Benni konnte die Worte jetzt zwar lesen, aber er erfasste ihre Bedeutung nicht. Verständnislos glotzte er die alte Eishexe an. Und zum ersten Mal überhaupt in seinem Leben sah er bei seiner Großmutter so etwas wie Aufregung, ja beinahe Vorfreude, als sie ihm den furchtbaren Inhalt erklärte.

»Verstehst du nicht? Das bist du, Benni. Das Kind zweier Welten – die, in der du geboren wurdest, und diese hier. Träger eines Namens und vom selben Blute. Benni oder B'nnie, in direkter Abstammung von mir. Du wirst es beenden! Du wirst es endlich vollbringen!« Sie war jetzt beinahe ekstatisch.

»Was denn vollbringen?« Benni verstand es immer noch nicht. »Ich habe es in der Höhle gesehen, Benni. Wie viel Kraft sie dir verliehen hat. Du musst nur lernen, sie zu beherrschen! Dann wirst du es tun. Es ist deine Bestimmung. Es steht in der Prophezeiung und niemand kann sich dem Schicksal widersetzen. Du wirst etwas Bedeutsames leisten, Benni!« Sie machte eine weitere Pause, dann sagte sie feierlich: »DU wirst Yggdrasil töten!«

*

Benni saß stocksteif auf dem Bett und starrte ins Leere. Seine Großmutter war zwischenzeitlich wieder gegangen und hatte ihn angewiesen, sich gut auszuruhen. Sie hätte noch etwas zu erledigen, bevor sie wieder zurückkäme, um »alles Weitere« mit ihm zu besprechen. Was auch immer das sein sollte.

Er grübelte vor sich hin und versuchte, das soeben Gehörte richtig einzuordnen. Zunächst hatte er es nicht wahrhaben wollen. Sicher, er war im ersten Moment ziemlich erschrocken gewesen, aber dann war ihm schnell der Gedanke gekommen, dass das alles sicherlich nur ein schrecklicher Irrtum sein konnte. Vielleicht war die Alte ja auch verrückt geworden in ihrer Eishöhle und der Text war gar keine Prophezeiung, sondern nur Teil einer Geschichte oder so.

Allerdings gab es da noch einen anderen Teil in Benni, den er versuchte, mit solchen Vermutungen zu beruhigen – und von dem er doch tief in sich wusste, dass er recht hatte, auch wenn er es nicht wahrhaben wollte. Der Teil in ihm, der wusste, dass es stimmte.

Zu viele Dinge, die er bisher nicht verstanden hatte, ergaben jetzt plötzlich einen Sinn. Warum D'nai ihn nie wirklich verlassen hatte. Er wollte ihn im Auge behalten. Warum er ihn mit sich auf den Hof genommen hatte. Damit er verhindern konnte, dass seine Tante ihm zuvorkam und ihn hierher brachte. Warum seine Freunde so erschrocken waren über seinen Namen. Weil sie die Prophezeiung kannten, wenn auch nicht Bennis wahre Abstammung. Und natürlich auch, warum N'ray ihn hasste. Yggdrasil und der Hof waren sein Zuhause und die Quelle von D'nais Macht. D'nai, der wie ein Vater für ihn war – und für den Benni eine große Gefahr darstellte.

Er erinnerte sich an den Dialog zwischen den beiden am ersten Abend, nachdem Benni der Fauxpas mit dem Fleisch unterlaufen war. Fleisch, das hier nur von den Dunklen gegessen wurde und dass er selbst erst vor wenigen Stunden wieder hier gegessen hatte. »Siehst du! Ich hab es dir doch gesagt!« – »Du weißt, ich kenne und respektiere deine Meinung, N'ray. Doch jetzt ist weder die richtige Zeit noch der richtige Ort, wieder darüber zu diskutieren. Wir können das später tun, einverstanden?«

Alles ergab jetzt einen traurigen Sinn. Er versuchte, an etwas Schönes zu denken, um sich abzulenken, doch seine Gedanken kreisten immer wieder um das eine Thema. Er hatte soeben erfahren, dass er wohl mächtig genug war, eines der ältesten magischen Wesen im Multiversum töten zu können – und doch fühlte er sich machtloser als je zuvor.

Alle Sorgen und Ängste, die er bisher gehabt hatte, erschienen ihm mit einem Mal völlig unbedeutend und im Vergleich zu dem, was noch vor ihm liegen sollte, waren sie das ja auch. Er hatte mit seinem Leben gehadert, weil er das Gefühl gehabt hatte, alles würde immer gegen ihn laufen und er wäre ständig das Opfer von bösen Menschen. Und nun sollte er selbst auf einmal zu einem der größten Bösewichte aller Zeiten und aller Welten werden.

Seine Gedanken und Ängste lagen ihm wie schweres Blei auf der Seele, doch er konnte sich nicht einmal der tröstenden Erleichterung seiner Tränen hingeben, denn er war sogar zu traurig, um noch weinen zu können. Sein ganzes beschissenes Leben war nur die Vorbereitung dafür gewesen, ein grausames und zerstörerisches Schicksal erfüllen zu müssen, dem er nicht entkommen konnte.

*

Das Öffnen der Tür riss ihn aus seinen dunklen Gedanken und wieder einmal wusste er nicht, wie viel Zeit vergangen war, als seine Großmutter erneut das Zimmer betrat. Sie verzichtete diesmal auf einen theatralischen Auftritt und verbarg ihr Gesicht nicht wieder unter der großen Kapuze. Mit zielstrebigen, schnellen Schritten kam sie auf ihn zu.

»So, du hast jetzt genug gefaulenzt. Vor uns liegt eine Menge Arbeit.« Sie starrte ihn auffordernd an, doch Benni rührte sich nicht. »Was ist mit Philipp?« Obwohl er immer noch verärgert über den kleinen Verräter war, machte er sich doch auch Sorgen, sein hässlicher Wunsch könnte in Erfüllung gegangen sein.

»Es geht ihm gut.« Die Antwort war zwar sehr knapp gehalten, aber sie erleichterte Benni wenigstens für einen ganz kurzen Moment, bevor sich die Schwere wieder auf ihn niederlegte. Die Hexe stand steif, wie er es von ihr gewohnt war, vor ihm und er konnte ihre Ungeduld beinahe spüren. In »Dragon Clash« gab es auch ein uraltes Wesen, aber das hatte eine schier unendliche Geduld und es niemals eilig – allerdings war das ein Computerspiel, die Realität sah offensichtlich anders aus.

Benni wusste nicht viel über die Erwachsenen, aber dass man am ehesten Antworten oder Zugeständnisse von ihnen bekommt, wenn sie es eilig haben, das wusste er so gut wie jedes andere Kind auch. Und ER hatte es zudem im Moment gar nicht mehr eilig, ganz im Gegenteil. Je länger er, was auch immer sie vorhatte, hinauszögern konnte, desto besser.

»Was hat er mit der ganzen Sache zu tun? Und warum hast du ihn in dieses … dieses DING verwandelt?« Die Augen der Eishexe funkelten gemein auf und ihre folgenden Worte schnitten weitere tiefe Wunden in Bennis Seele.

»Er war sehr nützlich bisher und wird es vielleicht noch sein. Natürlich konnte ich ihn nicht in seiner wahren Gestalt zu dir an deinen Ankunftsort in meinem Reich schicken. Du wärst ihm niemals gefolgt und hättest ihm zur falschen Zeit unpassende Fragen gestellt. Und da dein Erscheinen hier tatsächlich etwas unerwartet kam, habe ich kurzerhand entschieden, ihn in das zu verwandeln, was DU ohnehin in ihm siehst!«

Benni starrte sie erneut mit großen Augen betreten an. »Ganz recht, Benni! M'rtislay – beziehungsweise sein Aussehen – ist das Produkt deiner Gefühle für deinen kleinen Bruder. Zugegeben, etwas einfallslos von mir, doch ich hatte wie gesagt wenig Zeit. Und letztendlich hat es ja funktioniert. Nichts ist so vertraut wie die eigenen Gefühle. Also?«

Mit dem letzten Wort machte sie eine auffordernde knappe Geste mit ihrer Hand in Richtung Tür. Ihre Worte taten Benni unendlich weh, denn er wusste, dass sie nicht log. Myrt war mehr seine als ihre Kreation gewesen. Doch eine Frage hatte Benni noch und er musste sie unbedingt stellen, bevor er sich trauen würde, ihr zu folgen. Wenn er sich überhaupt trauen würde. »Wie geht es jetzt weiter?«

»Na, wie schon?« Der Ton seiner Großmutter war gewohnt herrisch. »Du wirst dich der Höhle unterwerfen und dafür große Macht erlangen. Ich werde dich lehren, diese Macht zu beherrschen und am Ende wird sich die Prophezeiung erfüllen.«

Es war eine Sache, etwas auf sich zukommen zu sehen, zu befürchten oder zu ahnen – aber noch mal eine ganz andere Sache, wenn man es endgültig bestätigt bekam. Der bleierne Mantel um Bennis geschundener Seele war gerade noch mal ein ganzes Stück schwerer geworden.

»Aber … aber ich … ich will das, glaube ich, nicht!« Es kostete ihn sehr viel Mühe und Überwindung, die Worte auszusprechen. Neben der Trauer über sein Schicksal hatte er immer noch Angst vor seiner Großmutter. Angst, die sie ihm jahrelang mit ihren Schikanen antrainiert hatte und die nicht gerade weniger wurde, nachdem er jetzt wusste, wer sie wirklich war.

»Dummes Geschwätz!« Sie spie die Worte regelrecht aus. »Du wirst nicht mehr der kleine Verlierer sein, auf dem die ganze Welt immer nur herumgetrampelt ist. Du wirst dich über sie erheben und sie werden dir endlich Respekt zollen, ja, sie werden dich sogar fürchten. Ist das nicht genau das, was du immer wolltest?«

Benni schluckte. Natürlich hatte er das immer gewollt. Zumindest insgeheim, wenigstens ein bisschen davon. War das hier vielleicht wirklich seine Chance auf ein besseres Leben?

*

Sie musste ihm ansehen, dass er ins Grübeln gekommen war, denn wie schon bei ihrer ersten Begegnung in diesem Zimmer änderte sie wieder blitzschnell ihre Taktik. »Ich werde es dir zeigen, Benni. Wenn du es dir erst einmal vorstellen kannst, wirst du es verstehen.«

Bevor Benni etwas erwidern konnte, erhob sie sich von ihrem Stuhl und breitete die Arme aus. »Ich werde dir deine mögliche Zukunft zeigen. Ich werde dir zeigen, wer du sein könntest, Benni. Ich werde dir zeigen, wie glücklich du sein könntest.«

Die Luft um ihn herum begann zu glühen, erst hellblau, dann lila und schließlich wurde es schwarz um ihn herum. Er schloss die Augen und hob schützend die Hände vors Gesicht, doch als einige Sekunden lang nichts passierte, öffnete er seine Lider vorsichtig, entspannte sich wieder ein wenig und sah sich um.

Er befand sich nicht mehr in dem Zimmer mit dem Bett, sondern saß nun auf einem Stuhl in einer Art Garderobe. Und irgendetwas war hier falsch. Völlig falsch. Die Perspektive stimmte nicht. Alles war viel zu klein. Er sah an sich herunter und konnte nicht glauben, was er da sah.

Sofort sprang er auf und hastete zu dem großen Spiegel an der Wand, um sich genauer anzusehen. Ihm blickte kein kleiner Junge mehr entgegen, sondern ein hochgewachsener, gut aussehender Jugendlicher von vielleicht 17 Jahren. Seine blonden Haare waren zerzaust und sahen dennoch aus wie aus einer Friseurzeitschrift.

Das kindliche Gesicht mit den Sommersprossen und der kleinen Stupsnase war einem hübschen Antlitz gewichen, aus dem die Wangenknochen und das Kinn markant hervortraten und das von lupenreiner Haut umspannt wurde. Selbst seine Nase war nun groß und männlich. Sein großer, muskulöser Körper war der eines Models und die hautenge Kleidung, die er daran trug, hätte jeden Popstar vor Neid erblassen lassen.

Benni grinste ebenso glücklich in den Spiegel hinein wie sein Spiegelbild zu ihm zurück. Er konnte regelrecht spüren, wie sein Selbstbewusstsein von Sekunde zu Sekunde wuchs. So konnte er also aussehen, wenn er wollte? Und WIE er das wollte! Ob ...?

In seinem Überschwang konnte er sich nicht zurückhalten, riss sich das Shirt über den flachen Sixpack nach oben, zog den Bund der Designerjeans zusammen mit den Shorts nach vorne und sah gespannt nach unten. Sein kleines Geheimnis, das ihm immer so peinlich gewesen war, hatte eine mehr als beeindruckende Transformation durchgemacht und Benni grinste nun so breit, dass seine Mundwinkel bereits wehtaten. Ihm fiel das alte Sprichwort ein, mit dem sie ihn im Fußballtraining einmal gehänselt hatten: »Wie die Nase eines Mannes ...« Bestärkt von dem, was er gesehen hatte, ließ er seine Hosen zurückschnellen und griff sich herzhaft selbst in den Schritt. »Und jetzt, ihr Penner?«

Seine Stimme war tief und kraftvoll, eine Stimme, mit der man Befehle erteilte. Da erst fiel ihm die laute Musik auf, die mit hämmernden Bässen durch die Wände an seine Ohren drang. Erwartungsvoll ging er mit kräftigen, weit ausladenden Schritten auf die Tür zu und öffnete sie.

Dahinter befand sich einer der ihm bereits bekannten Gänge, jedoch gab es neben den üblichen Abzweigungen auch eine nicht zu übersehende Tür, größer als die anderen und nur wenige Schritte entfernt.

Die Musik schien direkt von dort zu kommen, also schritt Benni zielstrebig darauf zu.

*

Als er näher kam, fuhren die beiden Bots, die den Eingang wie zwei Bodyguards versperrten, zur Seite und öffneten ihm mit einer tiefen Verbeugung die beiden Türflügel. Sofort umwogten ihn hämmernd rhythmische Klänge und er trat in ein Meer aus blitzenden Lichtern und Farben ein.

Der Bereich hinter der Tür, in dem er nun stand, war eine Art großer Balkon, eingefasst von einem prunkvollen Geländer, wie man es aus alten Schlössern kennt. Rechts von ihm führte eine ausladend geschwungene Treppe von der Empore in den einige Meter unter ihm liegenden Saal, einem gigantischen Areal aus einzelnen Flächen, Spiegeln, Stangen, Bars, Stehtischen und luxuriösen Sitzecken. Alles ging ineinander über und von überall her untermalten die verschiedensten Lichteffekte die mitreißende Musik.

Benni war natürlich noch nie in einem Klub gewesen, doch er kannte Szenerien wie diese aus Filmen. Das hier war jedoch die größte, modernste und zugleich coolste Disco, die er sich vorstellen konnte. Aber das Beste waren die vielen Menschen, oder besser gesagt, Jugendlichen dort.

Es mussten Hunderte, wenn nicht Tausende sein. Sie waren alle in seinem Alter – seinem jetzigen Alter wohlgemerkt – und bevölkerten den Klub in nahezu jedem Winkel des Raumes, den Benni überblicken konnte. Alle waren modisch gekleidet, gut aussehend und bester Stimmung. Überall wurde getanzt, gelacht, getrunken, geraucht und herumgeknutscht. Bis der erste von ihnen Benni auf dem Balkon oben erblickte.

Wie ein Lauffeuer verbreitete sich die Nachricht über sein Erscheinen in der Menge, manche deuteten auf ihn, andere zogen ihre Handys aus den Taschen und begannen, zu fotografieren und zu filmen. Selbst der DJ reagierte und schaffte einen perfekten Übergang aus dem aktuellen Song in eine neue, epochale Melodie, die seinen Auftritt untermalte.

Benni trat zunächst gewohnt schüchtern, dann mit immer mehr Selbstvertrauen an die Brüstung des Balkons heran und die Leute unter ihm begannen, ihm zuzuwinken, zu feiern und zu jubeln, als wäre er der lang erwartete Stargast des Abends. Ein unbeschreibliches Gefühl stieg in Benni auf, als ihm bewusst wurde, dass er genau das war. Ein Star. DER Star!

Mit triumphaler Miene schritt er lässig die Stufen zu seinen Fans hinunter, wie ein gefeierter Wrestling-Champion auf dem Weg zum Ring. Selbst die sehr leicht bekleideten Go-go-Girls tanzten ihm aufreizend zu, über ihm in massiven Käfigen stehend, die an dicken Ketten von der Decke hingen.

Unten angekommen, teilte sich die Menge ehrfurchtsvoll vor ihm, sodass er würdevoll durch sie alle hindurchschreiten konnte. Die meisten klatschten ihn ab, riefen ihm Begrüßungen oder im Falle einiger Mädchen auch verführerische Blicke zu. Benni genoss es, so gefeiert zu werden, doch es wurde immer besser.

Manche kamen jetzt auf ihn zu und sobald sie ihn direkt ansprachen und er sich ihnen zuwandte, wusste er sofort ihren Namen und alles andere zu dieser Person. So konnte er mit jedem, dem er seine Gunst zuteilwerden lassen wollte, ein paar nette Worte wechseln oder ihm einen Spruch drücken, der immer mit viel Lachen und Beifall aufgenommen wurde.

Durch die laute Musik musste man schreien, um diese zu übertönen, aber das machte ihm nicht das Geringste aus. Es passte einfach zu diesem Ort und bereitete ihm mit seiner neuen Männerstimme zudem überhaupt keine Mühe. Er bekam davon lediglich Durst, weshalb er zur nächsten Bar steuerte. Ob es hier Cola gab?

Auch hier teilte sich die Menge am Tresen und der Barkeeper machte sich sofort daran, ihm, noch bevor er etwas bestellen konnte, einen

Drink zu mixen. Er reichte ihm ein Gefäß in Form eines gezackten Eiskristalls, der seinen Inhalt nicht nur transportierte, sondern gleichzeitig auch kühlte.

Als Benni davon trank, rann ihm die süßlich-bittere Flüssigkeit erfrischend den Hals hinunter und belebte schlagartig alle seine Sinne. Es war das Beste, was er jemals getrunken hatte und hellte seine ohnehin schon hervorragende Stimmung weiter auf, während alles, was ihn hemmen, bremsen oder zur Vorsicht veranlassen konnte, in den Hintergrund gedrängt wurde.

Als er sich von der Bar abwandte, sah er zwei große, gefährlich aussehende Typen, die drohend voreinander aufragten und wohl über irgendetwas in Streit geraten waren. Sie begannen sich gegenseitig anzurempeln, um sich zu provozieren, und es war wohl nur noch eine Frage von Sekunden, bis der Erste von ihnen zum Schlag ausholen würde.

Da bemerkten ihn die beiden Streithähne und ließen beinahe entsetzt voneinander ab. Obwohl sie bestimmt noch einen Kopf größer als Benni waren und deutlich muskulöser, senkten sie bei seinem Erscheinen sofort die Hände und traten voneinander zurück. Benni wollte ausprobieren, wie weit seine Macht ging, also sah er sie mit einem missbilligenden Blick an, wie zwei Kinder, die ein Erwachsener bei etwas Verbotenem erwischt hat. Die Kolosse senkten schuldbewusst den Blick und der Kampf war zu Ende, bevor er begonnen hatte – und Benni der einzige, klare Sieger.

Wie selbstverständlich ging er auf ein Podium in der Mitte des Klubs zu, auf dem eine große, runde Sitzbank mit einem Tisch in der Mitte stand, dahinter eine eigene Bar mit Barkeeper. Die kleine Treppe zum Zugang wurde von zwei weiteren Bots bewacht, die ihn wie schon ihre Kollegen am Eingang mit einer tiefen Verbeugung passieren ließen. Einer davon hatte das Gesicht des Butlers auf seinem Kopfmonitor und zwinkerte ihm verschwörerisch zu.

Dieser Bereich war offensichtlich der VIP-Tisch und die Jugendlichen, die dort saßen, waren selbst in dieser coolen Umgebung wohl so etwas wie die Babos. Sie prosteten Benni zu, der sich lässig zu ihnen auf die Sitzbank plumpsen ließ. Sofort stand er im Mittelpunkt ihrer Aufmerksamkeit und durch seine neue Fähigkeit, mit einem Wimpernschlag ihre Namen und Hintergründe zu kennen, fiel es ihm leicht, mit ihnen über alles Mögliche zu reden.

Sie tranken, rauchten, feierten und mit den zwei hübschesten Mädchen, die sich den Platz zu seiner Linken und Rechten erobert hatten, tauschte er so manchen feuchten Kuss aus, während seinen forschenden Händen alle Wege offenstanden.

War Benni am Anfang noch überwältigt von seinem neuen Körper, seiner Macht und Beliebtheit, so steigerten sich seine Glücksgefühle immer weiter bis ins schier Unendliche. Er liebte es, er genoss es und er wollte, dass es niemals enden sollte. DAS war mehr, als er sich jemals zu erträumen gewagt hatte, DAS hier war das einzig wahre Leben und DAS war es, was er für immer haben wollte. Er war nicht Gott! Er war sein Boss! Scheiß drauf, was auch immer der Preis dafür war!

*

Als Benni wieder einmal in dem großen weißen Bett erwachte, konnte er sich nicht erinnern, wie er dort hingekommen war. Ein kurzer Blick auf seine Hände und Arme verriet ihm, dass sein toller neuer Körper nur geliehen und ihm – zumindest noch – nicht dauerhaft vergönnt war. Hatte er das alles vielleicht nur geträumt?

Doch schon seine nächsten Sinneseindrücke belehrten ihn eines Besseren. Sein Schädel brummte von den Cocktails, sein Magen rumorte und seine Zunge schmeckte wie eine tote Ratte, die sich in einem vollen Aschenbecher gewälzt hatte. Er musste husten und hatte das Gefühl, seine Lunge würde sich innerlich in kleine Fetzen auflösen und durch seinen Hals nach oben kommen.

Gierig schnappte er nach Luft und stand schwungvoll aus dem Bett auf, in der Hoffnung, irgendwo etwas Wasser zu trinken zu finden. Diese schnelle Bewegung erwies sich als großer Fehler, denn ihm wurde auf der Stelle schwindlig und er musste sich wieder auf die Bettkante setzen, während sein Kopf zu platzen drohte.

Der Schwindelanfall ließ ein wenig nach, dafür wurde ihm schlagartig übel und er spürte, dass er sich in wenigen Sekunden würde heftig übergeben müssen. Hastig presste er seine linke Hand auf den Mund und suchte das Zimmer panisch nach einer geeigneten Stelle ab. Prompt erschien eine dünne blaue Linie in Form einer Tür auf der Wand neben dem Schreibtisch und Benni stürzte darauf zu.

Der Durchgang öffnete sich und Benni torkelte in ein dahinter liegendes, ebenfalls steril-weißes Badezimmer. Er schaffte es gerade so eben noch zur Toilette, ehe sich ein bräunlicher Schwall aus seinem Mund in die Schüssel ergoss, wovon einige Tropfen von der hellen Keramik in sein Gesicht zurück spritzten.

Schub um Schub übergab er sich so in die Toilette und sein Mund schmeckte saure Galle. Wirklich schlimm wurde es jedoch erst, als sein Magen leer war, aber der Würgereiz nicht abnahm und sein ganzer Körper so, vor der Schüssel kniend und mit unerträglichen Schmerzen in Kopf und Bauch, in unkontrollierbaren Krämpfen aufgebäumt wurde.

Besonders die Stiche in seinem Kopf, jeder wie ein Dolchstoß mitten durch seine empfindlichsten Nervenzellen, taten so sehr weh, dass er es kaum aushalten konnte und vor Schmerzen zu weinen begann, was wiederum alles nur noch schlimmer machte. Er wollte nur noch sterben. Und er schwor sich, dass er nie wieder etwas Derartiges trinken oder rauchen würde, wie gestern in diesem Klub. Selbst beten und alle möglichen Versprechungen an alle Götter, die ihm einfielen, blieben wirkungslos.

Plötzlich hörte er Schritte hinter sich auf dem Fliesenboden und er hoffte tatsächlich, es wäre der Tod persönlich, der gekommen war, um ihn endlich zu erlösen. Doch natürlich war es nicht der Tod. Zumindest nicht ganz. Es war seine Großmutter. Benni schielte, immer noch die

Kloschüssel umklammernd und auf den nächsten heftigen Würgereiz wartend, der ihm wahrscheinlich endgültig das Gehirn zerquetschen würde, zu ihr auf.

Ihr Gesicht war völlig ausdruckslos, doch sie machte auch keine Anstalten, näher zu kommen oder ihm zu helfen, sondern sah nur zu ihm herab. Prompt wurde Benni von der nächsten Woge erfasst und sein ganzer Körper verkrampfte sich, so sehr, dass er nicht einmal den passenden Schrei zu den unendlichen Schmerzen ausstoßen konnte.

»Hi …!« Mehr als diesen erstickten Laut brachte er nicht hervor, ihm fehlten schlicht die Kraft und die Luft dazu. »Wo ist dein D'nai jetzt, hm?« Spott lag in ihrer Stimme, doch noch immer rührte sie sich nicht. Benni bekam jetzt keine Luft mehr, seine Hände rutschten von der Toilette ab und er drohte, nach hinten umzukippen. »Bi …!«

»Aber ICH bin hier! Und jetzt steh auf, ein derartiges Verhalten ist deiner nicht würdig!« Mit diesem Satz machte sie eine einzige Handbewegung und Benni konnte wieder gierig nach Luft schnappen. Mit einem Schlag waren alle Beschwerden wie weggeblasen, nur ein dumpfes, schweres Gefühl blieb in seinem Kopf zurück und er zitterte jetzt heftig am ganzen Leib. »Säubere dich und dann komm! Wir haben etwas zu besprechen!«

*

Während Benni sich auf wackligen Knien und mit schlotternden Händen am Waschbecken das Gesicht wusch, abtrocknete und versuchte, mit viel Wasser den Geschmack von Kotze aus seinem Mund zu bekommen, schritt die Eishexe bereits zurück ins Zimmer und setzte sich auf den Stuhl vor das Bett. Benni schlurfte ihr entkräftet hinterher und legte sich einfach auf das Laken, den Oberkörper aufrecht ans Kopfende gelehnt.

»Wie ich gesehen habe, hat dir der gestrige Abend sehr gefallen!« Es war keine Frage, sondern eine Feststellung. »Das ist ein Teil von dem, was dich erwartet, wenn du auf mich hörst und deiner Bestimmung folgst. Nur wirst du dann auch genug Macht haben, die Folgen mit einer lässigen Handbewegung wegzuwischen, die deinen kleinen Kinderkörper beinahe zerfetzt hätten.«

Wie immer, wenn ihn jemand auf sein Äußeres ansprach, fühlte Benni sich erniedrigt und gedemütigt. Er wollte das nicht mehr. Von seinem gestrigen Hochgefühl und seinem Glück war nichts übrig geblieben, stattdessen war er nur noch traurig über den Verlust seines tollen neuen Körpers und seiner Berühmtheit. Außerdem war er wütend, auch auf seine Großmutter, die aufgrund ihrer Macht über alles hier bestimmen konnte und ihm alles wieder weggenommen hatte.

Ein seltenes, beinahe zufriedenes Lächeln huschte über das Gesicht der alten Hexe. »Ausgezeichnet! Ich spüre, wie es in dir wächst! Schon bald werden wir beginnen können!« Benni schauderte bei den Worten und doch sehnte er sich nach ihrer Erfüllung. Aber …

»Was wird dann mit dem Hof und den anderen passieren?« Zu seiner eigenen Überraschung ängstigte ihn die zu erwartende Antwort nicht einmal. Es war ihm beinahe schon gleichgültig und schien ihm ein geringer Preis für seine neuen Kräfte zu sein. Aber konnte er wirklich …?

»Warum sorgst du dich um sie? Wo waren sie, als du sie all die Jahre gebraucht hättest? Ganz abgesehen von all den Menschen, die dich immer nur behandelt haben wie Dreck! Und was hat dieser D'nai schon für dich getan, außer schlaue Reden zu schwingen, ohne dir wirklich etwas zu sagen? ER hat sie dir nicht erzählt, die GANZE WAHRHEIT! Weil er dir nicht vertraut und weil du ihm eigentlich völlig egal bist. Feige verkrochen hat er sich, als ich ihn zum ersten Mal von dir verjagt hatte und dann bringt er dich in diese Welt, doch statt dir zu erzählen warum, setzt er dich nur einer Gefahr nach der anderen aus. Von ihm hast du NICHTS zu erwarten – von mir dagegen ALLES!«

Ihre Worte durchdrangen jetzt jede Faser von Bennis Körper und er war vollkommen überzeugt davon, dass sie mit jeder Silbe recht hatte. O ja, es stimmte. Es stimmte alles. Und es war so klar, was er zu tun hatte. So einfach! Es machte ihn traurig, es machte ihn wütend, doch es machte ihn auch stark. Endlich war er Herr seiner Entscheidungen. Er würde tun, was sie verlangte. Und war es nicht auch genau das, was ihm D'nai selbst geraten hatte? Er hatte es selbst gesagt: »Was du aber ganz alleine in der Hand hast, sind deine Entscheidungen … Und nur du bestimmst, wann du Opfer und wann du Täter sein willst!«

*

»Also, willst du dein Schicksal akzeptieren und dein neues Leben annehmen, so wie es dir bestimmt ist?« Seine Großmutter sah Benni durchdringend an. Und Benni, der nun die ganze Last der Erfahrungen seines bisherigen Lebens auf der Seele spüren konnte, nickte. »Ja, das will ich!«

Mit einem triumphierenden Lächeln und blitzenden Augen erhob sich die Eishexe von ihrem Stuhl, straffte ihre Robe und wandte sich zur Tür um. »So sei es! Ruh dich noch ein wenig aus, ich werde nach dir schicken, wenn ich die Vorbereitungen abgeschlossen habe.« Damit ließ sie ihn alleine zurück.

Benni starrte ihr nach und überlegte, dass er sich nun eigentlich freuen sollte. Vor ihm lag ein wunderbares neues Leben, ein Leben voller Macht und Stärke, jenseits aller bisherigen Demütigungen und Niederlagen. Und dennoch empfand er keine Freude darüber. Vielmehr war er ärgerlich, weil die Alte ihn schon wieder hier wartend zurückließ wie ein Kind. Er war kein Kind! Nicht mehr! Er war B'nnie, der EINE und schon bald würde er losziehen, um sich an seiner Welt zu rächen.

Er dachte an die Schläger aus der Gasse, an seinen Vater, die alte Knebel, Konrad und die anderen aus der Schule und dem Fußballverein, Alex und Max, seine Mutter und …

»Philipp? Was suchst DU denn hier? Verpiss dich, du Missgeburt!« Sein Bruder, der vorsichtig den Kopf zur Tür hereingesteckt hatte, zuckte zurück, blieb jedoch hinter dem geöffneten Durchgang stehen.

Benni wollte jetzt nicht gestört werden, um den kleinen Verräter würde er sich noch früh genug kümmern!

»Ich … ich …«, stammelte Philipp, während Benni sich langsam von seinem Bett erhob. Wenn der kleine Pisser nicht hören wollte, dann … »Was ich, ich, ich?!«, äffte er den Jüngeren nach und ging drohend auf ihn zu. Er fühlte sich stark mit so viel Wut im Bauch. Außerdem war hier keine »Mami«, zu der er laufen konnte.

»Ich … ich kann nicht!«, brachte Philipp schließlich hervor, der nun dieselbe weiße Kleidung wie er selbst trug. Benni war jetzt fast bei ihm. »Was soll das heißen, du kannst nicht? So blöd kann man doch gar nicht sein!«, herrschte er ihn an. »Aber er lässt mich nicht!«, wimmerte Philipp. In dem Moment trat eine weitere Gestalt hinter dem Kleinen hervor. Eine Gestalt mit zotteligem, weißen Fell und Schlappohren.

»Samson!« Benni spürte keinerlei Freude über das unerwartete Erscheinen des Hundes. Vielmehr keimte neue Wut in ihm auf. Wer war noch gekommen? Und warum gerade jetzt? Bestimmt wollten sie ihm alles wegnehmen, was ihm seine Großmutter in Aussicht gestellt hatte! Das musste er verhindern. »Was willst du?«, fragte er abweisend.

Der sonst so treue und liebevolle Vierbeiner sträubte das Fell, zog die Ohren nach hinten und knurrte bedrohlich, sagte aber nichts. Stattdessen antwortete ihm Philip mit vorsichtiger Stimme. »Er hat gesagt, du sollst dir das hier umhängen.«

Erst jetzt bemerkte Benni, dass sein Bruder etwas in den Händen hielt. Eine Kette. Philipp hielt sie ihm mit ausgestrecktem Arm entgegen und sah Benni erwartungsvoll an. »Was ist mit dem Scheiß?« Benni sah nicht einmal genau hin. Was sollte dieser nervige Auftritt?

»JETZT!« Samson bellte ihm die Aufforderung laut entgegen und machte mit gefletschten Lefzen einen drohenden Schritt auf ihn zu. Immer wütender werdend musste Benni jedoch trotzdem einsehen, dass er dem riesigen Hund momentan noch nichts entgegenzusetzen hatte. Ihn würde er auch töten! Und danach als Schnitzel essen. Aber egal, was sollte Philipps alberne Bastelarbeit schon ausmachen?

Mit einer schnellen Bewegung riss er seinem Bruder die Kette daher aus der Hand und sah etwas genauer hin. Sie bestand aus einem eng gewebten Geflecht dünner Ranken, die zu einer Schnur verdrillt waren. Daran aufgefädelt befanden sich eine ganze Menge kleiner runder Holzscheibchen. Was für ein alberner Müll!

Wieder knurrte Samson aus tiefster Kehle, lauter diesmal und sichtlich ungeduldig. Benni bekam nun ein wenig Furcht vor dem Vieh, aber wenigstens konnte er sehen, wie sich sein kleiner Bruder vor lauter Angst fast in die Hose machte. Ein kurzer Moment von Freude, der sofort wie eine Seifenblase wieder zerplatzte.

»Bevor der blöde Köter auf mich losgeht, hänge ich mir das Scheißteil halt um!«, dachte er sich und steckte seinen Kopf durch den klappernden Ring. Kaum berührte es seinen Nacken, kam es Benni so vor, als würde sich eine Art dunkler Nebel von seinen Gedanken verziehen. Was passierte hier?

Samson hatte aufgehört zu knurren, auch das Fell sträubte sich nicht mehr und er wedelte leicht mit dem Schwanz. »Auf die Haut!«, bellte er ein neues Kommando. Benni verstand nicht, was damit gemeint war, dafür reagierte sein kleiner Bruder nun. Aus seiner eben noch andauernden Schockstarre sprang er auf Benni zu, riss sein Shirt vorne am Kragen nach unten und ließ die Kette so darunter gleiten.

*

Es fühlte sich an, als würde Benni endgültig aus einem bösen Albtraum erwachen. Seine ganze Wut war wie weggeblasen und er genoss die angenehme Wärme auf der Brust, die von seinem neuen Halsschmuck ausging. Benommen sah er zwischen Samson und Philipp hin und her. »Was ist hier los? Warum seid ihr …? Was passiert mit mir?«

Zu seiner großen Schande konnte sich Benni an alles, was er bis vor wenigen Augenblicken noch gedacht und gefühlt hatte, glasklar erinnern. Er war nur froh, dass er das Wenigste davon laut ausgesprochen hatte. Trotzdem schämte er sich unendlich, war aber gleichzeitig auch unheimlich erleichtert, dass das, was immer es auch gewesen war, aufgehört hatte. Wie konnte er nur …?

»Los jetzt, kleine Welpen! Wir müssen weg sein, bevor sie etwas merkt!« Mit diesen Worten schnellte Samson herum und lief in den dunklen Gang hinaus. Benni, froh, endlich wieder klar denken zu können, packte Philipps Arm, um ihn mit sich zu ziehen, doch der Jüngere sträubte sich gegen den Griff und sah ihn angsterfüllt an.

Benni reagierte, ohne lange nachzudenken, als würde er automatisch mit dem passenden Wissen versorgt werden. Wie N'ray es in der Arena mit X'mai gemacht hatte, ging er kurzerhand vor dem Jüngeren in die Knie. Da Benni tatsächlich kaum größer als Philipp war, sah er jetzt zu diesem auf. »Du musst keine Angst haben, okay? Alles ist gut. Aber jetzt müssen wir schleunigst machen, dass wir hier wegkommen. In Ordnung?«

Philipp nickte nur mit großen Augen, ließ sich aber nun bereitwillig von Benni mitziehen und sie folgten Samson auf den Flur, der ein Stück voraus ungeduldig auf sie wartete. Sie hetzten einen Gang nach dem anderen entlang und die Jungen wurden nur deshalb nicht abgehängt, weil der große Hund zwischendurch immer wieder schnüffelnd stehen blieb, um sich neu zu orientieren.

Bei einer dieser Gelegenheiten wandte sich Benni, vom Laufen schwer nach Atem ringend, an Philipp. »Was … was wolltest du mir eigentlich noch sagen, bevor Großmutter dich von diesem Altar runter geklatscht hat?« Die Miene seines kleinen Bruders erhellte sich. Auch er keuchte schwer. »Dass ich … dass ich immer nur wollte …«

»Weiter! Und Ruhe jetzt!«, bellte Samson sie an und rannte schon wieder in einen neuen Gang hinein. Die Jungen folgten ihm und Benni bemerkte, wie ihm langsam die Puste ausging, sodass er ohnehin nicht mehr genug Luft gehabt hätte, das Gespräch weiter zu führen. Seinem Bruder ging es wohl ähnlich, denn auch er hechelte mittlerweile mehr, als er atmete.

Benni bemerkte, dass die Eiskristalle um sie herum beruhigenderweise immer weniger wurden, was jedoch zur Folge hatte, dass es auch immer dunkler wurde. Der matte Schimmer reichte gerade so noch aus, nicht gegen die nächste Wand zu laufen, doch lange würde es nicht mehr gut gehen. Und was, wenn sie sich verliefen? Er bekam etwas Angst bei diesem Gedanken, doch war diese nicht übermächtig, sondern beinahe schon vertraut.

Es konnte nur wenige Minuten gedauert haben, doch Benni war es wie eine Ewigkeit vorgekommen, als sie schließlich auf einmal durch einen letzten Felsbogen rannten und schlitternd auf einem abschüssigen Plateau im Freien abbremsten. Und es war genau dieses Plateau, auf dem das Unglück seinen gnadenlosen Lauf nahm.

*

Wie Benni beinahe erwartet hatte, war Samson nicht alleine gekommen, um sie zu retten. Vor dem Höhlenausgang wartete bereits sein Herrchen auf ihn, gekleidet in eine braune Lederrüstung und mit einem mächtigen Breitschwert bewaffnet. N'ray hielt dem schwungvollen Ansturm des riesigen Hundes mühelos stand, als dieser zur Begrüßung an ihm hoch sprang.

»Guter Junge!« Der Krieger strubbelte mit seinen Pranken durch das weiche Fell hinter den Ohren des Tieres und wandte sich dann den Jungen zu. Sein Blick war abschätzig und kalt, während er Benni von oben bis unten musterte. Philipp dagegen würdigte er keines Blickes.

Benni war dieser Blick mehr als unangenehm und sein erster Eindruck von Sicherheit, den er beim Anblick des Kriegers verspürt hatte, schlug zunächst in Sorge, dann in Angst und schließlich in nackte Panik um. Was machte ihn eigentlich so sicher, dass N'ray und Samson gekommen waren, um ihn zu RETTEN?

Immerhin schien N'ray von der Prophezeiung zu wissen. Er war quasi der Wächter des Hofs und damit wohl auch so etwas wie Yggdrasils

Leibwache. Und der kleine, ängstliche Junge vor ihm stellte in Zukunft die größte Bedrohung für alles dar, was ihm lieb und teuer war. Ein Junge, der kurz davor stand, sich zu einem mächtigen und gefährlichen Wesen zu entwickeln – und den er jetzt noch mühelos töten konnte, um genau das zu verhindern.

Wie als hätte er Bennis Gedanken gelesen und abgewartet, dass sich ihm diese schreckliche Erkenntnis noch offenbarte, trat der Krieger mit einem langen Schritt auf ihn zu und riss mit einer kraftvollen und schnellen Bewegung das riesige Schwert aus seinem Gürtel und hoch über Bennis Kopf, der nur wie erstarrt zusehen konnte.

Einen Moment lang schien die Zeit still zu stehen, als hätte jemand die Pausetaste in einem Video gedrückt. Sogar Bennis Herzschlag setzte aus und er hatte nur noch Augen für die riesige, silberne Klinge über sich und dahinter die stechenden, konzentrierten Augen des Kriegers. Und dazu in seinem Kopf den einen, wohl letzten Gedanken seines noch so jungen Lebens: »Mit HASSEN, wie du es genannt hast, hat es überhaupt nichts zu tun.« Genau das waren D'nais Worte gewesen. Und er hatte wie immer recht gehabt! In N'rays Augen lag kein Hass, während er ihn tötete. Nur die volle und unzweifelhafte Überzeugung, das einzig Richtige zu tun, während er seine Pflicht erfüllte.

Im nächsten Moment kehrte die Zeit zurück, die mächtige Waffe sauste nach vorne – und an seinem Kopf vorbei durch die Luft. Beinahe im selben Augenblick wurde er heftig zur Seite gestoßen und kullerte neben dem ebenfalls getroffenen Philipp unsanft ein paar Meter über den dreckigen Boden.

Ein lautes Klirren ertönte und Bennis Kopf ruckte wie von selbst zur Quelle des Geräuschs. Was er sah, war eigentlich gar nicht so überraschend und dennoch katapultierte die Szene ihn auf ein neues Höchstlevel an Spannung, während er begriff, was hier vor sich ging.

Das klirrende Aufeinanderschlagen, das sich nun in schneller Abfolge wiederholte, entstammte zum einen N'rays riesigem silbernen Breitschwert, zum anderen zwei armlangen schwarzen Messern, die

Benni leider ebenso bekannt waren, wie ihr gleichfarbiger Besitzer, der sich mit unglaublich schnellen und fließenden Bewegungen gegen die mächtigen Hiebe des größeren Kriegers erfolgreich zur Wehr setzte.

Benni realisierte, dass N'rays Angriff zu keiner Zeit ihm gegolten hatte, sondern dem schwarzen Schatten mit den lila Augen, den er offensichtlich hinter Benni in der Höhle erspäht und vor dem er Benni und Philipp mit seinem heftigen Stoß zunächst in Sicherheit gebracht hatte.

Doch Benni hatte im Moment weder die Zeit für Erleichterung über das Fortdauern seines Lebens noch für ein schlechtes Gewissen ob der schrecklichen Tat, die er N'ray zugetraut hatte. Stattdessen blickte er sich hektisch nach Philipp um und entdeckte ihn sofort, nur einen guten Meter hinter sich liegend.

Benni kroch erschrocken auf ihn zu, doch zu seiner Erleichterung hob der Kleine verwirrt den Kopf und deutete an ihm vorbei auf die beiden Kämpfenden. »Warum greift er ihn an?« Seine Hand und sein ausgestreckter Finger zitterten ebenso wie seine Stimme.

Selbst noch geschockt, doch mit dem Beschützerinstinkt des älteren Bruders, legte Benni die Hand auf Philipps Schulter und drehte den entsetzten Jungen zu sich herum. »Hab keine Angst! Er ist uns wahrscheinlich gefolgt und soll uns zu Großmutter zurückbringen. Aber er wird uns nichts tun können.« Gerade als er weitersprechen und Philipp – aber auch sich selbst – Mut machen wollte, dass N'ray der mächtigste Krieger des Multiversums und unbesiegbar war – zumindest hoffte er das! – fiel ihm der Jüngere kreidebleich ins Wort: »Ich habe nicht den Schatten gemeint, Benni!«

*

Während der bizarre Kampf vor den beiden Brüdern unermüdlich weiter tobte, begriff Benni, dass Philipp die Situation aus seiner Perspektive heraus völlig anders bewerten musste als er. Für Philipp war ihre Großmutter die Gute, der Schatten ihr Beschützer – und N'ray somit der böse Angreifer, der mit seinem monströsen Hund gekommen war, um sie beide zu entführen.

Benni rüttelte daher heftig an der Schulter des Jüngeren und drehte ihn ziemlich unsanft zu sich. Die grobe Behandlung erzielte ihre gewünschte Wirkung, denn Philipps entsetztes Gesicht war nun nicht mehr dem Kampfgeschehen, sondern ihm zugewandt. Er konnte die Angst seines Bruders körperlich spüren, daher versuchte er, so schnell wie möglich für Klarheit zu sorgen.

»Hör zu, Philipp! Hör mir zu! Das ist jetzt wichtig!« Weder er selbst noch der Angesprochene konnten sich daran erinnern, wann Benni ihn zuletzt bei seinem richtigen Namen gerufen hatte anstatt ihn mit herabwürdigenden Spitznamen zu belegen. Doch gerade dieser Umstand musste Philipp offensichtlich bewusst machen, wie ernst die Situation und wie wichtig die Informationen seines großen Bruders jetzt waren. Die kleinen, schreckgeweiteten Augen waren nun vollständig auf Benni fokussiert und mit leicht geöffnetem Mund wartete er darauf, was sein älterer Bruder ihm zu sagen hatte.

»N'ray – also der Krieger da drüben – ist nicht hier, um uns zu entführen, sondern um uns zu retten!« Philipp wimmerte verwirrt. »Aber ...« – »Kein aber, nur zuhören, BITTE!« Dass Benni nun auch noch dieses Wort ihm gegenüber benutzte, ließ den Kleinen endgültig verstummen und gebannt lauschen.

»Ich habe keine Ahnung, was du über die Welten und Großmutter weißt, aber glaub mir bitte: SIE ist die Böse! Sie hat etwas ganz Schreckliches mit mir vor und hat dich nur dazu benutzt, mich hierher zu locken. Glaub mir bitte! Wir müssen hoffen, dass N'ray den Schatten besiegt und uns beide zum Hof zurückbringt. Dann kann ich dir den ganzen Rest erklären. Hast du verstanden?«

Benni starrte seinen kleinen Bruder eindringlich an und dieser nickte langsam. Dann füllten sich seine Augen mit Tränen. »Benni ... ich ... ich ... Sie hat gesagt ... Sie hat gesagt, dass du dich freuen würdest, wenn ich dich zu ihr bringe und dass du ... Ich wollte doch ...«

Ein lautes Fauchen ließ die Jungen herumfahren und erst jetzt bemerkten sie, dass der Schatten nicht alleine gekommen war. Die schreckliche Monsterkopf-Katze hatte sich auf Samson gestürzt, der zwar deutlich größer und schwerer war als sie, jedoch nicht so flink und auch nicht über so einen fiesen Körper verfügte.

Immer wieder schnellte sie mit all ihren spitzen Zähnen auf den großen Hund zu, der seinerseits nach ihr schnappte und mit seinen mächtigen Vorderpfoten nach ihr hieb. Doch meistens war es die Katze, die mit ihren Angriffen die Deckung des Hundes durchbrach und Samsons helles Fell zeigte bereits an einigen Stellen rote Flecken.

Dahinter tobte der Kampf zwischen N'ray und dem Schatten mit unverminderter Wucht weiter, wobei Benni sich fragte, wie das dunkle Wesen dem Krieger ernsthaft gefährlich werden wollte. Es hatte die deutlich schwächeren Waffen und konnte lediglich die kraftstrotzenden Angriffe des Hünen parieren, ohne selbst einen einzigen Treffer zu landen. Es schien sogar so, als versuche es das nicht einmal.

Und plötzlich begriff Benni aus seiner einigermaßen sicheren Beobachterposition heraus, dass der Schatten dies wohl auch gar nicht vorhatte. Durch seine fließenden und schnellen Bewegungen wehrte er einen Hieb nach dem anderen ab und wich dabei immer ein wenig weiter zurück. Allerdings nicht in gerader Linie, sondern in einem großen, in der Kampfposition vermutlich kaum wahrnehmbaren Bogen.

Benni setzte die Richtung der Duellanten in Gedanken fort und erkannte mit großem Entsetzen, dass der weitergedachte Kreisbogen genau am Rand des Plateaus endete – und zwar so, dass N'ray bis dahin am äußeren Rand stehen würde. Der Schatten versuchte vermutlich, ihn genau in diese Position zu bringen, um ihn dann – nachdem N'ray sich verausgabt hatte und nicht mehr bei vollen Kräften war – mit einem Überraschungsangriff über die Kante und in den sicheren Tod zu befördern.

Ebenso bestürzt wie gebannt beobachtete Benni die beiden ungleichen Kampfpaare und hoffte inständig, dass N'ray das Duell bereits vorher für sich entscheiden würde – und sei es nur, weil ihm Samson zu Hilfe kommen konnte, nachdem er diese blöde Katze endlich zu fassen bekam.

Doch so sehr Benni es sich auch wünschte, es sah nicht danach aus, als würde es so kommen. In seiner Aufregung merkte er nicht einmal, wie er seinen Arm schützend um Philipps Schulter legte, als der Kleinere sich ängstlich und wohl immer noch verwirrt an ihn drückte.

Minuten, die sich wie eine Ewigkeit hinzogen, tobten die Kämpfe weiter. Samsons halber Körper war nun bereits mit Blut besudelt, doch die Katze schien etwas langsamer zu werden und Benni hoffte auf den einen, kampfentscheidenden Biss, den der große Hund hoffentlich bald anbringen konnte.

Währenddessen waren die anderen beiden Kämpfer nun beinahe am Rand des Plateaus angekommen und wie Benni vorausgezeichnet hatte, stand N'Ray nun mit dem Rücken zum Abhang hinter ihm. Benni wusste nicht, wie weit es dort hinunter ging, doch ein Sturz wäre in jedem Fall fatal. Und so fasste er einen folgenschweren Entschluss.

*

»Bleib hier!« Benni schob Philipp sanft, aber bestimmt von sich und deutete auf die Stelle, an der er kauerte. »Beweg dich auf keinen Fall vom Fleck! Ich bin gleich wieder da!« Noch bevor der Kleinere etwas erwidern konnte, drückte er sich vom Boden hoch und lief in gebückter Haltung zum Rand, blieb jedoch in sicherer Entfernung zu den Kämpfern.

An der Kante angekommen ließ er sich auf alle viere fallen und spähte vorsichtig darüber hinaus in die Tiefe. Der Fels unter ihm fiel beinahe senkrecht wie eine Klippe steil nach unten, so weit, dass Benni das Ende nicht sehen konnte – was auch daran lag, dass sich unter ihm eine dichte Wolkendecke befand.

Gehetzt sah er sich um und erst jetzt wurde ihm bewusst, dass der Höhlenausgang sie aus einem gewaltigen Bergmassiv herausgeführt hatte, das hoch über den Wolken lag. Dieser Umstand war ihm bisher nicht aufgefallen, da rings um sie herum hinter dem Plateau ebenfalls felsiges Gestein aufragte – die Gipfelkette des Berges.

Nun nahm er auch zum ersten Mal die Feuchtigkeit und die Kälte in der Luft um ihn herum wahr. Seine schnellen Atemstöße erzeugten kleine Dampfwölkchen vor seinem Gesicht und er sah, dass seine Hände bereits ganz rot waren. Er war bisher wohl zu geschockt gewesen, um dies zu bemerken. Doch die Kälte war jetzt nebensächlich.

Gebannt sah er wieder zu N'ray und Samson hinüber, deren Kämpfe sich unentwegt fortsetzten. Er fühlte sich furchtbar, dass der arme Hund wegen ihm so schwer verletzt war und fürchtete sich gleichzeitig vor dem, was passieren würde, wenn der Plan des Schattens aufging. Waren N'rays Bewegungen nicht schon ein bisschen langsamer geworden?

Wenn dieser jetzt wegen ihm starb, war alles verloren! Buchstäblich alles. Er würde es nicht verkraften, dass dies alles nur durch seine Schuld passiert sein würde und genau das würde ihn endgültig in die Arme seiner Großmutter und die dunklen Mächte der Eishöhle treiben. Warum ausgerechnet er? WARUM? IMMER? ER?

NEIN! Diesmal nicht! Diesmal würde er nicht tatenlos zusehen, was geschah. Unterbewusst griff er mit der linken Hand an die Kette, die er immer noch um seinen Hals trug. Sie war inzwischen ganz welk geworden und die einzelnen Teile waren nahezu vollständig grau.

»Und nur du bestimmst, wann du Opfer und wann du Täter sein willst!« Er konnte D'nais Stimme beinahe hören und erkannte zum ersten Mal die ganze Bedeutung dieser Worte. Damit zerfiel der magische Gegenstand endgültig und wurde als Staub hinweggeblasen.

Die Kämpfer waren jetzt ganz an der Kante zum Abhang angekommen und selbst wenn N'ray den Plan des Schattens mittlerweile durchschaut hatte, war es nun zu spät, sich wieder aus dieser nachteiligen Position heraus zu manövrieren. Benni hob einen großen Stein vom Boden auf, den er gerade eben noch so mit seiner rechten Hand umfassen konnte. Er sah auf die Augen des Schattens und hätte schwören können, diese triumphierend blitzen zu sehen.

Doch bevor der Wächter der Eishöhle seinen hinterhältigen Plan vollenden konnte, sprang Benni auf und rannte mit einem lauten Schrei und dem Stein in der erhobenen Faust auf diesen zu. »Pass auf, N'ray! Das ist eine Falle!«

Die nächste, schreckliche Szene dauerte keine drei Sekunden, doch sollte sie Benni noch eine lange Zeit in seinen Albträumen verfolgen. Denn Bennis Plan, den Schatten kurz abzulenken und N'ray somit den entscheidenden Schlag zu ermöglichen, schlug kolossal fehl.

Der Schatten reagierte zwar wie erhofft auf Bennis Angriff und hieb mit dem linken Messer in seine Richtung, jedoch so schnell und ausladend, dass Benni geradewegs in die schwarze Klinge hineingerannt wäre und sich diese selbst in die Brust gerammt hätte.

N'ray musste dies – kampferfahren wie er war – registriert haben, weswegen er seinen Angriff auf den Schatten abbrach und Benni stattdessen mit einem heftigen Stoß aus seiner Laufbahn katapultierte und zur Seite schleuderte – womit er sein eigenes Schicksal besiegelte.

Denn der Schatten nutzte diesen kurzen Moment, in dem der Krieger selbst völlig ohne eigene Deckung war und stieß mit dem Messer in seiner rechten Hand gerade nach vorne, direkt in N'rays Brust und mitten durch seinen ledernen Brustharnisch hindurch.

Da dieser sein eigenes Gewicht in Bennis Richtung verlagert hatte, konnte er dem Angriff nichts entgegensetzen, rutschte mit den Füßen das entscheidende Stück nach hinten – und stürzte über den Rand der Klippe in die Tiefe.

*

Mit blankem Entsetzen und noch ohne die ganze Tragweite zu begreifen, starrte Benni geschockt auf die Stelle, an der soeben noch N'ray gestanden hatte. Der unbesiegbare Krieger, der gekommen war, um ihn zu retten – und der wegen ihm nun tot war. Und das, obwohl er gewusst hatte, welche Gefahr Benni für den Hof und alle, die damit verbunden waren, darstellte.

Er hörte ein lautes Kreischen rechts von sich und blickte sich wie in Trance zu dessen Ursprung um. Samson hatte es endlich geschafft, die Höllenkatze mit dem Maul zu fassen zu bekommen, und schüttelte diese nun mit heftigen Kopfbewegungen hin und her.

Einer normalen Katze hätte er so vermutlich das Genick gebrochen, doch diese hier schien es zumindest zu überleben, als er sein Maul endlich öffnete und sie wie ein Spielzeug durch die Luft flog. Sie prallte hart auf dem Boden auf, überschlug sich mehrfach, fauchte ein letztes Mal mit zerfetztem Fell böse in Samsons Richtung, dann humpelte sie schnell auf den Höhleneingang zu und verschwand in der Dunkelheit.

Der große Hund bot jedoch keinen besseren Anblick. Trotzdem schleppte er sich ein paar Schritte weiter, sodass er nun zwischen Benni und dem Schatten stand, den er drohend aus tiefster Kehle anknurrte. Mit seinem bluttriefenden Maul und dem ebenfalls blutverschmierten Fell sah er in diesem Moment selbst wie eine Kreatur der Hölle aus.

Der Schatten nahm erneut eine gespannte Kampfhaltung ein und richtete die Spitze seines verbliebenen Messers auf Samson. Wäre der Hund jetzt gesprungen, wäre es um ihn geschehen gewesen. Doch dieser hatte gar nicht mehr die Kraft dazu. So stand er nur da und fletschte weiter die Zähne.

Benni wusste, dass es vorüber war. Gleich würde der Schatten mit dem Messer zustoßen, Samson töten, danach ihn packen, zusammen mit Philipp zurück in die Höhle schleppen und damit ihr Schicksal endgültig besiegeln.

Doch stattdessen wirbelte der Schatten auf einmal herum, griff sich den Kleinen und noch ehe Benni verstand, was da gerade passierte, war das dunkle Wesen auch schon mit Philipp im Eingang der Höhle verschwunden. Er konnte nur noch die Schreie seines wild um sich schlagenden Bruders hören: »Benni! HILFE!!! BENNNIIIII ...«

Völlig entgeistert starrte er ihnen nach. Die markerschütternden Schreie von Philipp schienen noch in seinen Ohren nachzuhallen. Warum hatte der Schatten ihn zurückgelassen?

Benni schaute nach Samson. Das kehlige Knurren des Hundes wurde heller und ging schließlich in ein klägliches Winseln über, als N'rays treuer Begleiter, der Benni in seiner ersten Nacht auf dem Hof so lieb beschützt und hier um sein Leben gekämpft hatte, völlig entkräftet zusammenbrach und auf den staubigen Boden plumpste.

*

Benni, der ohnehin bereits auf dem harten Stein kniete, sank ebenfalls in sich zusammen und schloss die Augen. Es war vorbei. Alles war vorbei. Gleich würde der Schatten zurückkommen oder den Robo-Butler schicken, um ihn zu holen. Er konnte nichts mehr dagegen tun, also bleib er einfach, wo er war.

»Steh auf!« Die Stimme war nicht ganz so kraftvoll, wie er sie in Erinnerung hatte – und doch konnte es sich bei ihrem Klang nur um einen bösen Scherz seines Unterbewusstseins handeln. Denn DIESE Stimme existierte gar nicht mehr.

Benni blickte auf und sah ihren Besitzer, der ebenfalls nicht mehr existierte und dessen vor ihm aufragende Gestalt ihm zu beweisen schien, dass sein Verstand nach all seinen Erlebnissen endgültig aufgegeben hatte. Erst als er am Kragen gepackt wurde und eine leichte, aber durchaus reale Ohrfeige in seinem Gesicht spürte, realisierte er, dass er sich das alles ganz und gar nicht nur eingebildet hatte.

»Kannst du selber gehen? Ich muss Samson tragen!« N'rays Worte klangen erschöpft, aber keinesfalls so tot wie sie hätten sein müssen. Benni starrte ihn völlig entgeistert mit offenem Mund an, während er versuchte zu verstehen. »Wie …?« Doch statt einer Antwort erhielt er nur einen bestimmten, aber keinesfalls groben Stoß in den Rücken.

»Zeit für Erklärungen ist später! Ein Kampf ist erst vorbei, wenn er gewonnen ist!« Es war das erste Mal in seinem Leben, dass Benni ein ihm zugedachtes Grinsen auf dem Gesicht des riesigen Kriegers sah. »Los jetzt!« Der Hüne hob Samson scheinbar mühelos vom Boden auf und schob Benni vor sich her in Richtung des Höhleneinganges zurück. Wollte er etwa wieder dort HINEIN? War er übergeschnappt? Doch beim Näherkommen erkannte Benni, dass neben dem Felsentor ein weiterer Weg lag, der leicht abschüssig um einen anderen Felsen herum führte.

Angetrieben von N'ray hastete er diesen Pfad entlang und es dauerte nicht lange, bis sie in eine Wand aus dichtem Nebel eintauchten, sodass Benni kaum noch mehr als einen Meter weit sehen konnte. Immerhin war der Weg breit genug, um nicht plötzlich über eine Kante in die Tiefe zu stürzen. Trotzdem hatte Benni Angst vor dem, was vor ihnen liegen mochte, er aber nicht sehen konnte.

Und so kam es, wie es kommen musste. Plötzlich tauchte ein großes Hindernis vor Benni auf, doch in seinem getriebenen Tempo hatte er keine Chance mehr, rechtzeitig abzubremsen. So prallte er unsanft dagegen und stürzte rücklings zu Boden. Er tastete nach dem Hindernis, bekam es zu fassen – und gleich darauf weiche Knie, als er erkannte, woran er sich da gerade beim Aufstehen abstützte.

Die Oberfläche des großen Etwas war viel zu warm für die restliche Umgebung und außerdem viel zu glatt für einen normalen Felsen. Auch kannte Benni keine Felsen, unter deren großen Platten auf der Oberfläche leichte Bewegungen zu spüren waren.

Ein lautes Rascheln war zu hören, als das Hindernis seine Position leicht veränderte, dann ein gewaltiges Schnauben und kurz darauf wurde, untermalt von einem scharfen Geruch nach Schwefel, die Nebelwand auseinandergetrieben und Benni hatte für einige Augenblicke freie Sicht auf die bizarre Szene vor ihm.

*

Der abschüssige Pfad hatte sie nicht nur direkt in die dichte Wolkendecke hinein, sondern auch zu einer weiteren, etwas unterhalb des Höhleneingangs liegenden Ebene geführt. In den wenigen Momenten, in denen Benni Zeit hatte, etwas zu erkennen, bevor sich die Wolken wieder zusammenzogen, erblickte er etwas so Groteskes, dass er sich nicht ganz sicher war, es tatsächlich gesehen zu haben.

Damit waren nicht einmal die beiden großen Drachenköpfe gemeint, die sich ihnen zuwandten und deren heißem Atem wohl das vorübergehende Loch in der Nebelwand zu verdanken war. Benni hatte sich vorhin schon gefragt, wie N'ray und Samson überhaupt hierhergekommen waren und die Drachen schienen ihm die wahrscheinlichste Option gewesen zu sein. Spätestens nach seinem Zusammenprall mit dem Bein eines der beiden Geschöpfe von soeben bestand daran kein Zweifel mehr.

Unter normalen Umständen hätte Benni wohl panische Angst vor den Kreaturen bekommen. Nur zu gut erinnerte er sich noch an den Denkzettel, den ihnen einer der beiden in der Scheune des Hofs erteilt hatte. Aber er spürte keine Panik. Entweder waren es die Strapazen der zurückliegenden Stunden oder das, was zwischen den beiden Drachen auf dem Boden lag.

Das Gebilde war längst wieder im dichten Nebel verschwunden, doch er glaubte, einen vielleicht drei auf drei Meter messenden Würfel gesehen zu haben, dessen Vorderseite offen war. Die anderen Wände bestanden aus etwas Braunem, ein ineinander verschlungenes oder verwebtes Material, das das Würfelinnere vollständig und blickdicht umschloss.

Als wäre das nicht schon merkwürdig genug, führte eine Art Steg von der Mitte der einen auf die gegenüberliegende Seite und verband diese miteinander. Das Material schien dasselbe zu sein, wie das des restlichen Würfels, nur dass um die Mitte des Steges graue Stoffplanen gewickelt waren und ihn dort deutlich verdickten. Benni konnte sich keinen Reim darauf machen, doch es sah aus wie … ein gigantischer Einkaufskorb!

Erst als N'ray ihn sanft von hinten in Richtung des riesigen Gebildes schob, dämmerte Benni, worum es sich dabei handelte. Der Vergleich mit dem Einkaufskorb war gar nicht so verkehrt, nur dass dieser Korb nicht für Besorgungen, sondern zum Transport gedacht war – ihrem Transport.

Benni musste an die riesigen Heißluftballone denken, die er manchmal zu Hause am Himmel gesehen hatte und wie er sich immer gewünscht hatte, einmal darin mitfliegen zu dürfen. Allerdings war das hier etwas völlig anderes. Zwar mochte sich dieser Korb hier im Wesentlichen nicht allzu sehr von denen der Ballone unterscheiden – die Flugeigenschaften im Vergleich zu Drachen würden es dafür aber sogar ganz sicher tun.

Doch er hatte wohl keine andere Wahl und so kletterte er, als er dort angekommen war, über den dicken Rand des Geflechts ins Innere. Der Geruch von Schwefel war auch hier immer noch deutlich wahrzunehmen. N'ray folgte ihm mit Samson auf dem Arm und schob Benni weiter nach hinten. »Lehn dich mit dem Rücken ganz fest an die hintere Wand, die Beine leicht gespreizt, Hinterkopf und Arme ebenfalls an die Wand gepresst.«

N'ray trat an ihm vorbei und nahm die Position ein, die er Benni soeben beschrieben hatte. Nur seine Arme benötigte er weiterhin um seinen großen, blutüberströmten Hund an seine Brust zu pressen. Doch Benni machte keine Anstalten, es ihm gleichzutun. Etwas stimmte noch nicht. Etwas fehlte. JEMAND fehlte!

»Wir müssen Philipp noch holen!« Er schrie seine Erkenntnis einfach direkt so heraus, wie sie ihm in den Kopf geschossen war. Doch der große Krieger rührte sich nicht. »Was ist denn? Wir müssen noch mal zurück! Der Schatten hat meinen kleinen Bruder wieder in die Höhle verschleppt!«

Die stahlblauen Augen des Hünen waren wieder einmal starr auf ihn gerichtet und sahen Benni streng an. Doch diesmal hielt er dem Blick stand. Er zitterte zwar am ganzen Körper, eine Mischung aus Kälte, Erschöpfung und Aufregung, doch er gab nicht nach.

»Wir müssen ihn holen!« Benni brüllte seinen Retter nun regelrecht an, doch dieser machte noch immer keine Anstalten, sich zu bewegen. Nur sein Blick veränderte sich mit einem Mal. Die starren Gesichtszüge wurden etwas weicher, seine Augen beinahe sanft, als er mit leiser Stimme erwiderte: »Das geht nicht, Benni. Wir können nicht zurück!«

Benni war verzweifelt. Sie konnten doch nicht einfach … Er wollte so viel sagen, fühlte so viel gleichzeitig – und wusste tief in seinem Inneren doch, dass N'ray recht hatte. Trotzdem setzte er zu einer Erwiderung an, aber der Krieger ließ ihn nicht mehr zu Wort kommen. »Stell dich jetzt hierher, wie ich es dir gesagt habe, sonst …« Mehr hörte Benni nicht mehr, denn die Welt geriet nun völlig aus den Fugen.

*

Mit der Schwerkraft ist es so eine Sache. Manchmal ist sie ziemlich nervig, zum Beispiel, wenn etwas ungewollt irgendwo herunterfällt. Im Großen und Ganzen jedoch ist sie ganz nützlich, immerhin haben wir es ihr zu verdanken, dass wir auf dem Boden laufen können und nicht einfach unkontrolliert davon fliegen. Allerdings gilt das natürlich nur, wenn sich der BODEN auch an die Regeln hält.

In diesem Fall war das nicht so. Gleichzeitig mit einem sehr lauten, undefinierbaren Geräusch kippte dieser Boden hier nämlich unter Bennis Füßen nach vorne und ragte plötzlich senkrecht in die Höhe, wodurch Benni nach vorne und gleich darauf nach unten – in diesem Fall dieselbe Richtung – geschleudert wurde und unsanft neben N'ray landete.

Der Sturz war nicht wirklich tief und Benni konnte sich einigermaßen abfangen, trotzdem quittierten seine Hände und Knie das Ganze mit einem heftigen Schmerz, der aber nicht lange andauerte. Schnell rappelte er sich wieder auf, sah sich um – und verstand beim Blick nach oben, was da soeben passiert war.

Er schaute direkt auf die schuppige Brust und die riesigen Klauen eines der Drachen, der den Korb gepackt und in die Luft gehoben hatte. Beim Anheben hatte er diesen von der nach vorne gekippten in eine aufrechte Position gebracht, wodurch sich Bennis Welt tatsächlich um 90 Grad gedreht hatte.

Während Benni dadurch unsanft herumgeschleudert wurde, lag N'ray nun lediglich rücklings auf dem Boden und war gerade dabei, sich in eine sitzende Position hochzuziehen, während er Samson vorsichtig neben sich ablegte. Der große Hund rührte sich nach wie vor nicht, doch Benni erkannte, dass sich sein Brustkorb in schnellen Stößen hob und wieder senkte.

N'ray sah Benni nun an und ihre Blicke trafen sich. Der Krieger kommentierte die Szene von eben nicht und Benni war innerlich dankbar dafür, keine Rüge zum Thema »auf Erwachsene hören« zu erhalten. Vielmehr sah es so aus, als mustere ihn der Hüne, aber Benni konnte nicht genau erkennen, mit welcher Absicht.

Was er dafür umso deutlicher erkannte, war das Messer, das immer noch bis zum Schaft in der Brust des Kriegers steckte. Benni riss die Augen auf und starrte auf den schwarzen Griff. »Wie … wie …?«, stammelte er.

N'ray sah an sich herunter und lächelte. »Ach das. Habe ich fast vergessen. Keine Sorge! Schau her!« Damit bedeutete er Benni, näher zu kommen, und dieser krabbelte, immer noch auf allen vieren, zu ihm hinüber.

Als er nah genug heran war, zog N'ray den Harnisch von seiner Brust weg und drehte die Innenseite an der Einstichstelle nach außen. Auf der Rückseite war … NICHTS! Aber wie konnte das sein? Wo war die Klinge hin? War sie abgebrochen und steckte jetzt in N'rays Brust? Benni sah genauer hin, doch der mächtige Muskel und die Haut darüber waren unversehrt.

»Ein Geschenk von M'oii.« Der Krieger lächelte nun. »Eine verfluchte Lederrüstung. Sieht sehr unscheinbar aus und ist dazu auch noch sehr bequem. Im Kampf büßt du damit im Gegensatz zu Metallrüstungen kaum an Beweglichkeit ein. Allerdings ist Leder nicht so widerstandsfähig, also hat M'oii es innen unendlich dick gehext.«

Bennis ungläubiger Gesichtsausdruck brachte den Kämpfer zum Grinsen. »Praktisch, oder? Außen ist die normal dick, nur innen unendlich. Dadurch kann keine Waffe durch sie hindurch dringen – schon gar nicht so ein kurzes Messerchen!« Mit einem Ruck zog er daran und tatsächlich hatte er kurz darauf die komplette Klinge aus seinem Oberteil gezogen.

So fasziniert Benni davon war, er verstand trotzdem noch nicht, warum N'ray noch lebte. Messer hin oder her, er war von einer Bergklippe gestürzt! »Aber wie, wie konntest du … ich meine, die Klippe …« Er wollte schon sagen: »Warum bist du nicht tot?«, bremste sich aber gerade noch rechtzeitig. Stattdessen schob er nach: »Es tut mir leid, das war alles meine Schuld!«

N'ray lächelte nur sanft. »Naja, zugegeben, ich hatte nicht vor, mich von diesem Ding über den Rand schubsen zu lassen, aber sonst wärst du vermutlich in sein anderes Messer gerannt. Das war zwar nicht sehr klug von dir – aber ziemlich tapfer! Du wolltest mir ja nur helfen!«

Benni, der beschämt auf den Boden geblickt hatte, sah nun auf und ein zaghaftes Lächeln befiel seine Mundwinkel. N'ray, der große Krieger, hatte IHN gerade gelobt und tapfer genannt. Stolz stieg kurz in ihm auf, bis dieser weitersprach. »Die Felsen fallen an dieser Stelle nicht ganz senkrecht ab, es war also nicht allzu schwer, sich daran festzuhalten und wieder hochzuklettern. Du weißt ja: Ein Kampf ist erst vorbei …« Er machte eine Pause und sah Benni erwartungsvoll an.

Dieser erinnerte sich: »… wenn er gewonnen ist!«, beendete er daher den Satz. N'ray nickte. »So ist es! Ein Kampf ist erst vorbei, wenn er gewonnen ist. Der Schatten hatte gedacht, er hätte gewonnen. Doch als er mich wieder über den Rand klettern sah und außerdem Samson nun auch noch gegenüberstand, ist er abgehauen.«

»Und hat Philipp mitgenommen.« Bennis Stimme schwankte und eine Träne quoll aus seinem linken Auge. »Komm her!« N'ray zog ihn zu sich und legte Benni seinen mächtigen Arm um die Schulter. Es war nicht der Drachenflügel, aber trotzdem tröstete es Benni ein wenig. »Wie hast du mich eigentlich gefunden?«, fragte er daher einen Moment später.

»Zuerst haben wir nur gewusst, dass du weggelaufen bist, erst später hat Yggdrasil dich wieder wahrnehmen können. Sie ist über das Erdreich und ihre Wurzeln mit allen Pflanzen dieser Welt verbunden. Als klar war, dass du auf der anderen Seite der Berge gelandet bist – wie auch immer du das geschafft hast! – konnten wir uns ausmalen, wo du über kurz oder lang hinkommen würdest. Die Drachen waren die einzige Möglichkeit, diese enorme Strecke zurückzulegen.«

Gerade, als Benni antworten wollte, ertönte ein markerschütternder Schrei.

*

Benni zuckte heftig zusammen, doch N'ray lächelte ihm aufmunternd zu. »Das sind nur die Drachen, keine Angst. Nur wenn sie beide kurz hintereinander schreien, dann solltest du dich besser irgendwo festhalten.« Benni hatte keine Ahnung, was der Krieger damit meinte, kümmerte sich aber nicht weiter darum.

Stattdessen sah er nach oben auf die mit dicken schwarzen Schuppen überzogene Brust des geflügelten Fabelwesens. Die mächtigen Platten glühten im Rhythmus seiner Atemzüge an ihren Rändern orange auf und strahlten eine behagliche Wärme in den Korb ab. Benni fragte sich, ob der Erfinder der Heizpilze – sie hatten zu Hause so einen auf der Terrasse stehen, weil seine Mutter abends immer so leicht fror – die Idee wohl aus dieser Welt mitgebracht hatte.

Seine Mutter. Wusste sie wirklich nichts von all dem hier? Trotz ihrer Nerverei und den ganzen Ungerechtigkeiten vermisste er sie in diesem Moment wieder einmal schrecklich. Dann wanderten seine Gedanken weiter zu Philipp. Was würde die Eishexe jetzt wohl mit ihm machen? Würde sie versuchen, IHN nun in ihren bösen Bann zu ziehen und ihn dazu zwingen, sich der Höhle zu unterwerfen?

Aber eigentlich wollte sie ja ihn. Ihn, Benni, den Einen, das Kind zweier Welten und Träger eines Namens. Sie wollte, dass er die Prophezeiung erfüllte und Yggdrasil tötete. Was würde dann eigentlich passieren? Würde damit nicht auch die Eishöhle zerstört werden, wegen des magischen Gleichgewichts? Egal, er wollte das alles sowieso nicht!

Sicher, er konnte sich einfach für den Rest seines Lebens auf dem Hof verstecken. Benni erinnerte sich daran, dass D'nai ihm gesagt hatte, dort wäre für ihn der sicherste Ort im gesamten Multiversum. Er glaubte zu verstehen, warum. Vermutlich konnte sich seine Großmutter Yggdrasil ebenso wenig nähern, wie die Bewohner des Hofs umgekehrt in die Eishöhle gehen konnten. Das würde auch erklären, warum N'ray auf dem Plateau VOR der Höhe auf sie gewartet und nur Samson mit der magischen Kette hinein geschickt hatte.

Aber was würde dann aus seinem kleinen Bruder werden? Würde die Eishexe ihn vielleicht sogar als Geisel benutzen, um Benni letztendlich doch in ihre Finger zu bekommen? Sie glaubte daran, dass die Prophezeiung unumstößlich sei – also würde sie wohl auch vor nichts zurückschrecken, damit sie in Erfüllung ging.

Außerdem wusste er noch immer nicht, was ihm Philipp hatte sagen wollen. Ihre Großmutter hatte ihm wohl versprochen, dass er Benni einen Gefallen täte, wenn er ihn zu ihr lockte. Doch warum sollte gerade das ein Grund für den kleinen Pisser sein? Er war doch immer nur darauf aus gewesen, ihn zu ärgern …

»Sie hat es versprochen, Benni!« Er erinnerte sich genau an Philipps Worte. »Ich wollte doch immer nur …« Was war es gewesen, das der

Kleine immer nur wollte? Benni musste sich eingestehen, dass er seinen Bruder nach allem, was sie zuletzt zusammen erlebt hatten, nun nicht mehr nur als die kleine Nervensäge sah.

So vor sich hin grübelnd und immer noch an die mächtige Schulter von N'ray angelehnt, schloss er schließlich die Augen und dämmerte in einen traumlosen Halbschlaf hinüber. Benni wusste nicht, wie viel Zeit vergangen war, als der Schrei eines der Drachen von irgendwoher an sein Ohr drang. Kurz darauf gefolgt von einem zweiten.

*

Bennis Müdigkeit verdrängte den Lärm aus seinem Bewusstsein. Er wollte sich ausruhen, ganz egal, wie oft die Drachen schrien. Einmal, zweimal … War doch egal. Oder? Moment. Da war doch noch was gewesen. N'ray hatte vorhin noch irgendwas gesagt. Irgendwas war bei zwei Schreien.

Er hatte gesagt … Normalerweise wäre dies der Moment gewesen, an dem er wieder eingeschlafen wäre, doch die äußeren Bedingungen änderten sich dafür zu schnell und zu radikal. Denn von einer Sekunde auf die andere riss eine enorme Kraft an seinen Eingeweiden und zog diese mit ihm nach unten. Beinahe gleichzeitig spürte er keinen Boden mehr unter sich.

Benni war sofort hellwach, schlug die Augen auf und sah erst auf den Grund des Korbes ein Stück unter ihm, dann nach oben. Dort war … nichts! Wo er eigentlich die mächtigen Klauen des Drachen am Griff des Transportkorbes hätte sehen sollen, war ebenso wenig zu erkennen wie im gesamten Blickfeld darüber. Abgesehen von einem strahlend blauen Himmel.

Der Korb stürzte, abgekoppelt von seinem Flugtier, jedoch in rasender Geschwindigkeit nach unten – und zwar so schnell, dass Benni in die Luft gehoben wurde und beinahe schwerelos nach oben schwebte, während er immer noch das Gefühl hatte, ins Unendliche zu fallen.

Nur einen Wimpernschlag später verschwand das Blau über ihm und wurde vom blickdichten Hellgrau der Wolken abgelöst.

Bennis Mund öffnete sich zu einem Schrei, der jedoch komplett tonlos blieb, da er gegen die enorme Fallgeschwindigkeit nicht einmal die Luft in seinen Lungen nach oben pressen konnte. Hilflos mit den Armen wedelnd ruckte sein Kopf panisch zu N'ray hinüber – oder vielmehr »hinunter«. Denn der kräftige Hüne saß immer noch mit dem Rücken an die Korbwand gelehnt auf dem Boden, den einen Arm um Samson gelegt, während er sich mit der freien Hand am Geflecht der Außenhülle festhielt.

Doch statt der Panik, die sogar Bennis Herzschlag aussetzen ließ, lag auf dessen Gesicht nicht einmal ein kleiner Anflug von Besorgnis. Stattdessen … lächelte er!

Und noch bevor Benni irgendwie darauf reagieren oder verstehen konnte, was das alles zu bedeuten hatte, passierten drei Dinge gleichzeitig. Es wurde dunkel, die Schwerkraft änderte ihre Meinung um genau 180 Grad und Benni klatschte aus einem knappen Meter Höhe mit voller Wucht bäuchlings auf den Korbboden.

Der Aufprall war wieder einmal hart und schmerzhaft. Ihm blieb noch einen Moment lang die Luft weg, dann konnte er gierig einatmen und sich schließlich wieder aufrappeln. N'ray saß immer noch breit grinsend an seinem Platz. »Hab doch gesagt, du sollst dich festhalten, wenn sie beide kurz hintereinander schreien.« Er lachte kurz auf. »Alles fit?«

Benni lugte ängstlich nach oben, doch offenbar war nun wieder alles, wie es sein sollte. Er sah zwei riesige Klauen am Henkel des Korbs sowie einen mächtigen dunklen Brustkorb, der regelmäßig rot aufglühte. Rot. Nicht mehr orange. Und außerdem waren die Schuppen jetzt nicht mehr schwarz, sondern dunkelgrün. Das war …

»Ich liebe es, wenn sie wechseln!« N'ray platzte lachend in seine Erkenntnis. »Hat's dir gefallen?« Benni hätte, jetzt da er verstanden hatte und wusste, dass keine Gefahr bestand, gerne großspurig genickt, musste aber all seine Konzentration darauf verwenden, seinen Mageninhalt an Ort und Stelle zu behalten. Der Krieger quittierte seinen Gesichtsausdruck mit einem schallenden Lachen. »Immerhin hast du nicht gekotzt, das ist beim ersten Mal schon was!«

Die Worte versöhnten Benni ein wenig und auch sein Magen beruhigte sich allmählich wieder. Wortlos setzte er sich gegenüber von N'ray, lehnte sich wie dieser an die Außenwand des Korbs und sah ihn an. Vielleicht war es das Adrenalin, das immer noch durch seine Adern floss, doch er hatte plötzlich keine Angst mehr vor dem kräftigen Hünen.

»Du hast alles gewusst, oder? Schon als ich zu euch auf den Hof gekommen bin. Deswegen wolltest du mich nicht dort haben, richtig?« Obwohl Benni die Antwort im Grunde kannte, wartete er das Nicken des Kriegers ab, bevor er weitersprach.

»Warum hast du deine Meinung geändert?« Benni hätte nie gedacht, dass er es einmal wagen würde, so mit N'ray zu sprechen, doch es fühlte sich gut und richtig an. »Weil D'nai es dir befohlen hat?«

Nun lächelte sein Retter milde. »Du musst noch sehr viel lernen, Benni. Aber der Reihe nach. Ja, es ist richtig, dass ich dagegen war, dich auf den Hof zu holen. Wir alle kennen – wie du wohl zwischenzeitlich sicher auch – die alte Prophezeiung. Und im Gegensatz zu deinen drei Freunden weiß ich, wer du bist.

Ich bin nicht immer einer Meinung mit D'nai, aber ich vertraue ihm mehr, als du dir auch nur vorstellen kannst. Er muss mir nichts befehlen, das musste er noch nie. Willst du wirklich wissen, warum ich meine Meinung zu dir geändert habe?«

N'ray sah ihn jetzt wieder mit diesem durchdringenden Blick an, doch Benni nickte nur. Ihm war ein wenig flau im Magen, weil er nicht wusste, was er gleich hören würde. Doch es war nichts verglichen mit der Aufregung, die er noch vor kurzer Zeit in der Gegenwart des Kriegers verspürt hatte.

Also fuhr dieser fort. »Ich wähle meine Worte nicht so diplomatisch wie D'nai. Sie sind direkt, aber genauso ehrlich.« Er machte eine kurze Pause, bevor er weiter sprach, wobei er Benni weiter unverwandt ansah.

»Deine Großmutter hat die letzten Jahre viel dafür getan, dass dein bisheriges Leben so verlief, wie es nun einmal verlaufen ist. Sie hat deine Mutter beeinflusst, deinen Vater vertrieben und dich erniedrigt, wo sie nur konnte. Aber all das konnte sie nur tun, weil ihr alle schwach wart! Dankbare Opfer, die sich von ihr haben lenken lassen, wie sie es gerade wollte. So bist du aufgewachsen, Benni, als Opfer und Schwächling. Immer nur mit dem einen Ziel, dass du, wenn es soweit sein würde, den Versuchungen der Höhle erliegen und die Welten in den Untergang reißen würdest.«

Tränen rannen Benni über das Gesicht, doch er spürte, dass alles stimmte, was er da soeben zu hören bekam. Der vielleicht letzte Teil der ganzen, bitteren Wahrheit. Doch er wandte seinen Blick nicht ab, hielt sich nicht die Ohren zu oder schrie N'ray an, er solle aufhören. Er hörte einfach weiter zu – und verstand.

»D'nai hatte auf den richtigen Zeitpunkt gewartet. Du solltest alt genug sein, um alles verstehen zu können – aber noch nicht so weit gebrochen, dass deine Seele bereits unheilbaren Schaden genommen hat. Also hat er dich nach dem kleinen Vorfall in der Gasse, bevor es zu schlimm für dich wurde, auf den Hof geholt. Dort solltest du behutsam alles lernen und dich wieder vollständig erholen können.

Ich war dagegen, dich in die unmittelbare Nähe von Yggdrasil zu lassen, sah eine zu große Gefahr, wenn die Eishexe doch einen Weg finden würde, dich zu beeinflussen. Weil du ein Schwächling bist, Benni! Jemand, der die Opferrolle vollständig angenommen hat. Du hast dich nie gegen dein Schicksal aufgelehnt und versucht, dein Glück selbst in die Hand zu nehmen. Etwas zu verändern, dein Leben selbst besser zu gestalten. Du hast immer lieber gejammert und dir selbst leidgetan.«

Die Worte taten Benni unendlich weh. Und das lag vor allem daran, dass N'ray mit allem Recht hatte, was er sagte. D'nai hatte es schonend versucht, wollte ihn behutsam aufbauen und ihm die wichtigsten Dinge über Selbstwertgefühl, Selbstvertrauen und Selbstbestimmung beibringen.

Es waren wichtige Lektionen gewesen, die Benni nun halfen, die harten Worte des jungen Kriegers zu verstehen und zu begreifen. Doch er hatte das Gefühl, dass da noch mehr war. Noch eine letzte Erkenntnis, die noch nicht ausgesprochen worden war. Also schwieg er tapfer weiter und hörte zu.

»Ich weiß nicht, wie knapp es schon war, als Samson dir Yggdrasils Kette gebracht hat. Wie kurz du schon davor warst, den Weg in die Dunkelheit zu gehen.« N'ray seufzte schwer. »Aber eines weiß ich. Nämlich …« Er machte eine lange Pause, bevor sein Blick wieder sanfter wurde und er weiter sprach. »Nämlich, dass ich mich letztendlich in dir getäuscht habe. So mächtig Yggdrasil auch ist, ihr Amulett hätte dich nicht zur Vernunft und zur richtigen Entscheidung bringen können, wenn das Gute in dir nicht so stark gewesen wäre. Du bist kein Opfer, Benni. Nicht mehr!«

Der Hüne lächelte und Benni lächelte zurück. So saßen sie eine ganze Weile schweigend da, jeder in seine Gedanken versunken. Bennis Tränen versiegten und zurück blieb eine ungewohnte Leichtigkeit. Und ganz langsam wuchs eine Idee in ihm heran, die er noch nicht ganz greifen konnte – von der er aber wusste, dass er sie in die Tat umsetzen müssen würde.

*

Als der Drache mit seiner Fracht langsam an Höhe verlor, legte sich Benni neben N'ray flach auf den Boden des Korbs und streckte wie der Hüne seine Beine in Flugrichtung aus. Bei der Landung kippte der Korb wie schon in den Bergen nach vorne und Benni konnte den letzten Schwung ihrer Reise mit zwei einfachen Schritten abfangen, ohne diesmal auf dem Boden zu landen.

Kaum hatten sie ihr Reisemittel verlassen, kamen auch schon M'oii, D'nai, N'jsoa, X'mai und J'naa über die Wiese auf ihren Landeplatz zugestürmt. Der Empfang war sehr herzlich und Benni hatte den Eindruck, dass ihn J'naa etwas länger umarmte als die anderen.

M'oii kommandierte jedoch sogleich alle herum, Vorbereitungen zu treffen, um Samson zu versorgen, und so folgten alle N'ray ins Haupthaus. Dieser legte den riesigen, immer noch erschöpft schlafenden Hund vorsichtig auf ein großes Tuch, das die Kinder hastig auf dem Boden ausgebreitet hatten und machte sich dann auf den Weg zur Scheune, um die Drachen hinein zu lassen und sie zu füttern.

Er wusste Samson bei M'oii in den besten Händen und tatsächlich gelang es der alten Hexe mühelos, die vielen kleinen, aber nicht allzu ernsthaften Wunden des Hundes zu versorgen und sein Fell vom Blut zu reinigen. Als die Kinder ihm schließlich Wasser und Futter brachten, schlug er die Augen wieder auf, nahm ein wenig davon zu sich und ließ sich mit einem lauten Seufzer wieder auf das Laken sinken.

Benni kniete sich neben ihn und vergrub sein Gesicht im dichten Fell an dessen Hals, während er ihn hinter den großen Schlappohren kraulte. »Danke, Samson! Danke für alles! Ich bin so froh, dass du lebst!« – »Du stinkst, kleiner Welpe!« Samson brummte mehr, als dass er sprach, aber dennoch verstanden alle Umstehenden seine Worte ganz genau. »Diese Mischung aus Schwefel und Aufregung ist ja kaum auszuhalten. Geh duschen!«

Und mit einem weiteren langen Seufzer schlief er unter dem erleichterten Gelächter aller friedlich ein, um sich ganz zu erholen. D'nai lächelte Benni zu. »Ich finde Samsons Vorschlag gar nicht so schlecht! Mach dich ein bisschen frisch vor dem Abendessen. Ich denke, du hast uns eine Menge zu erzählen.« Mit einem Zwinkern wandte er sich an die beiden Brüder. »Würde euch beiden übrigens auch nicht schaden!«

Die drei Jungen liefen lachend nach oben, während J'naa, die natürlich bereits am Morgen ausgiebig im Bad gewesen war, auf die Küche und M'oii zusteuerte, um dieser bei den Vorbereitungen zu helfen.

Oben angekommen blieben N'jsoa und X'mai vor ihrem Zimmer stehen. »Gib uns Bescheid, wenn du fertig bist«, lächelte ihn der Ältere an. Benni überlegte kurz, dann schüttelte er den Kopf. »Ich war lange genug allein. Kommt mit, das Bad ist groß genug!« Das schon wenige Momente später einsetzende, fröhliche Lachen und das laute Plätschern des Wassers hallten laut vernehmlich beinahe eine halbe Stunde lang bis hinunter ins Wohnzimmer.

*

Das Abendessen schmeckte himmlisch und Benni erzählte ausgiebig von seinen Abenteuern. Er ließ – mit Ausnahme weniger Details aus der Garderobe vor der denkwürdigen Partynacht – nichts aus und mehr als einmal drückte sich X'mai ängstlich an seinen großen Bruder, schlug J'naa die Hände vor den Mund oder blickte D'nai ihn mit großen Sorgenfalten auf der Stirn an. M'oii fluchte so heftig, dass vermutlich sogar der Teufel persönlich beim Lauschen rot geworden wäre, während N'ray nur aufmerksam zuhörte und Benni nicht unterbrach.

Als er zu der Stelle von Myrts Rückverwandlung kam, waren alle ziemlich geschockt und später, als Benni die Herkunft seiner Gestalt offenbarte, sah er zum ersten Mal überhaupt, wie sogar N'jsoas Augen feucht wurden.

Es dauerte bis tief in die Nacht hinein, bis Benni alles erzählt hatte, doch keiner von ihnen war auch nur ansatzweise müde. Benni spürte, wie all der Kummer und die ganze Last von ihm abfielen, je länger er erzählte – alles, außer einer letzten Sache.

»Ich danke euch allen, dass ihr an mich geglaubt und mich gerettet habt.« Gefasst blickte er in die Runde. »Aber die Geschichte ist noch nicht vorbei.« J'naa zog hörbar die Luft ein, als Benni weitersprach. »Ich muss Philipp da raus holen. Wer weiß, was sie sonst mit ihm anstellt! Aber ich … ich weiß noch nicht …«

Er sprach nicht weiter, denn er hörte, sah, roch, fühlte und schmeckte zum dritten Mal, seit er auf dem Hof war, ganz besondere Worte in sich. Viel deutlicher als damals in der Arena oder in der unheilvollen Nacht danach. »Du weißt, was du tun musst, Benni. Es wird gefährlich und es wird schwierig werden. Doch wir werden dir dabei helfen!«

Und plötzlich wusste er es. Plötzlich wusste er, was er zu tun hatte – und er spürte keine Angst dabei. Benni sah zu M'oii und die alte Hexe nickte ihm aufmunternd zu. Auch N'ray nickte stumm.

Seine Freunde hatten es wohl auch gespürt, denn keiner von ihnen sagte etwas oder versuchte, ihn aufzuhalten. J'naa hatte die Lippen aufeinandergepresst und zitterte leicht.

Langsam stand Benni auf und schritt auf D'nai zu, der sich bereits von seinem Stuhl erhoben hatte. Prüfend sah er Benni an. »Glaubst du wirklich, dass du schon so weit bist?«. Dieser zögerte, dann schüttelte er ganz langsam den Kopf. »Nein! Aber mit euch zusammen kann ich es schaffen.«

Er machte einen Schritt nach vorne, ließ sich bereitwillig von D'nai in die Arme nehmen – und schloss die Augen.

*

Benni musste nicht einmal die Augen öffnen, um zu wissen, wo er war. Der Wind oder die Zugluft hatten die Terrassentüre seines Zimmers wieder zugedrückt und die muffige Luft um ihn herum waren ihm bestens vertraut. Er löste sich aus D'nais Umarmung und sah auf die Uhr.

Es war mitten in der Nacht, seit seinem Aufbruch war also doch ein wenig Zeit vergangen. Seine Freunde hatten sich in diesem Punkt scheinbar geirrt. Oder es gab hier einen Zusammenhang zwischen den Zeiten, den Benni noch nicht verstand. Doch das war jetzt nebensächlich.

Mit entschlossener Miene wandte er sich an den alten Senser. »Warum hier? Warum nicht auf dem Hof?« D'nai nickte bedächtig. »Deine

Frage ist berechtigt, Benni. Doch der Hof ist dafür zu weit von deinem Bruder entfernt. Er war noch nie dort, während ihm diese Umgebung hier näher ist als alle anderen in den Welten.«

Benni verstand. Es gab mehr als die Entfernungen, die man in Metern und Kilometern messen konnte. Bei dem, was er vorhatte, kam es auf etwas ganz anderes an. »Bleibst du bei mir?« Seine Stimme zitterte leicht.

»Natürlich, Benni!« Der alte Senser lächelte ihm gutmütig zu. Seine Stimme war ganz ruhig und sanft. »Du bist eigentlich noch lange nicht so weit und was du vorhast, ist sehr gefährlich. Aber ich verstehe, dass du es tun musst. Ich werde dich dabei nicht alleine lassen!«

»Ist es für dich nicht auch gefährlich? Ich will nicht, dass dir etwas passiert!« Benni sah D'nai fest in die Augen, doch dieser lächelte nur und strich ihm sanft über den Kopf. »Und das ist genau der Grund, warum ich es überhaupt zulassen kann!«

Es fiel Benni sehr wohl auf, dass er gerade eigentlich keine richtige Antwort auf seine Frage bekommen hatte, und doch sagten ihm die Worte alles, was er wissen musste. Er erhob sich von seinem Bett, ging zur Tür und betrat das kleinere Zimmer nebenan – Philipps Kinderzimmer.

Wie bei ihm schien auch hier der matte Schimmer der Straßenlaterne von draußen herein, doch das neben der Tür in die Steckdose gesteckte Nachtlicht ließ seine Augen hier etwas mehr erkennen. Die auf dem Boden verstreuten Kleidungsstücke, das zerwühlte Bett und eben dieses Nachtlicht ließen Benni vermuten, dass seine Großmutter Philipp beim Ins-Bett-Bringen direkt in ihr Reich mitgenommen hatte.

Bennis Blick streifte durch den Raum, über den unordentlichen Kinderschreibtisch mit der Comiclampe und allerlei Krimskrams darauf, zum Regal mit den ganzen Spielsachen und schließlich wieder zurück zu Philipps Bett, das im Moment lediglich von einer Armee seiner ganzen Stofftiere bewohnt wurde. »Irgendwie schön, so friedlich und unschuldig«, dachte er sich.

Ihm fiel auf, dass er schon sehr lange nicht mehr bewusst in diesem Zimmer gewesen war und das Reich seines kleinen Bruders wirklich wahrgenommen hatte. Wenn überhaupt, dann hatte er ihn höchstens hierher verfolgt, um ihn zu schlagen, wenn dieser mal wieder zu viel genervt hatte.

Benni wurde bewusst, dass er Philipp eigentlich keine andere Wahl gelassen hatte. Er hatte ihn immer erst dann beachtet, wenn er ihm zu sehr auf die Nerven ging. Damit hatte er ihn quasi darauf dressiert, sich so zu verhalten. Doch jetzt war nicht der Zeitpunkt für Wehmut und Selbstvorwürfe.

Die Entschlossenheit in seinem Gesicht ließ Benni in diesem Moment älter aussehen, als er sich zu D'nai umdrehte, der hinter ihm in die offene Tür trat. Ansonsten war es vollkommen still in der Wohnung. Ob seine Mutter unten schlief? Oder war sie noch gar nicht nach Hause gekommen?

Der alte Senser nickte ihm zu, rührte sich aber nicht. Benni wandte sich wieder zu Philipps Bett um und setzte sich auf die Kante, den Blick auf das leere Kopfkissen gerichtet. Dann holte er noch einmal tief Luft und schloss die Augen.

*

Benni konzentrierte seine ganzen Gedanken auf Philipp. Er musste seinen kleinen Bruder erreichen und mit ihm zusammen hierher zurückkehren. Das war der ganze Plan und er hoffte, dass er ihm gelingen würde – denn einen anderen hatte er nicht.

Er spürte die Anwesenheit D'nais, der keine zwei Meter von ihm entfernt stand, ebenso wie die unvorstellbare Kraft Yggdrasils, die ihm gestattet hatte, wenigstens dieses eine Mal das Erbe seiner Vorfahren anzutreten und die mächtigen Kräfte der Senser zu nutzen, die es ihnen erlaubten, jeden Ort im Multiversum aufzusuchen.

Benni war weit davon entfernt, diese Kräfte zu beherrschen, zu neu und zu fremdartig war das uralte Wissen, das Yggdrasil mit ihm geteilt hatte. Doch er verließ sich auf ihren Rat, seinen Gefühlen zu folgen und auf sich selbst zu vertrauen. Das war alles, was er wusste. Das war alles, was er wissen musste.

Es fühlte sich anders an als die Reisen mit D'nai. Unkontrollierter, nicht geradlinig von einem Moment auf den nächsten, sondern vielmehr wie eine wirre Fahrt in einem völlig unberechenbaren Karussell, in dem er wild hin und her geschleudert wurde, während er gleichzeitig doch völlig ruhig und unbewegt blieb.

Doch er ließ sich nicht abbringen und konzentrierte sich weiter ganz fest auf seinen kleinen Bruder. Sein Verstand wirbelte herum, während Blitze, Farben und Muster vor seinen Augen in einer wilden Kakofonie explodierten. Er brachte die ganze Kraft seiner Gedanken auf und fokussierte sich wie noch nie zuvor in seinem Leben.

Da hörte es auf einmal auf und Benni spürte, wie er sich selbst durch einen dunklen Raum bewegte und gleichzeitig immer noch auf einer Bettkante in einem Kinderzimmer saß. Es war, als wäre er an zwei Orten zugleich und beide Orte würden sich überlagern, wie zwei hintereinander gehaltene Folienbilder, während er sich gleichzeitig bewegte und still dasaß und mit geschlossenen Augen sehen konnte.

Seine Sinneseindrücke fühlten sich extrem fremdartig an und gleichzeitig spürte er tief in seinem Innersten etwas anderes, etwas Uraltes, dem das alles so vertraut war wie die eigene Existenz. So sah er sich mit seinen geschlossenen Augen um und ging sitzend auf den keinen blonden Jungen zu, der vor ihm schlafend auf dem schwarzen Boden lag.

Ohne sich zu bewegen, ging Benni vor ihm ihn die Hocke. Als er die rechte Hand, die er weiter auf seinen Oberschenkeln abgelegt ließ, nach Philipp ausstreckte, geschah es.

Etwas riss ihn zurück, seine Gedanken begannen wieder herumzuwirbeln und neue Bilder tauchten vor ihm auf. Das Spiegelbild seines 17-jährigen Ichs, das ihm lässig zugrinste. Die Party mit all ihren Gästen, deren Mittelpunkt er gewesen war. Die unglaubliche Stärke, die er im Zentrum der Eishöhle gespürt hatte. Die Macht, die davon ausgegangen war. Seine Macht. Seine Bestimmung.

Er spürte sein Herz rasen, während unendlicher Zorn in ihm aufstieg. Sie hätten es fast geschafft gehabt. Mit all ihren schmutzigen kleinen Tricks und magischen Amuletten hätten sie ihm beinahe alles weggenommen. All das, was rechtmäßig ihm gehörte! Die ganze Macht, die Erfüllung seiner Prophezeiung!

Benni konnte spüren, wie die Höhle nach ihm rief, ihn einlud, zu ihr zu kommen, sich ihr hinzugeben und alles dafür zu bekommen. Macht! Alles andere wurde unwichtig, der Hof, D'nai, seine Freunde, sein Bruder … Er war B'nnie, der Eine! Und sie würden es ihm nicht noch einmal wegnehmen. Nicht N'ray, der wahrscheinlich nur eifersüchtig auf ihn war, nicht D'nai, der jetzt seine Hand auf Bennis Schulter legte, und der immer für ihn da gewesen war, nicht J'naa, mit ihrer wunderschönen Haut und dem lieblichen Lächeln, die so hübsch war und die ihn so lange gedrückt hatte bei seiner Rückkehr. Und auch nicht Philipp, dem er sich jetzt wieder näherte.

Philipp. Sein kleiner Bruder. Der Grund, warum er überhaupt hier war. Den seine Großmutter hier gefangen hielt. In der Eishöhle. Dem Ursprung allen Bösen im Multiversum. Die Heimat der Mächte, die ihn immer noch verführen wollten. Er dachte an Samson und schüttelte seine Gedanken wie der riesige Hund sein Fell nach dem Baden im See.

Schnell legte er eine Hand auf Philipps Brust, die sich schnell hob und senkte, als stecke er in einem Albtraum gefangen. Es fühlte sich an, als griffe er direkt in seinen kleinen Bruder hinein, ohne ihn zu verletzen, ganz sanft und bis zu seiner Seele.

Erneut zog etwas an ihm, doch diesmal war es nicht die Eishöhle und ihre dunkle Macht, es war etwas anderes, genauso alt und genauso stark, jedoch direkt mit Benni verbunden und daher ungleich mächtiger. Das Bild der Höhle verblasste, während Philipps Zimmer an Gestalt zunahm, bis er schließlich wieder ganz zurück war.

D'nais Hand löste sich von seiner Schulter und als Benni die Augen öffnete, sah er direkt in die Augen des alten Sensers. »Ich bin unendlich stolz auf dich, Benni!« Dann war er verschwunden.

Benni drehte sein Gesicht zu Philipp, der jetzt ganz ruhig auf dem Rücken in seinem Bett lag und in langen Zügen ein- und ausatmete. Sein kleines Herz klopfte ganz beruhigt, aber spürbar gegen Bennis Hand.

Vorsichtig hob Benni seine Rechte von Philipps Brust und streichelte liebevoll über die linke Wange des Kleinen, als dieser die Augen aufschlug. Benni wollte seine Hand gerade wegziehen, als Philipp nach dieser griff und sie sich ganz fest an die Backe drückte. »Das war alles, was ich immer wollte, Benni. Ich wollte immer nur, dass du mich liebhast!«

NACHWORT

So, meine lieben Freunde. Nun kennt ihr also Bennis ganze Geschichte.

Die Meisten von euch denken sicher spätestens jetzt, dass ich mir das alles nur ausgedacht habe oder dass es nur ein langer Traum von Benni war, während er in Wahrheit erschöpft und aufgewühlt in seinem Bett geschlafen hat.

Aber glaubt ihr das wirklich? Seid ihr tatsächlich und tief in eurem Innersten ohne jeden Zweifel davon überzeugt, dass dies hier nur eine Geschichte oder ein Traum war?

Seid ehrlich zu euch selbst – dann habt ihr vielleicht die Möglichkeit, noch mehr über den Hof, die Welten des Multiversums und die ganze Wahrheit zu erfahren.

Welche Wesen und geheimnisvollen Orte mag es noch in den Welten geben? Wie ging es mit Benni und Philipp weiter? Sind sie vielleicht sogar gemeinsam auf den Hof zurückgekehrt? Wird Benni sich eines Tages trauen, J'naa zu sagen, wie sehr er sie mag? Warum war die Eishexe so versessen auf die Erfüllung der Prophezeiung, wo sie doch sicher um das Gesetz der Balance weiß?

Und die vielleicht wichtigste Frage: Kann man einem Gmolon wirklich aus zwei Kilometern Entfernung einen Grashalm aus dem Maul schießen? Es liegt an euch, ob ich mich noch einmal hinsetzen werde, um alles, was danach noch passiert ist, aufzuschreiben. Wollt ihr das alles noch wissen?

An mir soll es nicht scheitern, liebe Freunde! Ich habe eine große Ausdauer und gebe so schnell nicht auf. Ihr kennt ja inzwischen mein Motto, oder? Ein Kampf ist erst vorbei, wenn er gewonnen ist!

Euer N'ray